# 中学教师专业发展
## 以清华大学附属中学为例

赵鸿雁 刘贝贝 陈敏 著

清华大学出版社
北京

## 内 容 简 介

本书围绕有效促进中学教师专业发展这一主题，内容涵盖教师培训、信息化管理、综合评价、量化评估、记录与评价系统等方面，是一本信息技术与中学教师专业发展深度融合的范本。

本书共四章。内容包括：教师队伍建设的核心理念、教师专业发展的培训设计、新教师的培训课程设计、骨干教师的培训项目设计、专家教师引领、中学教师专业发展综合记录与评价系统的设计、量化评估标准、教师的考核与评价、教师专业发展的保障、系统模块介绍、系统操作演示、系统功能说明、学校成果、团队成果、教师个人成果等。

本书内容丰富，思考深入，兼顾理论架构和实践探索，提供了分类分层的教师综合培训课程、可量化评估的综合评价方法、可实现过程性记录和评价的网络工具，兼顾中学教师专业发展领域的一般性和特异性，适合想要探索中学教师专业发展的教师、管理部门以及学校等层次人员。

本书系全国教育科学"十三五"规划 2016 年度教育部重点课题《中学教师专业发展综合评价系统研究》（课题批准号：DHA160372）的研究成果。

**图书在版编目（CIP）数据**

中学教师专业发展：以清华大学附属中学为例 / 赵鸿雁，刘贝贝，陈敏著 . — 北京：清华大学出版社，2021.7

ISBN 978-7-302-58584-8

Ⅰ . ①中…　Ⅱ . ①赵…②刘…③陈…　Ⅲ . ①中学教师 – 师资培养　Ⅳ . ① G635.1

中国版本图书馆 CIP 数据核字（2021）第 129588 号

责任编辑：陈　涛
封面设计：常雪影
责任校对：王凤芝
责任印制：丛怀宇

出版发行：清华大学出版社
　　　　　网　　　址：http://www.tup.com.cn，http://www.wqbook.com
　　　　　地　　　址：北京清华大学学研大厦 A 座　　邮　　编：100084
　　　　　社 总 机：010-62770175　　邮　　购：010-62786544
　　　　　投稿与读者服务：010-62776969，c-service@tup.tsinghua.edu.cn
　　　　　质量反馈：010-62772015，zhiliang@tup.tsinghua.edu.cn
印 装 者：三河市龙大印装有限公司
经　　销：全国新华书店
开　　本：148mm×210mm　　印　张：8.375　　字　数：209 千字
版　　次：2021 年 7 月第 1 版　　印　次：2021 年 7 月第 1 次印刷
定　　价：35.00 元

产品编号：085353-01

　　教育大计，教师为本。有好的教师，才有好的教育，才能培养出高素质的学生，国家的未来才会充满希望，人类文明才能不断发展，这是全世界有识之士的共识。当今中国，基础教育改革一直是国家建设的重要内容，随着实践的不断深入，教师的素质和水平在教育观念更新、教育质量提高、教学改革创新等过程中所起的作用也越来越关键。国家需要造就一支师德高尚、业务精湛、结构合理、充满活力的高素质专业化教师队伍。有效促进中学教师的专业发展，提升中学教师的素质，是推动我国基础教育事业不断发展的根本保障。

　　清华大学附属中学以下简称"清华附中"建校于1915年，隶属于清华大学，是教育部直属高校附中，首批示范性普通高中，国家级德育先进学校。作为一所百年名校，清华附中在漫长的办学过程中，积累了丰富的促进教师专业发展的理念和经验，在坚持教育改革创新过程中不断地思考，形成了一些想法，做出了一些实践探索。围绕清华附中的办学理念，学校通过开展各级各类的教师培训、利用信息技术搭建网络平台为培训提供在线支持，实现过程性记录、结合记录建立教师的量化评估体系，实现教师综合评价、评价后反思、总结、提升，实现以评促进等方式，有效促进教师专业发展。

学校始终坚持"以育人为中心，以学生为主体"的教育思想和"为领袖人才奠基"的办学使命，一贯秉承清华大学校训"自强不息，厚德载物"，把为领袖人才奠基、引领教育改革创新、努力承担社会责任作为学校发展的三大责任，并不断践行。学校一贯重视教师专业发展，注重教师职业理想与职业道德教育，增强教师育人的责任感与使命感，开展教师培训，搭建教师网络平台，综合评价，在促进教师专业发展的道路上不断探索和实践。

学校建立分类分层的多元校内培训体系，从研究现实问题与困惑着手，对不同层级的教师，如新教师、骨干教师、专家教师进行相应的培训，提升教师的各类能力，如学科教学能力、德育管理能力、教育科研能力等。在整体规划教职工的各项培训的基础上，学校开展灵活多样、富有实效的培训，强调教师在培训中的主体地位，重视激发教师内在成长动机，注重教师的个性发挥和能力培养，营造终身学习和爱岗敬业的氛围。针对不同部门、不同岗位、不同人员对培训的差异化需求，培训内容主要包括基础性培训和发展性培训。基础性培训包含由各部门组织的各项常规与特色培训和岗位提升培训，常规与特色培训主要包括新教师培训、教学师徒结对及区市级以上必修培训内容；岗位提升培训主要面对在岗教职工开展与岗位相关的技能类培训，并根据不同岗位类别、岗位系列，合理配置培训课程。发展性培训主要面对岗位贡献大、岗位业绩突出的骨干职工，开展职业发展进阶类或校际、国际学习交流类的培训。

学校通过搭建并有效利用我校教师专业发展综合记录与评价系统，为教师的日常工作和多元化培训活动提供网络平台的支持，线上记录教师个人专业发展过程，记录各部门引领教师专业发展的过程，记录新教师、骨干教师、专家教师三个发展层级群体的专业发展过程，记录学校整体的教师专业发展阶段性总结报告和规划。以多视角、多主体、多类别的过程性记录为前提，利用发展性评价促进教师自主发展，客观、全面、真实地展现教师素养，多元评价与自主发展有机结合，充分调动教师"我要发展"的内驱力，在记录和评价的过程中享受"我在发展"的乐趣，有效促进教师的专业自主成长。同时，信息化的优势使教师档案可留存，教师专业发展更加科学，多年后可以对教师成长路径进行大数据研究，从我校乃至更大区域范围实行的"一体化"办学的角度考虑，本系统有很好的推广意义。

为了完善"以评促进"的多元评价体系，学校需要准确、客观、全面地评价教师，这样才能有效地加强教师队伍的管理，促进教师队伍的专业成长；教师需要准确、客观、全面地评价自己，这样才能对自我有正确的认识和准确的定位，做好职业生涯发展规划。借助我校教师专业发展综合记录与评价系统，建立和完善"绩效管理评估体系"与"多元化发展性教师评估体系"相结合的动态评价体系，实现以评促进；同时，评价也为学校和教师的共同发展提供了一个展示成果的有效途径。评价结果由学校党政联席会或各部门党支部讨论确定。每个评价周期结束后，教师专业发展办公室会及时告知各部门评价结果，并连同各部门向教职工本人反馈评价结果，进行充分沟通，并提出建议。聘期评价结果也是职工奖励性绩效工资分配、评优评奖、福利积分、培训和职业发展、岗位调整、续签合同的重要依据。

促进中学教师的专业发展，提升中学教师的整体素质，是一件复杂、持久而艰难的工作。因为人的行为和素质是个性化的，也是不断变化的，同时也受到主观能动性和外在环境等多方面因素的影响。促进一个人发展的方法没有普适规律，探寻永无止境，这是一门千变万化、充满无穷魅力的艺术。我们坚持以党和国家的方针政策为指引，落实立德树人的根本任务，积极发挥学校各部门的引领作用和环境建设作用，充分尊重教师的个人价值、个性特色，保护和激发教师自主发展的内驱力。《中学教师专业发展——以清华大学附属中学为例》一书集合了我校数代人长期的工作实践、研究实践和经验总结，写出来与大家分享，期望对中学教师专业发展有所帮助，进而对祖国教育事业发展贡献一点微薄之力。

赵鸿雁

2019 年 5 月

IV

# 目录

# 第一章
# 中学教师专业发展的顶层设计

## 第一节　教师队伍建设的核心理念

### 一、中学教师专业发展的背景

当今时代是一个快速发展的时代，为了适应并促进社会的改革发展，教育势必要进行相应的变革与发展，而快速发展的教育必然对教师提出了更高的要求。早期的教师职业专业化研究，经历了以下几个历程：20 世纪 60 年代，欧美主要发达国家掀起了一场关于"教师的教学是否是一门专业"的大讨论。1966 年，联合国教科文组织（UNESCO）和世界劳工组织（IOL）联合发表题为《关于教师地位的建议》的报告，明确指出教师应该被视为一种专业。20 世纪八九十年代，美国两个著名的基金会——卡内基基金会（Carnegie Faundation）和霍尔姆斯集团（Holmesor Group）连续发表了题为《国家为培养 21 世纪的教师做准备》（1986）、《明天的教师》（1986）、《明天的学校》（1990）和《明天的教育学院》（1995）等四个报告，核心话题之一就是促进教师的专业发展。从此，教师专业化进程的重心从追求教师职业的专业地位和权利转向了关注促进教师的专业发展。

国内外对于教师专业发展的研究主要围绕"工具性""主体性""生态性"和"有效性"这四个发展观展开。目前国外对于教师专业发展研究的新趋势是主要聚焦于"有效教师专业发展"这一主题，同时这一主题的研究在我国处于刚刚起步的阶段。对于教师专业发展的研究早期主要受心理学行为主义理论的影响，带有"工具性"取向[1,2,3,4]，盛行"过程—结果"的实证主义认识论，将教师的专业发展局限于"由外而内"的发展，认为教师所需要的知识是外在的、客观的，教师可以通过学习外在的知识体系建构教师专业特有的知识体系；直到 20 世纪 80 年代后期，受认知心理学信息加工理论的影响，对教师专业发展的研究重点才转为尊重教师"主体性"[5,6,7,8]，主要参照"由内而外"的研究范式；进入 21 世纪后，或受后现代主义的影响，推崇"人境互动"的研究取向，教师专业发展倾向于"生态性"研究取向[9,10,11,12]。这三种研究取向都在探索教师专业发展的"有效性"，但却没有非常明确地对教师专业发展的有效性进行研究，已有研究中，比较成熟的、可以借鉴的概念大多强调专业学习的实践性、引导性、自主性、合作性、反思性等特性[13,14,15,16]；比较成熟的研究概念框架指出教师的专业发展（专业学习、专业实践）经过两步才能影响学生的成绩，即教师的专业发展首先需要增加教师相关知识技能，其次是丰富教师课堂教学实践，最后才能提高学生的成绩[17,18]；与概念框架相应的实证研究关注有效教师专业发展与教师成长、学生成就之间的关系[19,20,21]，国外研究发现基于专业学习共同体的课例研究（案例分析）、对特定任务的教学反思等教师的专业发展不仅能提升课堂教学策略、促进教师的知识技能，还能提高学生的学业成绩。我国学者赵健、裴新宁等在 5 个城市调研与考察了备课、听评课、培训以及教科研 4 个具体维度与学生学业成绩的关系，发现教师专业实践对学生学业成绩有显著的影响作用。

我国现今教师专业发展要注重"人境互动"的"生态性"研究取向，聚焦"有效教师专业发展"这一主题。通过不断提高教师相关的知识和技能，提高教师课堂教学实践，最终提高教师专业发展的"有效性"。

## 二、我校教师队伍建设的模型

教师专业内涵包括服务、教学（教会学生学习）和育人三个维度，这揭示了专业的本质规定；教师专业发展的基础包括教师精神、教师知识、教师能力三个方面，这是实现教师专业发展内涵的基础；教师专业发展的机制是教师运用经验、反思、证据、数据、概念和理论等条件实现专业内涵目标，即用专业基础进行活动的过程，而机制产生作用需要国家制度、学校文化、学习社群和班级互动等环境的完善。[11]

基于对我校教师队伍现状的分析，结合教师专业发展的理论，我们综合分析了教师专业发展的内涵、层次、基础、机制和环境等方面，完成了我校教师队伍建设的顶层设计，模型如图 1-1 所示。

## 三、我校教师学习共同体

学习社群是教师专业发展的助推器，按照教师专业的发展层次，我校教师队伍分为三大学习共同体，包括新教师（入职三年内）、骨干教师和专家教师。

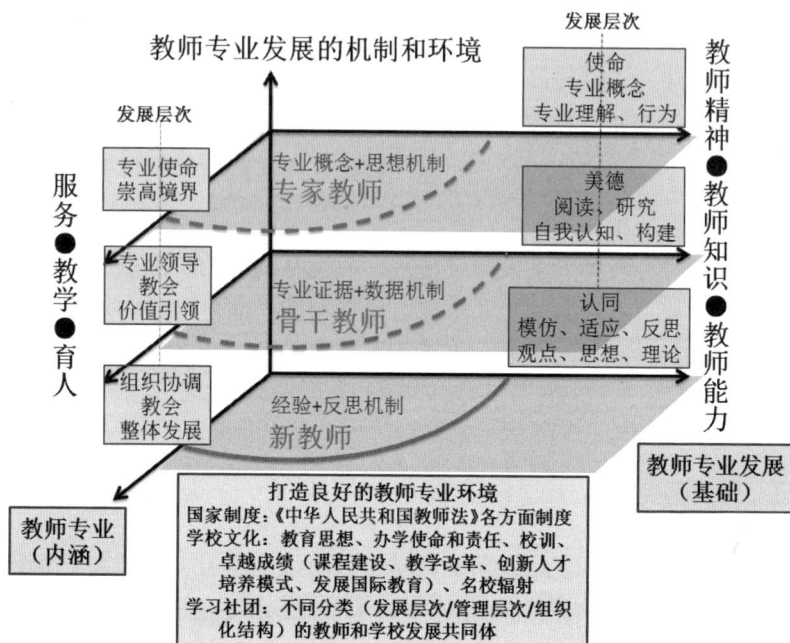

图1-1 清华附中教师队伍建设的顶层设计

层次1是指，教师从根据个体生活经验和教育经历自主构建专业，逐渐发展到摆脱个体生活经验和教育经历，在自我实践中自主构建专业；专业内涵的提升主要是从接受任务到组织协调，从学会教学到会教，从关注学生的道德发展到关注学生的整体发展。该层次教师专业发展的主要机制是经验和反思机制，教师从表现出模仿、边缘、热情、适应等特征的经验积累，发展到从零散到系统、从个体到群体、从迁移到反思的经验积累，形成观点、思想、理论。在时间上处于培养期和入职期，我们将该发展层次的教师群体定位为新教师（入职三年内），校本培训设计为综合培训——三级课程。

层次2是指，教师从在客体反映中自主建构专业实践，发展到教师自我对于专业认同、专业使命有所建构；专业内涵的提升主要是从专业领导和引领、教会学生学习、具有价值引导和对学生发展的完整理解，发展到对服务、教会学生学习和育人的高度认同，并视之为终身追求的专业使命；该层次教师专业发展的主要机制是专业证据和数据机制，教师通过阅读路径获得专业证据，与教师知识中的专业知识联系在一起，在专业行动中通过研究路径获得专业数据，从而使教师具有对专业的自我解释和自我构建能力，需要教师具备较高的学术素养。我们将该发展层次的教师群体定位为骨干教师，校本培训设计为精准培训，即研究型项目。

层次 3 是指，教师自我在专业认同和专业使命实现中体验专业幸福的意义，是思想升华、是教师专业发展的最高层次；他们把实现专业内涵视为崇高；该层次教师专业发展的主要机制是专业概念和思想机制，教师通过专业概念的掌握和形成获得对专业的理解，实现专业行为的有意图的外显，能够陈述的规范思想。我们将该发展层次的教师群体定位为专家教师，校本培训设计为经典培训，即创造、传承型活动。

## 四、我校教师专业环境

专业环境是教师专业发展内涵、层次、基础、机制在国家制度、学校文化、社群学习、班级互动中的综合外在因素。为教师打造良好的专业环境是一所中学在设计和实施教师队伍建设中的主要内容。首先，我们要严格遵守国家制度为教师专业发展层次规定的制度路径，《中华人民共和国教师法》（以下简称《教师法》）中明确规定了教师培养制度、资格制度、技术制度、教研制度、荣誉制度等[22]。其次，要充分利用好学校文化为教师专业发展机制提供的运行条件，我校的学校文化包括六大特色，学校始终坚持"以育人为中心，以学生为主体"的教育思想；坚持"为领袖人才奠基"的办学使命；不断践行"为领袖人才奠基、引领教育改革创新、努力承担社会责任"的三大责任；秉承"自强不息，厚德载物"的校训；大力提倡课程建设、教学改革、创新人才培养模式、发展国际教育，取得卓越成绩；发挥名校优势资源辐射作用，落实国家基础教育均衡发展政策。

按照教师专业的发展层次，我校教师的学习社群分为新教师（入职三年内）、骨干教师、专家教师三大学习共同体；他们同时也归属于管理层面的五种学习社群，即教研组、备课组、年级组、科研组、党支部；他们还体现在组织化的结构中，教研学习社群表现在市、区、学区和学校四级自上而下的结构，科研学习社群体现在国家、市、区和学校四级结构。教师在各种学习社群中均可获得专业发展，建设高素质、高水平的教师学习共同体是实现我校教师和学校共同发展的核心工作。我校立足新教师（入职三年内）、骨干教师、专家教师这三大发展层次的学习共同体，分别打造师资队伍，工作涵盖并体现管理层面和组织化结构中的不同分类群体，三大发展层次的学习共同体之间在"传帮带""教学相长"的客观环境中，又构成了我们学校全体教师的学习共同体，以"各个发展层次群体内部建设——利用群体间相互影响进行全校教师群体建设——促进学校发展"的机制实现我校教师和学校共同发展，对比我们做了大量的相关研究工作。

## 五、人才招聘和校本培训

名校的核心资本是名师，我校大力推行"人才强校"战略，坚持引进与培养并重，为我校实现发展目标提供优质人力资源保障。

在人才招聘过程中，我们通过引进优秀的毕业生和骨干教师，促进教师队伍年龄结构、职称结构、专业结构更加合理化；通过扩充/增加不同专业背景、学历、经历的教师，激发教师团队的活力，提高教师专业素养，从而提升学校的整体教育教学水平。

校本培训以造就教学名师、教研名师、管理人才为工作方向；以培育各学科骨干教师和学科带头人，形成学科骨干梯队为主要任务；以青年优秀人才的培养和锻炼为着力点，以建立起以人为本、公正透明、廉洁高效的有利于优秀人才迅速成长的管理体制和运行机制为基础；完善分岗、分类、分层的干部教师职工终身学习和发展体系，全面提高教职工队伍的整体素质，优化结构，提升教职工的师德素养、专业素养和教育教学及管理能力，促进我校教育质量的全面提升。

## 六、我校教师专业发展的评价

教师评价既是管理教师的手段，也是促进教师专业发展的有效措施，近几年来我校一直在关注对教师的综合评价，做到以评促进。传统的教师评价体系/方式存在着诸多缺陷和消极影响，例如，评价标准过于量化，用单一的数字形式定论本来内涵丰富的质；评价主体过于单一，评价成为管理者和专家的专利，缺乏教师自我以及和教师关联密切的校内外教师同伴、学生、家长等群体的声音；评价导向过于注重结果，只以成败论英雄，忽略了最终导致这个结果产生的内容丰富的过程；评价维度过于集中于知识和技能，缺乏关注教师对自身职业和对所在学校的情感等方面的内驱力；评价局限于管理范畴，本能与研究教师的功能整合。为了努力克服传统评价方式中的这些弊端，我校多年来一直致力于研究一套能够多元化、综合评价教师，同时集过程性记录、电子化归档、自由检索、学校各部门工作信息化管理等功能于一身的促进教师专业发展的综合系统。

在教师综合评价这一方面，我校坚持努力做到评价目的多样化、评价标准多样化、评价内容多样化、评价过程规范化、评价方法综合化、评价主体全面化、评价理念人性化。采用包括记录、评价、提升三个环节实施过程评价，立足教师的日常教育教学和科研工作，鼓励教师积极参加校内、区级、市级、国家级的各类教育教学活动，开发其专业成长的内驱力。学校各部门发起各类专家讲座、教育教学大型培训、比赛、交流、展示等活动，从学校层面做好对教师专业成长的引领。我校研发教师的量化评估体系，对教师开展多元化的综合评价，利用结果分析和反馈帮助教师提升，实现以评促进。

# 第二节　教师专业发展的培训设计

## 一、培训意义

### （一）面向未来的要求

随着社会的发展，教育的功能已经从面向过去的传递和积累文化发展为面向未来。联合国教科文组织在《学会学习》[23]的报告中指出："教育在历史上第一次为一个尚未存在的社会培养新人，我们必须学会通过对未来的预测来把握教育发展的趋势。当教育的使命是替一个未知的世界培养未知的公民时，环境的压力要求教育工作者们刻苦思考，并在这种思考中构成一幅未来的蓝图。"可见教育工作者不仅是文化的传播者，还承担着培养能够影响未来国家综合国力的公民的重任，教师专业发展的重要性就不言而喻了。

（二）来自外在的要求

当前，人们越来越深刻地认识到教育的重要性，教师越来越受到人们的尊重，社会把关注点投向中小学教育，家长把孩子成才的关键期定位在中学阶段，要求学生更加有效地学习。为了提高学生的学习水平，国家、北京市和学校对教师提出了更高的要求，不断研究教师职后培训策略，提高培训效率，提高教师应对教育发展要求的能力，为国家的发展做好人力资源准备。

（三）终身学习的要求

由于经济发展及信息全球化冲击，在新知识不断涌现、知识更新的周期越来越短的形势下，教师作为文化的传播者，不但要将终身学习的理念传授给学生，更要自强不息、不断学习，把职后培训延伸至终身教育。所以，教师的专业发展是提高国家教育水平的基础，同时教师的专业发展对教师本人适应职业要求，实现生命的价值和意义也有重要的作用。

## 二、工作目标

我校积极推进教师培训工作的改革创新，建设科学高效、有利于教师专业发展的教师培训体系，形成规范有序的培训管理制度，实现不同发展层次教师、不同类别的教职工的协调发展，保持并拓展我校培训工作的特色，努力建设一支师德高尚、业务精湛、具有国际视野、充满创造力的高素质专业化教师队伍，为实现我校成为国内一流、世界名校的目标提供人才支撑和智力支撑。

（一）完善培训体系

我校成立以校长为组长的教职工培训工作领导小组，完善培训的各项规章制度，建设"分岗位、分学科、分层次"的教职工终身学习和发展体系，构建校本培训目标和课程体系，为不同发展阶段的教职工提供差异化培训内容。

（二）规范培训管理

学校要管理好教师参加市、区及校本课程培训后的信息库、继教档案、学分等，逐步规范校本课程项目申报与审核、经费管理、课程建设、教材审定、培训效果监控与评估等流程。各处室要每年制订和落实培训计划，定期考核，并把培训考核结果纳入年终绩效考核中。

（三）突出培训特色

要结合我校实际开展校本培训，增强自主性、实效性，注重现实性与前瞻性、理论性与实践性相结合，促进校本教研和校本培训相融合。要进一步创新校本研修课程内容、模式和方法，建设一批校本培训精品课程。要突出我校培训"五个"特色：充分利用我校作为百年名校所拥有的有形和无形资源，对教师进行传承清华附中光荣传统、弘扬清华附中精神的师德师风教育培训；充分利用我校特级教师、名师的示范引领作用，提高教师的教育教学能力；充分利用我校中青年教师教育背景优、学历层次高的优势，鼓励和组织教师互相学习，提高教师终身学习、自主研修、自我培训的内在驱动力；充分利用清华大学、中科院高校著名学者、专家的教育资源优势，使教师了解本学科领域前沿发展动态，当今及未来社会科学技术发展的趋势和走向。充分利用我校国际部和十多个国际姊妹校的有利资源，拓宽教师国际化视野。

（四）培训效果显著

通过培训，我校教师在"十三五"期间达到全员培训，不同层次、不同学科、不同岗位的教师都能在师德、教育教学科研等方面获得显著提高，骨干教师梯队结构合理化，骨干教师队伍进一步发展，使我校骨干教师数量在市区名列前茅。

## 三、培训对象、内容与类别

### （一）培训对象

教师专业发展的培训对象包括：全校在职教师、干部、职员和工人。

### （二）培训内容

教师专业发展的培训内容由市区必修课程、选修课程和校本研修三部分组成。

#### 1. 必修课程（16 学分）

开设公共必修课，强化教师职业道德和专业发展意识，提高教师的教育专业素养。公共必修课包括：教师职业理想与道德、学科教育心理学。

开设专业必修课，夯实教师专业基础，提高教师的学科专业素养和教学能力。根据教师成长规律和不同层次教师需求，设计分学科、分层次的培训课程。

#### 2. 选修课程（10 学分）

开设内容丰富、形式多样的选修课程，供不同岗位、不同发展需求的教师选修。选修课关注特定岗位教师的专业发展，关注教师专业素养和综合素养的提升，结合区域特点，自主灵活设置。

#### 3. 校本研修（10 学分）

根据我校实际，积极探索校本研修的有效模式，开发设计校本研修课程和教育教学实践活动，为培训工作的可持续发展奠定基础。

（三）培训类别

按照教师工作岗位开展分岗培训，根据专任教师专业发展阶段实施分层培训，围绕教育改革与发展形势开展专项培训。

**1. 学科教师培训**

（1）新任教师培训：通过培训使新任教师熟悉教师职业特点，遵守师德规范，树立育人为本的教育思想和素质教育理念，初步掌握科学的教育方法和有效的教学技能。

（2）学科教师全员培训：按照"分学科、分层次"的要求，对全体学科教师开展岗位培训，提高教师的学科专业素养和教学能力。针对各学科、各年级、各层次教师的发展需求，设计与实施不同层级和侧重的培训课程。针对我校需求，分层开设教材教法课程。

（3）骨干教师能力提升培训：以区级骨干教师、学科带头人为培训对象，通过分学段、分学科举办研修班，以新理念、新问题、新策略为重点，全面提高骨干教师的教学专业能力、教育改革能力、教育科研能力以及指导青年教师的能力。

（4）名师高级研修：成立特级教师工作室，开展学术研究和研讨活动。鼓励和支持特级教师、市级学科带头人、骨干教师参加市区研修班。在我校确定一批培养目标，实施专人负责、跟踪定向培养，积极推选培养基础教育专家，培育教育家型教师。

**2. 班主任培训**

所有班主任五年内必须接受不少于30学时的培训。针对工作中的实际问题，开展班主任工作规范、班级管理、未成年人思想道德教育、学生心理健康教育、安全教育等专题培训，增强班主任的专业素养。

### 3. 教辅人员培训

对教育教学辅助人员，包括后勤、服务、人事、图书馆等管理人员开展相应的岗位培训。通过培训，强化服务意识，扩展专业知识，熟悉专业技能、提高业务素质，提升服务水平，为学校建设提供有效的行政后勤支撑和保障。

### 4. 干部和后备干部培训

对干部和后备干部分三个系列进行培训：（1）教学管理系列；（2）教育管理系列；（3）行政党务管理系列。通过培训，提高他们的思想水平、理论水平，以及组织、管理、协调能力；进一步拓宽国际视野，培养创新思维。努力培养造就一批政治素质过硬、创新能力卓越、引领作用突出、团队效应显著的领军人才，为推进我校实现国内一流、世界名校的目标提供高素质的管理人才支持。

## 四、重点工作

### （一）专业发展规划——促进专任教师的自主发展

#### 1. 制定各阶段教师发展目标

制定教师专业发展目标和评定标准，建设"分学科、分层次"的教师终身学习和发展体系，构建相应的培训目标和课程体系，为不同发展阶段的教师提供针对性培训，提升教师的师德修养、教育教学能力和综合素质。

新教师成为专家型教师一般要经历适应期、发展期、成熟期、稳定期和创造期五个阶段，下面将分阶段阐述教师发展目标和评定标准，详见表1-1。

表1-1 各阶段教师发展目标和评定标准一览表

| 类 别 | 具 体 内 容 |
|---|---|
| 适应期<br>1~3年 | 发展目标：逐步适应教育教学工作，成为一名合格教师 |
|  | 评定标准：<br>1.熟悉教师职业特点，爱岗敬业，树立育人为本的教育思想和素质教育理念，秉承附中优良传统，虚心向老教师、同行学习，吃苦耐劳。能得到学生、同事的认可<br>2.熟悉并遵循本校的教学常规与各种规章制度，能认真履行各种职责<br>3.逐步熟悉本学科各年级课标或大纲及任课年级的教材，能独立完成备课、讲课、命题、课外辅导等任务，具有较好的教学基本功以及规范的实验操作<br>4.在教学能力上，初步具有独立处理教材的能力、组织课堂教学的能力、独立组题命题的能力、辅导困难生的能力以及独立完成教学工作总结的能力<br>5.能写出一定质量的工作总结或教育教学案例 |
| 发展期<br>4~6年 | 发展目标：弥补专业弱项，全面胜任教育、教学工作 |
|  | 评定标准：<br>1.弥补教育、教学专业知识、技能、能力的弱项<br>2.能够组织课外活动、开设课外讲座、开设选修课、指导研究性学习<br>3.具有教育科研意识，能参加教育科研课题的研究活动<br>4.能写出具有一定质量的教育教学经验总结（或教学反思）<br>5.教师个人要有意识在市区展示自己，能承担区级以上的公开课和观摩班会活动 |
| 成熟期<br>7~11年 | 发展目标：努力发展自身的教师专业特长，逐步成为校、区的骨干力量 |
|  | 评定标准：<br>1.进一步提高教育教学专业水平，确保良好的教育教学效果<br>2.在学科教学和班主任工作中起骨干作用，逐步形成个人风格，在学校和区里有一定的影响<br>3.主动承担选修课或其他课外小组活动，形成自己的专业特长<br>4.能组织或参加科研课题的研究、撰写论文，并获得区级以上的奖励<br>5.能承担除教育教学工作以外的其他社会工作，如管理工作等 |

| 类　别 | | 具 体 内 容 |
|---|---|---|
| 稳定期 11~20 年 | | 发展目标：突破平台期，教有所长；努力成为市、区级骨干教师、带头人 |
| | 评定标准 | 1. 教育教学能够得到学生与同行的充分肯定，教学效果好<br>2. 具有一定的教科研能力，每学年都能发表一定分量的学术文章或论文<br>3. 能够承担青年教师的培养任务<br>4. 能够承担各级别的研究课、观摩课<br>5. 积极参与课题研究，成为课题组骨干 |
| 创造期 21 年以上 | | 发展目标：形成鲜明的教学风格；努力成为市级骨干、带头人、特级教师 |
| | 评定标准 | 1. 教育教学能够得到学生与同行的充分肯定，教学效果显著<br>2. 承担青年教师的培养任务，努力培养出优秀青年教师<br>3. 承担各级别的示范课，并做到课堂开放<br>4. 独立主持课题，每学年都能发表一定分量的论文或出版个人专著<br>5. 成名成家或成为特色教师，教学上有独到之处，带班有特色 |

**2. 实现目标的措施**

（1）修改、重建制度，促进教师专业化发展

学校要根据当前形势和我校教师队伍的具体实际，修改或重建制度，如《教师业务档案的管理制度》《校本教研和校本培训一体化制度》《附中优秀教师标准》《教书育人的师德评价制度》等，通过制订教师个人发展规划和学校培训计划、师徒结对等措施，促进教师队伍整体水平的提高。

（2）加强校本研修的实效性，促进教师专业发展

要规范各类教研活动，通过加强校本教研的实效性促进教师专业发展。教研组活动与备课组活动是学科校本教研的主阵地。要加强教研组、备课组活动的"教研"含量，学校将制定《关于教研组开展教研活动的指导意见》和《关于备课组开展备课活动的指导意见》。在《关于教研组开展教研活动的指导意见》中，要求教研活

动规范化、内容系列化，每次活动要有主题、设计和记录，建议以课题或专题研究带动教研活动；在《备课组开展备课活动的指导意见》中，要求每次备课活动要明确教材各章节的课程标准、教学要求和教学内容，保证学科日常教学质量。备课组还要在教师交流中创造一种和谐的学术研讨氛围，调动组内教师的积极性，充分发挥每个人的特长，促进组内教师教学水平的整体提高。

（3）根据教师需求，组织系列培训活动

针对教师在专业发展不同阶段的不同需求，学校将认真组织老师参加区教师进修学校培训和各种校本培训活动。

① 面向处于适应期（工作 1~3 年）的青年教师的培训。学校将以师徒结对、讲座、观摩、经验交流、小组研讨、听课评课、课例分析、片段教学、基本功测评等形式开展系列主题培训，内容包括"师德培训""教育政策法规""学科教育心理学""校史教育""学校文化""学科基本思想、知识体系""教学常规"（包括课标研读、教材分析、教学设计、教案撰写、课堂管理、课后辅导、检测与评价、多媒体使用、教学语言、板书设计与书写、命题技能等专题）"学生心理""德育工作"，以及 "名师风采" 等。

新任教师培训不少于 120 课时，考试合格后，从下一年度起参加岗位培训。其中参加区教师进修学校培训和参加学校校本培训各 60 学时。

区教师进修学校于新任教师入职的第一学年进行区级新任教师培训，并建立新任教师培训档案。学校将组织新任教师按时参加区和校本培训。经区、校两级考核合格者，将取得 "新任教师培训合格证"，并作为新任教师转正定级的依据之一。

② 面向处于其他专业发展阶段教师的专项培训。教师专业发展到一定阶段就会出现分化，教师可以根据自身需求参与不同内容的培训。如对发展期和成熟期教师的专项培训内容为：学生心理、

教育心理、学科教育特征、教材比较、专业技能、教学评价、考试研究、教育研究方法等；学校每年都会组织 35 岁以下青年教师参与基本功达标活动。

对稳定期教师的专项培训内容为：教师发展设计与心理健康、教师发展反思与心智模式、学科核心观念、学科知识体系、学生研究、教学研究、课程开发与教材编写、教育实验方法、教育经验总结与写作等。

学校将通过专家讲座、同行交流、学历进修、脱产培训、外出考察、课题研究等形式让教师获得提高。努力提高教师的教育教学能力、教学创新能力、实施素质教育能力、教科研能力；培养教师人文素养、科学素养、信息素养；关注教师专业发展、关注教师心理健康，提高教师职业幸福感。

（4）高度重视骨干教师的发展和培养

① 区、校级骨干教师的培养。要通过参与科研课题、争取承担区校示范性活动如各级别研究课、观摩课等做课机会、承担青年教师的培养任务、撰写教科研论文、脱产培训等途径，努力创造工作业绩，探索有自身特色的教学风格，建立行之有效的教学思路和方法。

区、校级骨干培训内容：一是教育教学技能，包括学科专业技能、学科知识的更新与扩展、现代教育技术与学科整合。二是教育教学研究，包括国内外教育教学理论、课改前沿理论、教育科研方法、学科课程研究、学科教育研究、教育问题研究、国际教育比较研究等。三是青年教师指导，包括听课与评课、课堂观察与记录、青年教师指导策略等。四是教师心理健康，包括情绪管理、压力调节、良好的人际交往、教师职业倦怠与应对策略等。五是综合文化素养，包括中国传统文化与现代文化、现代科技知识、教育哲学以及文学、艺术鉴赏等。六是教师专业发展，包括职业生涯规划、专业成长途径、专业发展策略等。

区、校级骨干培训形式：参加区必修课程学习和选修课学习，分别完成 30 学时和 10 学时的学习任务。另外，还需参加和完成校本培训任务。

② 市级骨干教师的培养。要通过牵头科研课题、开放课堂、做示范课、培养优秀青年教师、撰写具有一定分量的学术文章或论文，体现出专家型与学者型教师的品质、展现创新精神和创新思维能力，形成自己独特的教学风格，以突出的教学、科研成绩得到同行的普遍认同和学生的好评。

市级骨干教师的培训内容包括教学指导与领导、学科教育专题研究、教育哲学、教育问题研究、教师专业发展等。要通过研修培训、导师带教、课题研究、异地"访学"、管理硕士学位学习等形式，以新理念、新问题、新策略为重点，培养他们的反思、研究、指导、示范等能力，全面提高他们的理论素养、思维品质、专业能力、教学改革能力、教育科研能力，以及开阔学术视野，努力将他们培养成为教育名师。

③ 特级教师培养。学校在未来的 3 年中要分阶段、按步骤培养一批特级教师的后备力量。根据教师个人发展计划和学校发展规划，每 2 年确定 3 人的特级教师培养目标。3 年中，形成一支 6~8 人的后备队伍，在每次的特级教师评审中争取有 2~3 名教师通过评审。通过安排师带徒和做市、区示范课，总结和推广他们的教育理念、教改成果和教育教学经验，协助他们组织课题研究、发表文章、举行有关教学研讨活动等方式，充分发挥他们的示范引领作用，扩大在市区学科领域的影响，为他们的发展提供平台。学校还要请教育教学专家顾问组的专家们为附中新一代特级教师的培养出谋划策，提供针对性的指导。

对获得特级教师称号的教师进行支持性培养，组织他们参加市区校本培训，参加教育问题史、教育家成长、教育理论的建构、教师发展指导、学校教育咨询等培训，促进教师开展先进理论与科学实践相结合的研究，形成具有先进的教育理念、独特系统的教育教学思想、突出的教学研究能力、丰厚的人文素养、广阔的视野的特级教师，努力培养他们成为教育名家。

（5）加强班主任队伍建设

新任教师要安排做副班主任工作，并参加区校两级班主任上岗培训。学校将通过专项培训、案例分析、经验分享、师徒结对、拓展训练、外校考察等形式对全校班主任和 35 岁以下的青年教师进行培训。要建立一支数量充足的由德育干部、团队干部、骨干班主任和心理健康教师为核心的高水平、专业化、能吃苦的德育队伍。

（二）专业发展规划——促进职工的专业化和职业化发展

要通过师带徒、讲座、研讨、专题研究、实操、外出学习等多种形式，对职工进行校本培训。要为提高职工的师德水平、服务水平、专业和技能水平、文化知识水平等方面制定校本课程；要积极聘请市区、大学有关方面的专家、技师来校指导；要鼓励职工对口参加社会或大学职业资格培训和技能鉴定，参与职称评聘和各类工种考级，获取职业证书。对获得通过的职工在岗位聘任、提高薪酬等方面给予优先考虑。

（三）专业发展规划——提升干部引领教育改革的能力

学校将有计划、有组织地安排领导干部和后备干部参加教育部、市区干部培训，并通过研修学习、专题讲座、经验分享、案例分析、对话交流、挂职锻炼、国外学习考察等形式进行校本培训。通过干部自觉学习和参加培训，并在具有百年悠久历史的清华附中大舞台上的积极实践和锻炼，使干部加强"服务教育"的自觉性；树立"先忧后乐"的职业追求；承担"为国育才"的国家责任；坚守"以人为本"的道德底线；掌握"德育为先"的教育规律；努力实现"全面发展"的育人目标。提升干部引领教育改革的能力，培养一批改革家和带头人，造就教育家型的校长，推动我校教育事业改革和发展的进程。

## （四）"十四五"专业发展规划——细化分解为年度校本研修计划

我校应结合教师专业发展和学校特色发展的需求，制订学校"十四五"教职工专业发展培训规划，并将规划中的目标进行具体的细化和分解，按学年制定目标具体、内容细化、操作性强、可以评价的校本研修计划，避免校本研修的盲目性和随意性。要及时总结校本研修的工作特色和成果，开展对校本研修的考核与评价，根据教职工对培训的满意度、建议和意见作为下一学年制订培训计划的参考。要将每个学期的校本研修课程进行有效衔接，以形成每学期校本研修计划课程间的连续性。

## 五、组织与保障

## （一）成立教师培训工作领导小组

我校成立以校长为组长的教师培训工作领导小组，校长是校本研修的第一责任人。小组成员由分管教学、德育、人力资源、行政后勤的相关领导组成。教师的业务培训由教务处负责，班主任、思教人员的培训由德育处负责。行政后勤职工培训由办公室负责。新任教师培训、市区师训部门的继续教育培训以及教职工校本课程培训由人力资源处负责。领导小组应定期研究教职工培训工作，统筹教职工培训工作发展，不断完善教职工培训的各项政策，保障教师培训经费的投入，牵头组织校本培训课程开发、教材编写和审定，大力发挥教育、教学、教研的支撑作用，形成"职责明确、相互配合、合作共享"的培训实施体系和管理体系。积极探索建立适合教师、干部和职工特点的培训流程、培训标准和培训制度，以更加科学的方式、专业的精神和创新的机制，推动我校培训工作的规范化和专业化。

（二）明确培训职能

人力资源处负责培训工作的日常管理和工作协调职能，负责制订教职工培训计划、培训目标和相关规定；正确处理好教职工年度提高目标和五年发展目标的关系；组织教职工参加市区培训和校本培训；统筹培训项目申报、审核、经费、考核评价等；做好培训学籍、学分登记、档案管理以及评估、考核等管理工作；牵头配合市、区培训机构实施各类培训；整合培训资源、组织校际之间培训工作交流等。督促教师在2018年年底以前，根据岗位要求和专业发展需求，完成不少于360课时的学习任务，获得36学分，取得北京市"十三五"时期教师培训结业证书。

# 第三节　新教师的培训课程设计

我校针对中学新教师群体的专业发展问题进行了培训课程的设计。该培训课程介绍了国家和我校教师队伍建设的背景，分析了新教师群体的特点和存在的问题，提出了我校新教师专业发展培训的目标和意义；利用教师培训需求分析模型，构建我校新教师理想行为标准，进行行为差距分析，确定培训需求定位；结合教师专业发展理论搭建培训课程体系框架；从学员、主题、时间、课程、评估等方面设计中学新教师培训课程，同时展示培训实施过程；最后从培训效果、辐射引领性、不足等方面做出总结和反思。希望能以此给同类学校提供分享和借鉴意义，为我国的基础教育事业蓬勃发展贡献一份力量。

# 一、研究背景

## （一）主要问题

2018 年 1 月 20 日，中共中央、国务院《关于全面深化新时代教师队伍建设改革的意见》[24] 中提道："教师承担着传播知识、传播思想、传播真理的历史使命，肩负着塑造灵魂、塑造生命、塑造人的时代重任，是教育发展的第一资源，是国家富强、民族振兴、人民幸福的重要基石。党和国家历来高度重视教师工作。党的十八大以来，以习近平同志为核心的党中央将教师队伍建设摆在突出位置，作出一系列重大决策部署。"可见，学校教师队伍建设十分重要，在学校教育教学质量提高和学校发展中都会起到关键作用。

新教师的特点是有很高的工作热情，但教育教学能力和技巧上面还存在不足、欠缺经验，急需学校给予提升和发展的平台。近几年随着教育形势的发展，为了响应北京市教委的号召，更好地发挥优质资源的辐射作用，清华附中办学规模不断扩大，新教师队伍不断扩充，且非师范专业教师人数逐渐增多。清华附中的新教师具有学历高、专业功底深厚、综合素质强、学习能力强等特点，他们在教师专业发展上有很强的内驱力，对自己有较高的期望，希望通过新教师专业发展的课程培训，尽快胜任教育教学工作，并创造性地开展工作。

长期以来清华附中非常重视教师队伍建设，尤其是在新教师培训上有比较好的基础和传承。早在 2012 年，我校就开展了新教师培训工作，在此之后，清华附中更是不断将教师专业发展的理论运用于我校的新教师培训实践，在实践中积累了丰富的课程素材，完善已有的培训体系并搭建平台。相比于一般培训，丰富的综合课程更能满足新教师专业发展全方位、系统化、整体化的需求。

（二）目标和意义

学校以新教师专业发展培训课程对本部及一体化学校的新教师进行培训，总结培训案例，规范培训管理和流程。使新教师更快适应我校教育教学需要，融入学校氛围，快速完成教师职业角色的转变；使新教师专业素质得到全面提升，包括专业理念与师德、专业知识和能力等方面的提升；使新教师在职业伊始就带着教师的生涯规划与科学研究起步，有规划地发展，且大量以团队合作方式开展培训项目，为新教师营造良好的团队研究氛围，使新教师携手共进，快速融入集体，同时在今后的教育教学工作中也富有团队意识。

新教师专业发展培训课程能够更好地符合新教师的具体需求，挖掘新教师的个性潜能优势，有针对性地指导各学科新教师在不同阶段不同层次的发展，促进教师专业可持续性发展；科学化、体系化的新教师专业发展培训课程进一步完善了学校的教师发展课程体系，促进了学校教师队伍的建设和特色的形成，促进了教育事业的发展。

二、培训需求分析

根据教师培训需求分析模型，我们建构了清华附中《新教师理想行为标准》，进行行为差距分析，确定了清华附中新教师专业发展培训课程的需求定位，流程图如图 1-2 所示。

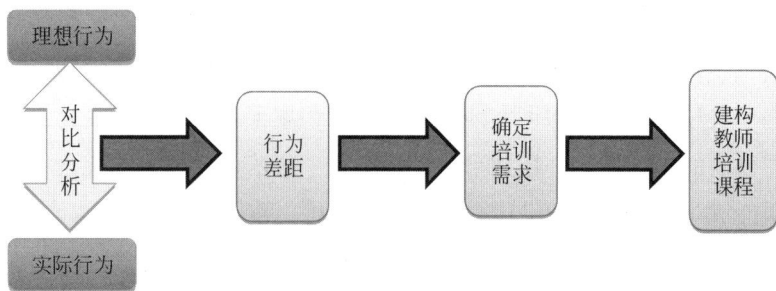

图1-2 教师培训需求分析模型

阶段一：清华附中新教师理想行为标准的建构。首先，我们依据教育部制定的《中学教师专业标准（试行）》（以下简称《专业标准》）[25]，从专业理念与师德、专业知识、专业能力三个维度的60余条标准出发，结合我校教师的实际情况进行分析，通过针对清华附中教师中的一线优秀教师围绕"新教师的特点和需求"主题进行了访谈，采取同区域教师问卷调查与专家教师座谈相结合的方式进行"关键行为指标遴选"，精简条目，进行合理的删减和整合，最终形成了具有39条指标的新教师理想行为标准。

阶段二：清华附中新教师行为差距分析。通过对我校新教师的课堂观察、对新教师以及我校的一些优秀教师和管理人员进行访谈和问卷调查，得出我校新教师的实际行为结果。

阶段三：清华附中新教师专业发展培训课程需求定位。通过对我校新教师的实际行为结果与理想行为标准的比较和分析得出行为差距，确定我校新教师专业发展培训课程的8条需求。8条需求分别从职业意义理解、专业知识、专业能力三方面进行阐述。

在职业意义理解方面：

需求1：新教师普遍需要明确社会责任意识、树立职业理想的师德培训。

需求 2：在专业认同方面，新教师需要理解教师职业的专业性和独特性以及明确专业发展规划方面的培训。

在专业知识方面：

需求 3：新教师需要从学科思想与方法的高度加深对学科教学本质和价值的理解，需要从专业知识向学科教学知识转变方面的培训。

需求 4：在对新教师进行培训时，一方面要满足其对经验技巧的渴望，一方面又要帮助他们在理论知识与教学实践之间建立关系，补充贴近学科的理论知识，并在剖析具体教学案例时应用理论知识，在听课评课中渗透理论知识，让新教师体会到理论的作用。

在专业能力方面（增强理论转化为实践的能力和在实践中不断学习研究的能力）：

需求 5：需要具备按照实际情况调整教学进程的能力的培训。

需求 6：需要对学科知识中策略、技巧、经验等方面知识的积累和提升方面的培训。

需求 7：需要加强研究学生心理方面的能力培训。

需求 8：需要在教学活动形式与活动目的、教学内容以及教学目标的达成度方面得到提升。

## 三、培训课程设计

### （一）参加培训人员

培训学员，包括清华附中本部、分校区及分校等单位的入职 3 年以内的新教师。

培训团队，包括校级领导、特聘专家（大学教授、中学特级教师、中学骨干教师等）、具有专业特长的优秀新教师，同时包括经过之前的新教师培训课程成长起来的优秀教师及社会培训机构。

（二）培训主题

基于对新教师需求分析的研究结果，结合教师专业发展的理论 [11]，我们从教师专业发展的内涵、基础、机制和环境的视角出发，搭建新教师专业发展的综合课程体系框架，模型如图1-3所示。

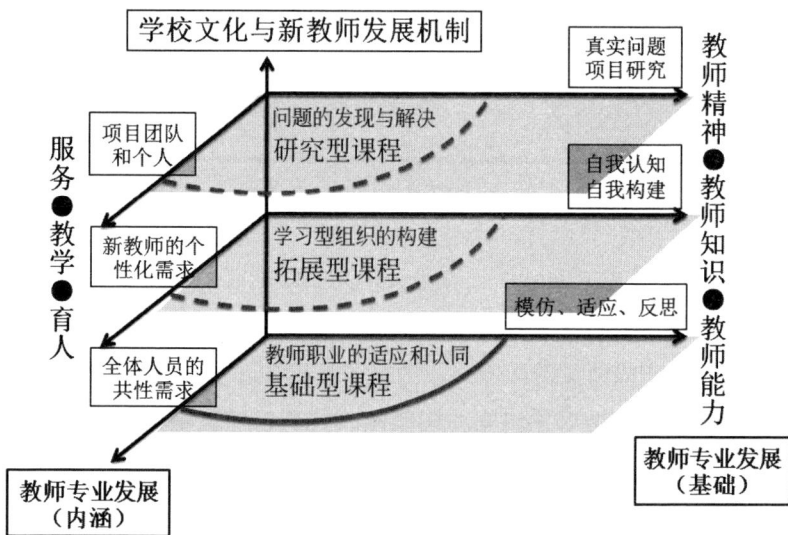

图1-3　清华附中新教师专业发展的综合课程体系框架

教师专业发展的内涵揭示了专业的本质规定，教会学生学习、育人和服务是教师专业的内容构成；教师专业发展的基础由教师专业精神、知识和能力构成，是教师专业发展内涵实现的基础；教师专业发展的机制是教师专业形成发展层次的必要条件，也是教师专业发展基础能够有效产生作用的推动力；教师专业发展的环境综合了外在因素，其中学校文化是教师专业发展机制的运行条件。

本框架设计以新教师专业发展内涵、基础、机制与环境为维度，结合学校文化设置基础型、拓展型、研究型三个层级课程来规划新教师培训课程。基础型课程以全体新教师的共同需求为基础，更加关注教师在知识和能力层面的模仿、适应与反思，注重教师对职业的适应和认同；拓展型课程以全体新教师的个性化需求为基础，注重培养教师对知识与能力的自我认知和自我建构，发展机制上更加关注学习型组织的构建；研究型课程以个人或项目研究团队为基础，以教学、育人和服务为专业发展内涵，开展对实际问题的研究，注重教师专业发展中实际问题的发现与解决。这三个不同层级的课程，各有侧重、互为补充，均能提供丰富的研修内容及制度保障，以促进新教师个人学科专业化发展，为学校培养未来教育家奠定基础。

（三）培训课程

在对新教师专业发展课程进行需求分析的基础上，设计并完善了我校的新教师专业发展培训课程，具体内容见表1-2。

表1-2　新教师专业发展培训课程

| 第一阶段：　入职前的前期培训课程（2月至6月依次安排6次培训，每次3学时，共计18学时） | | | |
| --- | --- | --- | --- |
| 顺序 | 培训专题 | 专题层级 | 培训形式 | 培训目标 |
| 1 | 项目1"与课堂零距离" | 基础型 | 活动观摩 | 交流分享，促进专业成长 |
| 2 | 项目2"新教师讲专业" | 基础型 | 分享交流 | 交流分享，促进专业成长 |
| 3 | 项目3"与教师面对面" | 拓展型 | 面对面交流 | 了解教师们的教育教学思想和经验，以此启发新教师 |
| 4 | 项目4"课题研究" | 研究型 | 参与培训方案的设计与讨论 | 尽快了解自己的优势、劣势，课下寻找解决问题的办法，组织引导教师进行自我学习 |
| 5 | 项目5"国际教学项目培训" | 研究型 | 参观、学习、研讨 | 了解国际课程UBD：明确预期的教学结果（目标）——确定满意的检验依据（测评方法）——设计教学活动和教学过程 |

**第二阶段：** 入职前的集中培训课程（7月17—22日，连续6天的集中培训，每天8学时，共计48学时）

| 顺序 | 培训专题 | 专题层级 | 培训形式 | 培训目标 |
|---|---|---|---|---|
| 6 | 项目6"通识培训" | 基础型 | 讲座、活动 | 了解学校的基本情况、组织设置、学校历史文化等，实现角色转变，并通过团队协作来互相了解，培养教师的团队精神 |
| 7 | 项目7"教学技能培训" | 基础型 | 技能培训 | 在专家指导下进行微格教学、说课，在教学实践中实现教学设计、说课技能、课件制作、板书等方面的提升 |
| 8 | 项目8"团队培训" | 拓展型 | 团体心理辅导、校外拓展活动 | 增进对彼此的了解，在互助合作中建立团队精神，拉近心理距离，做到真正融入附中、融入团队、融入集体 |
| 9 | 项目9"科研能力培训" | 研究型 | 参与式的培训 | 学习如何带领学生开展涉及技术领域的科学活动，策划、组织和实施科技教育活动，提升新教师的综合素质和技能 |

**第三阶段：** 入职后的过程性培训课程（共计20学时）

| 顺序 | 培训专题 | 专题层级 | 培训形式 | 培训目标 |
|---|---|---|---|---|
| 10 | 项目10"交流分享活动" | 拓展型 | 投稿、交流分享 | 以《新教师》杂志为载体，分享新教师在工作和生活中的酸甜苦辣，提出问题、展示风采，在解决问题的过程中提升新教师的凝聚力，使他们更好地融入校园 |
| 11 | 项目11"以学科为中心的培训" | 研究型 | 参与课题 | 参加以不同学科为背景的课题研究，提升新教师的学科研究能力，注重不同学科之间的联系 |
| 12 | 项目12"三走进课程" | 研究型 | 课程培训 | "走进圆明园""走进科学实验"和"走进文化经典"是清华附中一个特色课程项目，不同学科的新教师广泛参与其中，引导学生从多学科的角度综合地进行项目研究，提升学生的各类素养 |

其中，前期培训课程中的项目 1 和项目 2 属于基础型课程，为满足课程需求 1、2、4 而设计；项目 3 属于拓展型课程，为满足课程需求 2、3、4 而设计；项目 4 和项目 5 属于研究型课程，为满足课程需求 8 而设计。

集中培训课程中的项目 6 和项目 7 属于基础型课程，为满足课程需求 1、2、3、4、5、6 而设计；其中，项目 8 属于拓展型课程，为满足课程需求 7 而设计；其中，项目 9 属于研究型课程，为满足课程需求 8 而设计。

过程性培训课程中的项目 10 属于拓展型课程，为满足课程需求 5、6、7 而设计；项目 11 和项目 12 属于研究型课程，为满足课程需求 8 而设计。

## 四、培训效果展示

我校新教师经过这样的课程培训，可以得到很好的成长，培训接近尾声时我们会在学校报告厅举行新入职教师培训汇报展示，让他们进行说课展示、教学技能展示以及各校风采展示。说课教师通过展示教学设计，进行新课改下对核心素养的探索，展现不同学科的风采，也能集中体现培训以来新教师们的积累与成长。在教学技能展示环节，说课技巧组、教学设计组、板书设计组、课件设计组共同展示新教师们的教学基本功。在才艺展示环节，各位新教师会展示一系列精彩的节目。这些展示都能够证明我校新教师在经过课程培训会后得到了迅速的成长。

## 五、培训效果评估

为了使新教师专业发展综合课程设计更好地符合新教师的需求，学校通过本次研究建立了系统化、立体的课程体系。首先，我们进行了综合课程培训需求分析，将教师专业发展理论运用于我校的新教师专业发展实践，突破一般培训模式，在新的思考中构建新的清华附中新教师综合课程的培训模式。其次，我们完善了已有的课程体系，完成了我校中学新教师专业发展的综合课程设计方案，以基础型、拓展型和研究型三个层级的课程来规划新教师专业发展。

我校的新教师经过这样的综合课程培训，得到很好的成长，其中工作6年内就获得快速成长的优秀年轻教师大批涌现，荣获区骨干或区学科带头人荣誉称号的教师有13人；教育教学领域论文获奖丰硕，其中获得市级论文一等奖23人、二等奖12人、三等奖6人，文章在期刊得到发表的12人；大规模参加市、区级公开课，其中承担市级公开课15人次，区级公开课45人次，在海淀区、北京市乃至全国有极强的影响力。

## 六、反思

### 1. 多层次、立体的培训体系

清华附中新教师专业发展综合课程设计符合教师专业发展规律、新教师成长规律，和教师的一线教育教学教科研团队发展相结合，切实符合新教师发展的自身需求。课程全面、多层次、多元立体，分为基础型、拓展型和研究型三个层级，更有针对性地指导各学科的新教师在不同阶段实现不同层次的发展，实现持续性发展。培训过程中注重发挥骨干教师的引领作用，以榜样的力量激发新教师学习的主观能动性，并注重将集中学习与分科指导相结合，理论学习与实践应用相结合，从而提高新教师培训的实效性。

### 2. 辐射引领性

清华附中的新教师专业发展综合课程还具有辐射性，不仅将本部优秀的综合课程资源、形式与各分校及分校区分享交流，以此示范和带动新教师专业水平的整体发展，而且对海淀区的新教师培训起到了引领示范，甚至在北京市也有一定的引领作用。

### 3. 不足之处

第二阶段的集中培训，安排在暑期连续 6 天，每天 8 学时，包括通识培训、专业技能培训、团队精神培训三大专题，每个专题下设丰富多彩的培训内容。近两年的实践经验使教师们感觉培训的效率很高、收效很大、提升明显，但是，同时他们也觉得每天的学习强度有些大，身体和精神上有些不堪重负。接下来我们需要在各培训专题的内容上做到凝练、提取精华，使培训时间更合理、更人性化，对此进行深入思考和调整，不给老师们增添过重的负担。

### 4. 搭建网上平台

我校正在研究搭建网上平台，服务新教师专业发展，跟踪新教师成长的过程，为新教师成长搭建记录、交流、互动、评价的多元化电子平台，实现线上线下共同发展，助力学校和新教师发展。

# 第四节　骨干教师的培训项目设计

我校教师队伍整体素质高，其中 23 人获得特级教师荣誉称号，市学科带头人及骨干教师 14 人，区学科带头人及骨干教师 85 人，区班主任带头人及德育带头人 3 人，高水平教师比例高，各学科都在北京市、海淀区起到了引领示范作用。学校已形成了坚实的骨干教师群和骨干教师梯队，他们在北京市、海淀区以及我校各学科的教育教学中正在发挥着关键作用，也是我校要不断关注和推动专业发展的重点群体。学校为骨干教师的自身发展搭建了良好的平台，使他们能在工作岗位上起到模范带头作用，这些教师中有多位担任教研组长、年级组长、教学组长、中心主任等职务。

近年来，我校不断探索在新形势下如何更好地促进骨干教师专业发展，遵循教师成长规律、课程建设规律、科学管理规律，调研先行，准确把握培训需求；以需求为本，科学设计实施培训，结合学校文化和教师发展机制，探索建立不同主题的研究型培训项目，为解决骨干教师的当前需求实施精准培训；参训教师在培训项目的实施过程中，能够提升专业知识与技能，同时做到以研究任务为驱动，提高破解难题的能力，实现自身素质的提升；拓展我校培训项目的辐射作用，在全国范围共建共享培训过程及成果；规范制度，为教师指引专业发展方向；建立机制，确保教师培训工作健康有序发展。

我校骨干教师的校本培训设计为精准培训——研究型项目。围绕当前教师专业发展的重要内容——提高教师相关的知识和技能、教师课堂教学实践水平，我们调研了我校骨干教师的专业发展需求，发现随着近年来青年教师的发展，骨干教师的学科素养和现代教育信息技术愈发成为骨干教师发展的瓶颈，由此，我校设计并实施了以下两大培训项目：一是数学发展历史与数学教育整合（Unity of Mathematics History in Tsinghua University High School，UMHT）培训项目；二是"互联网＋教育"下多种教学模式培训项目，以提升课堂教学实践能力。

## 一、数学发展历史与数学教育整合（UMHT）培训项目

### （一）培训的理论依据

我校的教师队伍整体水平较高，核心骨干教师的学术引领作

用明显，学校文化清晰。为促进优质教师成长与学校发展，我校结合骨干教师对学科素养提升的专业发展需求，学校针对骨干教师设计并开展了整体把握数学课程（Unity of Mathematics Curriculum，UMC）的理论支撑下的教学研究培训项目：清华附中数学发展历史与数学教育整合（UMHT）。学校领导高度重视此项目，成立专门班子负责其运行与管理。参训学员 16 人，其中多数有中学高级职称，年龄在 40 岁以下，研究能力强、研修欲望高，有着蓬勃向上的心态，清华附中一体化学校（清华附中永丰学校）也有学员参加。下面将依次介绍此培训项目的主题、内容、培训目标和培训过程。

概念界定：整体把握数学课程（UMC）[26] 具体有以下几个方面：整体把握数学课程目标；整体把握数学课程内容；整体把握数学思想方法；整体把握学生的数学学习。其中整体把握数学课程目标包括目标的形成历史、现实要求和评价等；整体把握数学课程内容包括比较该课程内容在不同版本教材中的理解与设计、研究该课程内容在数学史上的发展过程、研究该课程内容在不同学段（初中、高中）的课程发展、研究该课程内容的横向联系等；整体把握数学思想方法包括理解数学发展历史中重要的数学事实及重要数学家的数学创造（如三次数学危机的产生，欧几里得几何学的发展，笛卡儿的哲学思想与数学关系，牛顿与莱布尼茨的微积分之争等）、理解数学家或哲学家对数学的"定义"（如恩格斯关于数学科学的界定，"数学是关于模式的科学"，布尔巴基学派关于数学的结构化思想、数学哲学的三大流派，即逻辑主义、直觉主义、形式主义的主要观点等）和理解数学教学语境下的思想方法（如分类思想、函数思想、方程思想、数形结合等）；整体把握学生的数学学习，包括理解学习心理学的主要流派（如认知发展心理学、最近发展期理论、社会建构主义、人类学的观点、一些著名数学家的数学发现与发明等）、理解数学核心概念的学习路径（如分数的学习路径、函数概念的学习路径、几何直观的形成路径、有序思维的学习路径等）、诊断学生的数学学习情况，掌握一些典型的学生学习案例等。

（二）培训过程

培训目标：使得骨干教师具有 UMC 的能力，成长为优质教师，在数学学科本质的理解上有纵向发展＋横向联系的能力，并贯穿于教师的日常教学中。以优质教师为核心，建立学校内部的数学学科学术共同体。初步形成 UMC 理论支撑下的学校数学课程，促进学校发展。

培训时间：2016 年 3 月 4 日开班典礼，其后平均每两周一次。

培训过程：通过理论讲座、案例分析、网络调查问卷等形式共同研讨，完成基于 UMC 理论的数学发展历史与数学教育整合的方案设计，多次开展优质教师公开课，探索如何更好地将数学发展史融入今后的日常教学中。其中，基于 UMC 理论的数学发展历史与数学教育整合（UMHT）的培训设计及实施方案见表 1-3。

表1-3　数学发展历史与数学教育整合（UMHT）的培训设计及实施方案

| 时　间 | 阶段目标 | 引导学习的 | | 结　果 |
|--------|----------|-----------|---|--------|
| | | 问题设计 | 活动设计 | |
| 2016/3/4 | 初步形成整学科对UMC的理解 | 如何理解UMC？结合学校发展期望与学校文化，建设或完善学校数学课程 | 1.UMC 理论讲座<br>2.基于 UMC 的实践案例分析<br>3.创建学生数学俱乐部，了解俱乐部的学生的基本情况（发调查问卷，问卷不仅仅局限于数学） | 1.在培训者与参训教师之间，形成相互理解的数学教育价值观<br>2.初步形成整学科推进的研究课题小组<br>3.学生数学俱乐部成立 |

| 时　间 | 阶段目标 | 引导学习的 | | 结　果 |
|---|---|---|---|---|
| | | 问题设计 | 活动设计 | |
| 2016/3/18 | 初步设计数学史与数学教育整合的方案 | 初高中数学课程中有哪些重要的数学内容可以考虑与数学史的整合 | 1. 准优质教师阐述基于 UMC 的 UMHT 设想<br>2. 全体学员研讨 | 形成一个案例并计划实施 |
| 2016/4/1 | 观摩准优质教师的课堂教学（UMHT） | 如何运用 UMC 理论阐述 UMHT 课堂教学中的问题 | 1. 全体学员提供 UMHT 教学案例构想<br>2. 学生俱乐部第一次活动，由项目负责人主讲一节课 | 整理各学员提供的案例，并形成结构化分析 |
| 2016/4/15 | 重温 UMC 的理论，形成 UMHT 的教学 | UMHT 是否可以成为学校数学课程体系的有效组成部分 | 观摩两位教师的 UMHT 课堂教学 | 准优质教师形成一节课 UMHT 课堂教学的案例分析 |
| 2016/4/29 | 再次观摩准优质教师的课堂教学（UMHT） | 继续思考如何运用 UMC 理论阐述 UMHT 课堂教学中的问题 | 全体学员完善 UMHT 教学案例的构想 | 整理各学员提供的案例 |
| 2016/6/10 | 重温 UMC 的理论，形成 UMHT 的教学意识 | UMHT 对执教者的影响，对学生动机的影响 | 观摩一位教师的 UMHT 课堂教学 | 准优质教师完成一节课 UMHT 课堂教学的案例分析 |
| 2016/6/24 | 再次观摩准优质教师的课堂教学（UMHT） | 思考 UMHT 的教师用稿与学生用稿，是否需要给学生提供一个学生版 | 1. 准优质教师提供一个教师版与学生版，供研究研讨，初步形成一个写稿模型<br>2. 学生俱乐部第二次活动（1 小时） | 完成一个案例的样章，含教师版与学生版 |

| 时　间 | 阶段目标 | 引导学习的 | | 结　果 |
| --- | --- | --- | --- | --- |
| | | 问题设计 | 活动设计 | |
| 2016/9/16 | 观摩样章中的课堂教学（UMHT） | 样章的案例如何修改——数学史阅读材料，提出的问题等 | 准优质教师提供一个教师版与学生版，供研究研讨，初步形成一个写稿模型 | 完成一个案例的写作，含教师版与学生版 |
| 2016/9/30 | 观摩课堂教学（UMHT） | 样章的案例如何修改——数学史阅读材料，提出的问题等 | 1.主讲教师提供UMHT的教学案例：教师版与学生版<br>2.学生俱乐部第三次活动（1小时） | 完成一个案例的样章，含教师版与学生版 |
| 2016/10/14 | 观摩/研讨课堂教学（UMHT） | 样章的案例如何修改——数学史阅读材料，提出的问题等 | 主讲教师提供UMHT的教学案例：教师版与学生版 | 完成一个案例的样章，含教师版与学生版 |
| 2016/10/28 | 观摩/研讨课堂教学（UMHT） | 样章的案例如何修改——数学史阅读材料，提出的问题等 | 1.初中数学课程的UMHT的教学案例：教师版与学生版<br>2.高中数学课程的UMHT的教师版与学生版 | 初步编辑初高中小册 |
| 2016/11/11 | 研讨课堂教学（UMHT） | 是否可以考虑就UMHT的实践写论文 | 1.精选并删除不适用的部分<br>2.学生俱乐部第四次活动（1小时） | 完善编辑初高中小册 |
| 2016/11/25 | 研讨课堂教学（UMHT） | 是否可以考虑就UMHT的实践写论文 | 精选并删除不适用的部分 | 完善编辑初高中小册 |

| 时　　间 | 阶段目标 | 引导学习的 | | 结　　果 |
|---|---|---|---|---|
| | | 问题设计 | 活动设计 | |
| 2016/12/9 | 研讨UMHT教师版与学生版文稿 | 思考UMHT教师版、学生版与整学科教研文化的关系 | 1.准优质教师到北京一零一中学或北京市第二十二中学异校讲课（UMHT）<br>2.UMHT宣传与展示 | UMHT教师版与学生版的印刷品（内部） |

前两次活动，学校外请专家北京教育学院教授王建明讲解整体把握数学课程（UMC）理论。后续活动，参训教师依据培训设计及实施方案轮流进行设计与主持。所有参训学员都要在参训前认真阅读每次活动的培训手册，组长带领集体讨论本实施方案中的"解决问题""培训目标"等重要内容，以保证项目中的学员们能够积极、主动、目标清晰地参与进来。全体学员要在参训前做好图书购买、文献收集、研究课预设、活动日程预设等准备，在项目中积极寻求自己的生长点。

优质教师的课堂教学（UMHT）公开课围绕函数课程、几何课程、运算课程，或是数学文化、数学史或数学实践等主题，共开展了9次优质教师公开课，包括：李劲松老师的"曲线的切线"、杨锦老师的"数的发展"、李娜老师的"从几何法到一元二次方程的求根公式"（八年级数学）、杨俊霞老师的"函数概念与性质"（八年级数学）、尹政君老师的"微积分的基本定理"、张钦老师的"一元二次方程根与系数的关系"、周建军老师的"从复数谈起"、张苏老师的"立体图形与平面图形"和刘向军老师的"三角形内角和定理"。

（三）培训效果分析

通过培训，骨干教师的数学学科素养得到大幅度提升，具有了较好的 UMC 能力，成长为优质教师，在数学学科本质的理解上具备纵向发展＋横向联系的能力，并贯穿于教师的日常课堂教学中。其中教师代表周建军代表清华附中参加了第六届北京数学教师论坛，作为主讲教师所做公开课受到广泛好评，使得这次优质教师培训在北京市得到了很好的展示。参与培训的初一年级数学备课组长在初一年级进行了大胆的尝试，开展了具有数学文化特色的《数学之王》年级舞台剧活动，通过将数学发展历史与数学学生活动整合，以数学家故事为背景，渗透多学科知识，是开展学科大综合实践课程的一次尝试，调动了广大学生的数学学习热情，增进学生数学学习的兴趣，起到了良好的效果。优质教师们编写了 UMHT 教学案例并印刷成册，形成清华附中 UMHT 教师版与学生版的图书并在学校内部使用，优秀教师们及时总结和反思自己的收获写成论文，多人在我校一年一度的论文年会中获奖。

为了发挥培训成果的辐射作用，我校组织本校全体数学教师观摩学习了 9 位参训教师的公开课，反响热烈。数学教师群体的学习欲望和自我提升需求得到了空前的提升和满足，老师们在日常教学实践中与参训教师交流、探讨频繁，收获颇多，老师们对数学学科的理解得到加深，数学学科领域的知识储备得到拓宽，数学学科素养得到整体提升。我校还邀请了清华附中及一体化学校、北京第22 中学、北大附中、交大附中、西藏林芝二中等中学的约 70 位数学老师参加了我校培训项目的结业典礼（活动方案见表 1-4），将培训成果拓展到校外其他中学，实现中学间优秀宝贵教育成果的分享互通，共同进步，结业典礼上我校参训教师分别汇报了自己的收获和体会，展示了清华附中 UMHT 培训的精彩过程和取得的良好收效，得到其他学校的广泛好评和期望进一步交流学习的邀约。此次培训项目以优质教师为核心带动其他教师，充分发挥优质教师的引领辐射作用，建立起学校内部的数学学科学术共同体，促进了骨干教师专业发展和学校发展，同时在全国范围内起到了示范引领作用。

表1-4　培训成果辐射——年度结业典礼

| 项目模块 | 模块内容 | | | | 参考学时 |
|---|---|---|---|---|---|
| | 时间 | 培训主题 | 报告人/授课教师 | 培训内容和目的 | |
| 主题报告 | 12月30日上午 | 《清华附中UMHT》 | 清华附中副校长赵鸿雁 | 介绍了清华附中教师专业发展的价值取向、目的、内容和行动，以及在长期的教师培训实践中形成的清华附中教师发展的理论模型和行动指向 | 1学时 |
| | | 《几何历史与UMHT的关系》 | 北京教育学院教授王建明 | 进一步深化整体把握数学课程对推动数学教育、教学和科研的重要意义 | 1学时 |
| 专题讲座 | 12月30日上午 | 《UMHT培训活动体会》 | 清华附中的教师代表李劲松 | 分别汇报了自己的收获和体会，展示了清华附中UMHT培训的精彩过程和取得的良好收效 | 1学时 |
| | | 《学习反思，实践收获》 | 清华附中的教师代表杨俊霞 | | 1学时 |
| | | 《让梦想生根》 | 清华附中的教师代表周建军 | | 1学时 |
| | | 《揭开公理体系神秘的面纱》 | 清华附中的教师代表张苏 | | 1学时 |
| | | 《UMHT理念下的学生活动》 | 清华附中的教师代表张钦 | | |
| 学生数学音乐剧展演 | 12月30日下午 | 《数学之王》第二季数学音乐剧汇报演出 | 初一年级学生 | 此音乐剧是参与培训的初一年级数学备课组长张钦老师带领学生结合培训内容，将数学发展历史整合进学生活动，学生自编、自导、自演的系列数学剧 | 1学时 |

## 二、"互联网+教育"下多种教学模式培训项目

### （一）培训的背景依据

《国家中长期教育改革和发展规划纲要（2010—2020年）》强调：

"信息技术对教育发展具有革命性影响,必须予以高度重视"。《教育信息化十年发展规划(2011—2020年)》和《教育信息化"十三五"规划》相继出台,明确了全国教育信息化事业的行动纲领和路线图,指导各地和各校制定规定、统筹推进教育信息化。

《国家教育事业发展"十三五"规划》[27]中将教育质量全面提升作为主要目标之一,要求教师素质进一步提高,学校办学条件明显改善,教育信息化实现新突破,形成信息技术与教育融合创新发展的新局面,增强学习的便捷性和灵活性。此规划明确提出要积极发展"互联网+教育",全力推动信息技术与教育教学深度融合,鼓励教师利用信息技术提升教学水平、创新教学模式,利用翻转课堂、混合式教学等多种方式用好优质数字资源。

我校关注教学改革的发展,关注互联网时代的社会变革,积极进行教学改革探索。从2012年起,我校在全国率先开展慕课和翻转课堂的实践研究,在C20慕课联盟组织举办的全国中小学"微视频"大奖赛上我校有1位教师获得全国一等奖,在全国第二届中小学教师、高等院校师范生翻转课堂系列微视频大赛上,我校有16位教师获奖。为全力推动信息技术与教育教学深度融合,鼓励教师利用信息技术提升教学水平、创新教学模式,2016年起,我校与教育部装备与研究中心联合开展"互联网+教育"的教学交流展示研讨活动,首届活动以关注课堂教学方式改革为主题,第二届活动以课堂教学关注学科核心素养为主题,邀请全国知名兄弟学校的学科教师,以同课异构的方式进行交流研讨,分享教育思考和实践结果。

（二）培训过程

清华附中举办了两届"互联网+教育"的教学交流展示研讨活动,分别以关注课堂教学方式改革和课堂教学关注学科核心素养为主题，每届活动均有来自全国各地的 500 多名校长和教师参加。首届"互联网＋教育"下多种教学模式探究研讨活动，从理论引领与课堂实践两方面与参会教师做了充分的交流，展现了互联网在教育教学方式中的创新与变革，见表 1-5。第二届"互联网＋教育"——聚焦学科核心素养教学研讨活动，由主题报告、专题讲座和课堂教学观摩三个部分组成，旨在探讨互联网背景下，如何更加灵活地使用多种教学方式来提升和改进课堂教学，如何将学科核心素养渗透并落实在日常的教育教学中，见表 1-6。

表1-5 第一届"互联网+教育"下多种教学模式探究研讨培训项目

| 项目模块 | 模 块 内 容 | | | | 参考学时 |
|---|---|---|---|---|---|
| | 时间 | 培训主题 | 报告人/授课教师 | 培训内容和目的 | |
| 主题报告 | 2010 年 4 月 14 日 | 《互联网环境下技术装备的发展与学习方式的转变》 | 教育部教育装备研究与发展中心曹志祥主任 | 由互联网与教育之间的关系引入，对现今如何将互联网与教育更好地结合提出了自己的观点，指出只有将互联网分别与课程、学习、评价、教学四个方面分别结合，才能更好地运用互联网技术去实践教育。在互联网环境下，装备改变教育，创新引领未来 | 1 学时 |
| | 2016 年 4 月 15 日 | 《"互联网＋教育"：颠覆创造未来》 | 青岛二中校长孙先亮 | 阐述了在"互联网＋"时代，学校教育将实现学校平台化，教师创客化和学生个性化；在互联网时代，教学的时间和空间将被重新定义，将超越教学活动的所有边界。另外，分享了青岛二中在"互联网＋"下教育教学的一些成功的做法和经验，即利用信息化实现管理精致化、资源多样化、发展自主化、学习个性化 | 1 学时 |

续表

| 项目模块 | 模块内容 | | | | 参考学时 |
|---|---|---|---|---|---|
| | 时间 | 培训主题 | 报告人/授课教师 | 培训内容和目的 | |
| 专题讲座 | 2016年4月15日 | 《"互联网+"与传统数学教学》 | 清华附中的教师代表张钦 | 与来自全国的校长及教师分享了互联网环境下的教学模式的创新，展示了清华附中结合"互联网+"在课程建设方面做的一些探索 | 1学时 |
| | | 《慕课平台——学生的移动课堂》 | 清华附中的教师代表尹然 | | 1学时 |
| | | 《互联网，教育的新工具》 | 清华附中的教师代表潘天俊 | | 1学时 |
| | | 《"互联网+"下义务教育阶段综合实践课程的探索——以走进圆明园为例》 | 清华附中的教师代表朱培 | | 1学时 |
| 课堂教学观摩 | 2016年4月14日、4月15日 | 语文精彩课堂 | 来自全国7所知名中学的32位教师 | 以同课异构的模式展示了语文、数学、英语、物理、化学、生物、历史、地理、政治学科的精彩课堂，观摩课后，讲课教师就本次课程的设计以及"互联网+"下的教学与听课教师展开了交流，学校聘请了相应的学科专家对展示课进行了精彩的点评 | 1学时 |
| | | 数学精彩课堂 | | | 1学时 |
| | | 英语精彩课堂 | | | 1学时 |
| | | 物理精彩课堂 | | | 1学时 |
| | | 化学精彩课堂 | | | 1学时 |
| | | 生物精彩课堂 | | | 1学时 |
| | | 历史精彩课堂 | | | 1学时 |
| | | 地理精彩课堂 | | | 1学时 |
| | | 政治精彩课堂 | | | 1学时 |

　　说明："课堂教学观摩"项目模块中授课教师来自的7所知名中学分别是北师大二附中、北京一零一中学、杭州二中、青岛二中、上海建平中学、北达资源中学和清华附中。

表1-6 第二届"互联网+教育"——聚焦学科核心素养教学研讨培训项目

| 项目模块 | 模块内容 | | | | 参考学时 |
|---|---|---|---|---|---|
| | 时间 | 培训主题 | 报告人/授课教师 | 培训内容和目的 | |
| 主题报告 | 2017年4月13日上午 | 《清华附中基于核心素养的特色课程体系的构建》 | 清华附中校长王殿军 | 提出真正的学习是对于学科核心素养的深刻学习,学习的过程是一个载体,旨在培养能力和素养,并向参会领导教师介绍了清华附中所开展的核心课程、综合课程、社会实践课程、衔接课程、生涯课程 | 1学时 |
| | 2017年4月13日上午 | 《教育部委托开发的"成志中学生综合素质评价系统"的应用与研究》 | 清华附中副校长杜毓贞 | 对系统的起源、发展历程、应用与研究进行了深入的讲解。基于前瞻的思考与引领,清华附中研发出这套系统,并应用于教学管理中,对学生的发展历程进行全方位记录与评价 | 1学时 |
| | 2017年4月13日下午 | 《"互联网+教育"背景下的教师教育与流动》 | 北京市教育委员会副主任李奕 | 提出了"教师走网"的新型服务模式,对教师"资源属性"的精细化管理与培养。移动互联网催生新的学生学习需求规律,衍生出新型教育教学方式,在新情况下我们要满足学生个性化需求 | 1学时 |
| | 2017年4月13日下午 | 《关于教育技术装备工作发展趋势》 | 教育部教育装备研究与发展中心主任曹志祥 | 由教育技术装备的概念引入,对现今教育技术对传统教育的颠覆展开讲解。通过创造、使用、管理适当的教育技术,将其恰当地运用到教学中。更好地将互联网与教育相结合。理念、技术、装备改变教育;实践、发展、创新引领未来 | 1学时 |

| 项目模块 | 模块内容 | | | | 参考学时 |
|---|---|---|---|---|---|
| | 时间 | 培训主题 | 报告人/授课教师 | 培训内容和目的 | |
| 专题讲座 | 2017 年 4 月 14 日 | 《"互联网+"背景下的项目式学习探索》 | 清华附中的教师代表王田 | 展示清华附中基于学科核心素养所做的一系列探索与应用 | 1 学时 |
| | 2017 年 4 月 14 日 | 《清华附中空中学堂的探索与应用》 | 清华附中的教师代表白建娥 | | 1 学时 |
| | 2017 年 4 月 14 日 | 《"互联网+课堂"——技术与教学整合的新思路》 | 清华附中的教师代表张苏 | | 1 学时 |
| 课堂教学观摩 | 2017 年 4 月 13 日上午和 14 日全天 | 语文精彩课堂 | 来自全国 17 所知名中学的 32 位教师 | 以一课三构、翻转课堂等方式展示语文、数学、英语、物理、化学、生物、历史、地理、政治学科的精彩课堂，课后授课教师与参会教师进行交流，学科专家对课程进行精彩点评 | 1 学时 |
| | | 数学精彩课堂 | | | 1 学时 |
| | | 英语精彩课堂 | | | 1 学时 |
| | | 物理精彩课堂 | | | 1 学时 |
| | | 化学精彩课堂 | | | 1 学时 |
| | | 生物精彩课堂 | | | 1 学时 |
| | | 历史精彩课堂 | | | 1 学时 |
| | | 地理精彩课堂 | | | 1 学时 |
| | | 政治精彩课堂 | | | 1 学时 |

说明："课堂教学观摩"项目模块中授课教师来自的 17 所知名中学分别是人大附中、北京一零一中学、北师大二附中、北京十一学校、北京市第八中学、首都师范大学附属中学、中关村中学、上海中学、复旦大学附属中学、上海建平中学、华东师范大学第二附属中学、华南师范大学附属中学、杭州学军中学、杭州第二中学、四川大学附属中学、哈尔滨师范大学附属中学、清华附中。

## （三）培训效果分析

每届活动均有我校及其他知名中学共计 500 多名校长和教师参加，全国名师齐聚一堂，通过理论引领和课堂展示与参会领导教师进行探讨，交流思想，碰撞观点。这既是交流、学习的盛会，也是清华附中展示核心课程与创新教学模式的机会。参会教师纷纷表示，既能聆听名师课堂，又能学习创新的教学模式与方式方法，还能聆听学科专家的精彩点评，受益匪浅；同时我校的教师队伍也得到了很好的展示。

通过培训，我校骨干教师的现代教育信息技术得到大幅度提升，具有了较好的互联网技术用于日常课堂教学的能力，课堂生动活泼、信息量大、效率高、深受学生喜爱，调动了广大学生的学习热情，收到了良好的成效。教师们及时总结和反思自己的收获写成论文，多人在我校一年一度的论文年会中获奖。学校全体教师观摩学习了教师代表的公开课，反响热烈，教师群体的学习欲望和自我提升需求得到了空前的提升和满足，老师们在日常教学实践中大胆尝试多种教学方式，形成了积极向上、用于创新探索的良好教学氛围。我校各学科以此活动为契机，开展专项学习研究，集中团队进行研讨，发挥骨干教师的示范引领作用，受到了老师们的认可。我校信息技术资源建设的重点已从教师备课资源向学生学习资源转变，数字教育资源实现从匮乏到丰富的飞跃，"课堂用、经常用、普遍用"的信息化教学新常态已初步形成。

## 三、总结

高水平教师队伍是学校教育质量和教师教学水平的核心，清华附中始终将构建骨干教师梯队作为教师队伍建设的关键环节，学校遵循教师成长规律、课程建设规律、科学管理规律，调研先行，准确把握培训需求；需求为本，科学设计实施培训；拓展我校培训的辐射作用，在全国范围共建共享培训过程及成果。结合学校文化和教师发展机制，近年来我们不断探索建立不同特色主题的研究型培训项目，为解决骨干教师的当前需求实施精准培训，参训教师在培训项目的实施过程中，提升专业知识与技能，同时以研究任务为驱动提高破解难题的能力，实现自身素质的提升，通过研究型培训项目的不断推进引领骨干教师专业发展，同时促使一批教师尽快脱颖而出，成为教育教学的中坚力量。针对我校骨干教师的专业发展需求，我校设计并实施了两大主题的系列培训项目：一是数学发展历史与数学教育整合培训项目；二是"互联网＋教育"下多种教学模式培训项目，同时提升课堂教学实践能力，为骨干教师的专业发展需求提供精准培训。

培训项目使得我校骨干教师的学科素养和现代教育信息技术得到显著提升，骨干教师整体素质跨上新台阶。教师论文获奖情况很好地反映了培训效果，我校教科研论文年会 2015 年度共收到论文166 篇，经过外请专家的评审，最终评出一等奖论文 27 篇、二等奖论文 114 篇、三等奖论文 25 篇（论文各项指标与 2014 年度相比保持稳定）。2017 年度共收到论文 278 篇，经过外请专家的评审，最终评出一等奖论文 57 篇、二等奖论文 148 篇、三等奖论文 73 篇。经过 2016 年、2017 年两年培训，我校教师论文提交总数量增加 67%，一等奖数量翻一番，二等奖数量增加 30%，其中骨干教师获得一等奖、二等奖分别由 2015 年度的 11 篇、45 篇增加到 2017 年度的 17篇、41 篇，在近年来我校高学历高素质青年教师不断大量涌入的背景下，骨干教师论文一、二等奖获奖数目保持稳中有升，充分体现了近两年我校骨干教师培训的良好效果。我校教师论文在北京市基础教育科学研究论文评选活动中，获奖情况也有同样的体现：2015—2016 学年度共有 11 篇论文获奖，5 篇获一等奖，1 篇获二等奖，5 篇获三等奖，一等奖获得者在海淀区同类学校中名列前茅；2016—2017学年度共有 17 篇论文获奖，6 篇获一等奖，6 篇获二等奖，5 篇获三等奖，一、二、三等奖获得比例均在海淀区同类学校中独占鳌头。

经过几年的发展，2015 年评选的区骨干和学科带头人教师群体的素质得到显著提升，2017 年有 15 人被评选为市骨干和学科带头人，4人被评选为北京市特级教师，两项指标在海淀区同类学校中名列前茅。海淀教育"两委一室"在"十三五"期间推出的名师教育教学实践研讨会的第二站在我校举办，我校政治正高级教师参与教育教学实践研讨会，展现了我校名师的教学成果和实践经验，为全校教师起到了示范引领作用。

我们正在研究搭建网上平台，服务骨干教师专业发展，跟踪骨干教师成长过程，为骨干教师成长搭建记录、交流、互动、评价的多元化电子平台，实现线上线下共同发展，为学校发展和骨干教师成长助力。

# 第五节　专家教师引领

落实党的十九大精神，深化教育领域综合改革，实现教育强国梦，必须依靠高素质专业化创新型的教师队伍，我们要进一步加强名师队伍建设，加大对名师的培养力度，打造教育人才聚集高地，最终为中学教育优质均衡发展提供不竭的人才资源。其中，特级教师是我国教师队伍中一支特别重要的力量，也是我国区别于欧美国家在教师专业发展上的重点。在国际比较教育范围里，对我国特级教师的研究也正成为一个方向。

清华附中是一所拥有高素质教师队伍的百年老校，在学校的发展过程中大批优秀教师不断涌现，其中包括24位特级教师，以及许多优秀的市区级骨干教师和学科带头人，他们组成了一支耀眼的专家教师队伍，在教师发展和学校发展中起着重要的作用。他们是师德的表率、育人的模范、课堂的楷模、科研的能手，是教育改革的探索者和教师发展的引领者。他们是高素质教师，是把教育的科学性与艺术性完美结合的典范，学校应积极为他们提供展示、分享、交流的平台，充分发挥他们带动新教师和骨干教师的引领性和示范性，扩大他们的辐射作用。

对于专家教师，学校遵循教育规律和人才成长规律，为优秀教师脱颖而出积极搭建广阔的平台，努力培养和造就一批在全国具有较大影响的教育名家，分别从教育引领和学科教学引领两个方面，开展了名师教育教学实践研讨会和数学特级教师高端论坛，积极推动清华附中的专家教师队伍在学校、海淀区、北京市乃至全国教育教学的发展中都发挥引领示范作用。

# 一、名师教育教学实践研讨会

## （一）背景

《海淀区"十三五"时期教育改革和发展规划》指出，继续实施"成长中的教育家"工程，再推出 10 名教育教学或办学成绩突出、社会广泛认可的教育名家。《海淀区"十三五"时期幼儿园、中小学、职业高中教师培训工作指导意见》提出，再召开 10 位教育名家教育教学实践研讨会。为落实文件精神，2017 年 12 月清华附中举行名师教育教学实践研讨会，以"涵育化人无声，立德树人有我"为主题，展现了北京市特级教师、清华附中政治正高级教师杜毓贞的教学成果和实践经验。

杜毓贞老师是一位具有创新精神和研究能力的专家型教师，以杜毓贞老师为代表的清华附中政治教师团队把思想政治课作为落实社会主义核心价值观的有效途径，将思想政治和德育有机结合，将立德树人、促进学生全面发展提高到了一个新的层次，在学科育人方面不懈努力，涵育化人、润物无声、久久为功，不断从优秀走向卓越。清华附中举办教育教学实践研讨会，目的是为学校以及海淀区推出名师样本，为广大教师提供榜样，希望全区教师在教育教学实践中始终以"四有教师"为标准，当好学生的"四个引路人"，落实立德树人根本任务，培养德智体美全面发展的社会主义建设者和接班人。

参加研讨会的人员来自海淀区中学的教学校长、政治教师、区政治教研员、区名师工作站成员，海淀区市级学科带头人和骨干教师，外区教研员，清华附中本部及一体化学校教师等共计约400人。会议提供的材料包括《本立而道生》书一本、《清华附中百年校庆画册》一本、《品德与修为》编著一本、《现代教育报》一份、《清华附中百年校庆"三团一社"宣传片》光盘和校庆演出光盘等。研讨会的内容包含短片、报告、访谈、书、专家点评、领导讲话、学生活动展示七个方面，安排见表1-7。

表1-7　杜毓贞教育教学实践研讨会

| 时　间 | 内　容 | 备　注 |
|---|---|---|
| 2017年12月7日上午 | | 第一部分 |
| | 宣布大会开始 | 海淀区委教育工委书记尹丽君 |
| | 观看短片：《师心问道》 | 人力资源中心组织策划拍摄 |
| | 主题报告：《涵育化人无声立德树人有我》 | 杜毓贞 |
| | 介绍出版成果：《本立而道生》书一本、《品德与修为》编著一本、《现代教育报》一份 | 杜毓贞 |
| | 现场访谈 | 《政治课的学科育人价值，政治教师的责任与追求》<br>第一组：附中教研组教师代表5人；<br>第二组：海淀区名师工作站代表等4人 |
| | 专家点评 | 清华大学教授和基础教育专家 |
| | 领导讲话 | 清华大学附属中学校长；<br>海淀区教育委员会主任 |
| | 领导嘉宾合影 | |

续表

| 时　间 | 内　容 | 备　注 |
|---|---|---|
| 2017年 | 第二部分 | |
| 12月7日下午 | 清华附中纪念"一二·九"革命短剧展演 | |

（二）过程

**1. 短片**

参加研讨会的领导和老师们一同观看了视频短片《师心问道》，回顾了杜毓贞老师35年来的从教历程和一路的收获，领略了杜毓贞老师的教育教学风采。

**2. 报告**

杜毓贞老师做题为《涵育化人无声，立德树人有我》的主题报告。报告中她阐述了政治课的学科育人价值和政治教师的责任与追求，在政治课的学科育人价值方面，她认为政治教师要坚持中国特色的价值引领，践行科学理性的思维培养，肩负知行统一的责任担当；在政治教师的责任与追求方面，她分享了自己教学生涯的重要阶段，她认为教师应当勇于直面改革，坚持教学相长。

**3. 访谈**

访谈环节分为两组，10位老师从不同角度讲述了杜毓贞老师对学校里的青年教师、同事以及业界同行们的影响、指导和引领，探讨了他们对政治课的学科育人价值和政治教师的责任与追求的理解。

第一组是清华附中政治组教师代表和杜毓贞老师的学生代表，政治组老师分享了在杜毓贞老师的带领下参加教学改革实践的收获和感受，探讨了初高中政治课的教学，分享了共同参与的北京市重点关注课题中关于青少年价值观研究的成果；杜毓贞老师的学生代表畅谈了政治课对他的思维启发和成长帮助。

第二组是海淀区名师工作站导师和学员代表，他们分享了杜毓贞老师对海淀区政治教师团队的引领，表示在与杜毓贞老师的接触中，学到了很多，感触最深的是那种强烈的责任感和使命感，特别是海淀区政治学科队伍建设的一脉相传的一种传承精神。

### 4. 专家点评

中国教育学会副会长，清华大学校务委员会副主任，清华大学教育研究院院长谢维和教授进行了点评。他说研讨会不仅仅是杜毓贞老师分享个人的成长、教育经验，更是海淀教育系统、清华附中贯彻落实十九大精神政策的落地，政治课是在中学阶段对学生价值进行引领，解决学生阶段世界观、人生观的问题。谢维和认为研讨会真正把政治课教育教学从经验层面提升到概念的层面，从理论的角度进行了总结。杜毓贞老师政治课教学取得成功的因素是符合了中学政治课教学的规律，符合中学课程学生的心理和课程的科学性，她的教育教学思想也是海淀教师能够引领教育的代表。

全国中小学德育教学专业委员会副秘书长，北京市中学政治课教学专业委员会秘书长王礼新进行了点评。他对政治教育教学领域出现这样的名师感到十分的骄傲和自豪，短片回顾杜毓贞老师的教育教学成长经历，可以感受到她深刻的教育思想，对政治教学由衷的爱以及名师的价值、名师的辐射作用。

### 5. 领导讲话

清华附中校长王殿军作《莫道斑斑双鬓染，笑看桃李满园芳》主题发言，回望清华附中建校百年，一直思索探讨教育的本质，在此过程中积淀宝贵教育智慧，涵养成就了一批批杰出教师，杜毓贞老师就是其中的代表之一。王殿军高度肯定了杜毓贞老师的教育教学实践和贡献，杜毓贞老师的为师之道重在启发，善思辨，引领学生进入政治课的美妙世界并且杜毓贞老师善于博采众长,深谙人文日新,能够为学生全面发展创造广阔空间,更为可贵的是杜毓贞老师作为北京市特级教师,始终以自己的为人为学感染着青年教师,助力学生成长,助力清华附中、助力海淀教育发展。

海淀区教育委员会主任陆云泉做总结发言指出:杜毓贞老师作为一名思想政治教师,凭着她对教育事业深厚的感情,对学生热爱、对教书育人的崇高追求和对政治学科的独特理解,将思想政治课程定位为帮助学生确立思想政治方向、增强社会理解和参与能力、提高法律与道德修养的公民教育课。发言中还强调:目前全面落实党的十九大精神,深化教育领域综合改革,实现教育强国梦,必须依靠高素质专业化创新型的教师队伍,望清华附中进一步加强名师队伍建设,加大对名师的培养力度,打造教育人才聚集高地,最终为海淀教育优质均衡发展提供不竭的人才资源。

### 6. 学生活动展示

清华附中纪念"一二·九"运动革命短剧展演是清华附中一项传统的爱国主义教育活动,同学通过自编自演革命短剧,感受革命精神和心怀天下的责任感,激发爱国热情,把自己的成长和祖国的命运联系在一起。

（三）效果

研讨会得到与会领导和专家的一致肯定,展示了清华附中专家型教师的教育教学成果和实践经验,为全校教师起到示范引领作用,对于促进教师成长,使教师发展工作上升新台阶,起到了积极作用。

研讨会得到与会教师们的一致好评,教师们表示收获丰硕,感受深刻,体现在四个方面:第一是领略了杜毓贞老师悟育人之道,悟教育之道,悟教学之道的教师职业生涯;第二是看到了杜毓贞老师的敬业精神和业务成长之路；第三，感受到以杜毓贞老师为核心的政治教师团队迸发的力量，发挥着立德树人的重要作用；第四，看到了名师以个体力量，率先垂范带动教师群体发展的成功典范道路。研讨会后与会教师们明白了一位名师所应具备的特质：第一，以高尚的教育情怀打好人生底色；教育情怀是崇高而坚定的教育理想，是对教育的执着，对学生的热爱；第二，以独特的教育思想引领发展发向；第三，以高超的教育能力成就事业辉煌。第四，以突出的教育业绩打造金色名片。

清华附中的传统爱国主义教育活动——纪念"一二·九"运动革命短剧展演，充分展现了清华附中的德育教育成果，同学们通过自编自演革命短剧，感受革命精神和心怀天下的责任感，激发爱国热情，把自己的成长和祖国的命运联系在一起。

## 二、数学特级教师高端论坛

### （一）背景

清华附中的专家教师队伍中，包含特级教师 24 人，其中数学学科 9 人，为扩大特级教师的学科影响力，发挥特级教师对教师发展和学校发展的辐射作用，在北京数学会的大力支持和帮助下，2019 年 6 月清华附中承办第八届北京数学教师论坛首届数学特级教师高端论坛。

论坛的主题是"直面数学课程，寻求变与不变"，旨在发挥数学特级的专业优势，在我国数学教育研究和发展中，发挥积极的作用，也为不同地区的数学特级教师之间的交流提供机会。论坛邀请全国 20 所学校的数学特级教师们开展研讨交流活动，为来自全国的 300 余位数学一线教师提供优质的学习资源、平台和服务。

## （二）过程

在开幕式上王建明教授介绍了北京数学会及下设中学委员会的发展历程和主要工作，强调了特级教师在教师队伍中的重要性，介绍了成立数学特级教师论坛的意义。数学特级教师北京论坛成立于 2018 年 10 月，首届成员为 20 位数学特级教师，成员来自北京、河北、江苏和浙江的教研员和一线数学教师。论坛从数学教育学科的角度，在数学特级教师研究、专业发展和专业引领等多方面开展工作。

清华附中副校长徐文兵致辞，对与会领导和教师表示热烈欢迎，对北京数学会表示感谢。他介绍了清华附中"培养卓越教师，奠基领袖人才"的教师培养基本目标，特级教师队伍的构成情况以及附中为特级教师提供引领示范平台、扩大辐射作用的教师发展机制和举措，并介绍了数学学科教师发展的基本情况。

接着，6 位论坛成员代表分别进行特级教师学术报告。特级教师学术报告安排见表 1-8。

### 表1-8　特级教师学术报告

| 时间 | 内　　　容 | 主　持　人 |
|------|-----------|-----------|
| 2019 年 6 月 29 日上午 | 开幕式 | 北京数学会副理事长王建明 |
| | 特级教师报告 1<br>赵鸿雁，清华大学附属中学副校长<br>题目：特级教师专业发展的路径 | |
| | 特级教师报告 2<br>吴正宪，北京教育科学研究院，正高级教师<br>题目：儿童数学的理念与实践 | 王彦伟，北京市东城区教研中心，正高级教师，特级教师 |
| | 特级教师报告 3<br>华应龙，北京市第二实验小学副校长，正高级教师<br>题目：化错教育的哲学思考 | 高萍，北京市朝阳区教研中心，正高级教师，特级教师 |

| 时间 | 内　容 | 主　持　人 |
|---|---|---|
| 午餐及休息 | | |
| 2019年6月29日下午 | 特级教师报告4<br>郑瑄，浙江省教育学会中学数学分会副会长，正高级教师<br>题目：数学与人文 | 邵文武，北京市海淀区教师进修学校，特级教师 |
| | 特级教师报告5<br>张鹤，北京市海淀区教师进修学校，正高级教师<br>题目：数学教学的逻辑 | 徐文兵，清华附中副校长，特级教师 |
| | 特级教师报告6<br>谷丹，北京四中<br>题目：教会与会教 | 黎宁，北京师范大学附属实验中学，特级教师 |
| | 闭幕式<br>维纳斯头上有祥云，数学试卷里有乾坤<br>——2019年数学高考综述 | 北京数学会副理事长王建明 |

　　清华附中副校长赵鸿雁的主题报告《特级教师专业发展与数学教育改革之我见》，探讨了如何理解数学教育和数学教学的变化，在外部与内部的变化中是否存在数学教育的一些不变量；结合附中学生对特级教师的特点印象调查统计，总结了特级教师的特质；结合附中几位特级教师典范的经验反思总结，提炼了特级教师的教学思想；从教师专业成长的视角去寻找数学教育中的变与不变，强调永葆教育初心的重要性。

　　北京教育科学研究院正高级教师吴正宪的主题报告《为儿童提供"好吃又有营养"的数学教育》，强调课程改革的初心是使儿童获得健康、快乐、幸福的可持续成长；认为课程改革的关键是建立正确的"儿童教育观"，尊重、理解儿童是教育的关键，要保护好儿童的自尊心、自信心和学习兴趣。

　　北京市第二实验小学副校长、正高级教师华应龙的主题报告

《化错教育的哲学思考》，介绍了"化错"是把课堂教学中的差错融化为一种教学资源，相机融入后续的教学过程中，"化腐朽为神奇"，变"事故"为"故事"。

浙江省教育学会中学数学分会副会长、正高级教师郑瑄的主题报告《数学与人文》，针对在解题中学会思考、行动、反思，"怎么想？怎么做？怎么悟？"三个发人深省的问题通过结合案例展开探究和讨论。

北京市海淀区教师进修学校、正高级教师张鹤的主题报告《数学教学的逻辑》，解释了数学教学的逻辑是知识逻辑，回答教学"教什么"的问题；思维逻辑是在课堂教学的过程中，教师与学生所进行的思维活动的规律；教学逻辑是教学过程中教师与学生之间教与学活动的思维及其规律，回答"怎么教"的问题。

北京四中数学组组长谷丹的主题报告《教会与会教》，针对学生从学会到会学，教师从教会到会教两个艰难而重要的过程如何完成阐述了自己的思考，结合课例从如何做好理解、引导、训练三个环节进行说明。

最后，闭幕式上王建明教授做题为"维纳斯头上有祥云，数学试卷里有乾坤"的 2019 年数学高考综述。

（三）效果

来自全国 20 所学校的数学特级教师及 300 余位数学一线教师参加第八届北京数学教师论坛首届数学特级教师高端论坛论坛，开展教育教学研讨交流活动，交流思想，碰撞观点。参会教师反响热烈，纷纷表示，既能聆听名师课堂，又能学习创新的教学模式与方式方法，还能聆听学科专家的精彩点评，受益匪浅。同时清华附中通过承办首届数学特级教师高端论坛，亦有数学特级教师代表做学术报告，很好地展示了清华附中的教师队伍水平。

经过本次数学特级教师高端论坛，清华附中本部及一体化学校的青年和骨干教师的专业发展欲望强烈，教育激情被点燃，专家教师为各个发展阶段的教师指明了发展方向，树立了标杆，明确了发展目标。老师们在日常教学实践中用整体把握的观点理解数学及考试内容，理解课程改革和考试改革，同时注重在学科教学中发挥师德表率和育人模范的作用，形成了积极向上、注重总结反思、坚持教育理想、追求职业幸福感的良好氛围。

## 三、总结

清华附中遵循教育规律和人才成长规律，为涵养专家教师积极搭建广阔的平台，努力培养和造就一批在全国具有较大影响的教育名家。分别从教育引领和学科教学引领两个方面，开展了名师教育教学实践研讨会和数学特级教师高端论坛，活动均由清华附中人力资源中心负责组织。研讨会展示了清华附中专家型教师的教育教学成果和实践经验，高端论坛扩大了清华附中数学特级教师的学科影响力，分别借助北京市和海淀区的相应平台，学习了其他高水平学校的专家教师成长经验和成果。为清华附中促进教师队伍建设，充分发挥高端教师在师德修养、教书育人、教育科研、指导培养青年教师等方面的作用，起到了积极作用，使教师发展工作上升到新台阶。

我校的新教师和骨干教师在专家教师的师范引领下，成长迅速。其中工作 6 年内快速成长的优秀年轻教师大批涌现，荣获区骨干或区学科带头人荣誉称号的教师有 13 人；教育教学领域论文获奖丰硕，市级论文获奖 41 人，各期刊发表文章 12 人；大规模参加市、区级公开课，共计 60 人次，在海淀区、北京市乃至全国具有极强的影响力。快速成长的优秀骨干教师大批涌现，2017 年有 15 人被评选为市骨干和学科带头人，4 人被评选为北京市特级教师，两项指标在海淀区同类学校中名列前茅。

我们正在研究搭建网上平台，服务培养教育名家和专家教师引领，开辟了"专家教师之道"线上板块，包括教育思想研讨会、指导教师引领学科发展、项目研究论文撰写 3 个维度，为专家教师提供展示、分享、交流的平台，充分发挥他们带动新教师和骨干教师的引领性和示范性，扩大他们的辐射作用。

# 第二章
## 以综合评价促进教师专业发展的设计

## 第一节　教师专业发展综合记录与评价系统的设计

### 一、研究背景

　　教师专业发展是我国的一项重要政策，打造高素质专业化的教师队伍，是我国教育发展的需要。《国家中长期教育改革和发展规划纲要 (2010—2020 年 )》[28] 中明确指出，为满足人才培养的需要，要 "提升教师素质，努力造就一支师德高尚、业务精湛、结构合理、充满活力的高素质专业化教师队伍"。2012 年，教育部根据《中华人民共和国教师法》和《中华人民共和国义务教育法》，制定《中学教师专业标准（试行）》[25]，提出教师专业发展要达成的四大基本理念——学生为本、师德为先、能力为重和终身学习。2014 年，习近平总书记在第三十个教师节庆祝大会上提出了 "四有教师" 的概念，即教师要有理想信念、有道德情操、有扎实学识、有仁爱之心。

进入 21 世纪后，国内外的很多专家学者提出教师专业发展具有"生态性"，这种观点又被称为"人境互动""内外互动"的教师专业发展观 [9,10,11]。该研究观点认为，教师的专业发展就是在基于自身和外界互动的过程中，不断建构和发展知识体系，尤其注重教师专业发展对自身、学生以及所在学校和社会的相互作用。宋广文等人 [12] 认为，"内外互动"的教师专业发展既要关注教师专业发展以促进学生发展、提升教育质量的外在工具价值，又强调教师专业发展对教师自身人格完善、自我价值实现的本体价值；既关注教师管理部门、教师教育机构、学校等提供的外部支持，又强调教师的主动参与和教师自我专业发展的需求、意识对其专业发展的重要价值 [4]。北京师范大学的朱旭东教授 [11] 指出：公立学校的教师，是在国家制度、学校文化、学习社群、班级互动等环境中开始其社会化，进入专业发展的个人轨迹中。

随着信息技术的飞速发展，教育信息化成为全球教育现代化过程中一个重要组成部分，是衡量一个国家基础教育水平的重要指标。教育的信息化不能没有教师的参与，教育信息化改革最终体现在教师能够有效地将信息技术应用到课程教学中去 [29,30,31]。因此，信息时代的到来，对教师的素质提出了全新的挑战，必将会对教师的教育观、教育方式、教学行为产生影响，关注信息技术环境下教师专业的成长是新时期教师教育研究的重点 [32,33,34]。2017 年 3 月，教育部下发关于全面推进教师管理信息化的意见 [35]，指出教师管理信息化是推进教育信息化的根本要求和重要内容，也是加强教师队伍建设的迫切需求。传统手段很难做到对教师队伍的科学、精准、高效管理，很难实现教师队伍治理体系和治理能力的现代化。因此，必须要创新教师管理方式方法，积极整合利用信息技术手段，全面推进教师管理信息化，提升教师管理的效率与水平。同年 10

月，教育部办公厅下发关于开展《国家教育事业发展"十三五"规划》2017年度监测评估的通知[36]，要求提升评估工作的质量和效率，完善评估工作体系，充分利用互联网、大数据、地理信息系统等手段，综合运用统计数据和非统计数据资源，提高评估工作的科学性。

清华附中已走过百年历程，结合学校发展的实际，提出"为未来领袖人才奠基"的学校使命，把为领袖人才奠基、引领教育改革创新、努力承担社会责任作为学校发展的三大责任，并不断践行。与之相匹配的是，我校历来非常重视教师队伍建设，注重教师发展的全面性和可持续性，把提升教师专业队伍的整体素质、促进教师和学校共同发展作为发展学校内涵的重要举措。依据国家对中学教师专业发展提出的新理念和新要求，结合清华附中自身特点和教师发展的需要，我校研制开发了教师专业发展综合记录与评价系统，其基本设计理念包括以下几点：

（1）涵盖教师专业发展的两大核心要素：①专业理念与师德，包括职业理想、改革创新、责任担当；②专业知识与能力，包括教学能力、教育能力、科研能力。

（2）关注不同阶段教师发展的"个性化"需求，激发教师个体的专业发展的内驱力。

（3）突出"群体合作""人境互动"，营造良好的团队、管理部门、学校、社会的专业发展环境。

（4）注重"多元化"和"开放性"，根据实际关注点录入和采集多元信息，建立开放性的综合评价体系，与个人、部门、学校的日常教育教学实践有效结合。

加强"辐射性"，借助综合系统将本部优秀的校本培训资源与各分校及分校区分享交流，以此示范和带动教师专业水平的整体发展，扩大集团化办学的社会效益。

## 二、主题思考

中学教师专业发展综合记录与评价系统，服务群体是教师，定位在促进教师专业发展，以教师日常的实际教育教学科研工作及教师个性化的自我素质提升为基础，以教师全方位的信息记录和整个职业生涯过程中的成长档案整理为主要内容，通过梳理、分析、发现各级各类教师的专业发展规律，分享、交流、借鉴丰富的个性化成长案例，帮助每一位教师实现科学的、有针对性的、高效的自我专业发展，同时在部门和学校层级同样以记录为基础，通过分析和分享的手段，实现教师、部门和学校的共同发展。在对记录与评价系统中的大量信息梳理和存档的过程中，我们为每一项记录赋分，构建教师的积分系统，通过对分数的综合分析实现对教师的综合评价。

教师的综合评价，是一个大的系统，不能像学生一样把高考作为唯一的评价维度，或存在某一个特别重要的阶段。教师的专业发展，以国家政策为指引，贯穿整个职业生涯，需要有清晰的规划和扎实的职业发展过程。我校教师系统的过程性记录是综合的，是一个全方位、多元化、生态的体系，我们借助对教师成长活动的记录、量化分析，实现对教师的综合评价，进而促进教师的专业发展。该系统体现了我校的教育理念和经验积累，是我校教师队伍建设工作中的一个大胆的实践探索和创新。同时，用理念指引实践，在实践中形成更先进的理念，以此相互影响、共同提升。

## 三、发展历程

结合学校的发展需求，在教师专业发展综合记录与评价系统研发的过程中，我们重点考虑了以下几个方面：根植学校实践，为促进教师专业发展不断探索；印证教育理论，调研国内外前沿的教育理论，形成我们的系统设计体系；借鉴国际经验，学习一些国际上促进教师专业发展的实践经验，结合我校特点取长补短；遵守／落实国家政策，严格遵守国家政策对于教师专业的规定，包括教师标准、职业要求、法律规范等方面，紧跟"新时代教育要服务立德树人"这个核心要求。

（一）根植学校实践

教师专业发展综合记录与评价系统首先要体现学校发展的大环境和背景，践行三大责任：第一，为未来领袖人才奠基，必须得有这些教师为中学生基础教育发展所做的基础工作的一些记录，包括全校教师师德培训、班主任研讨会、青年班主任工作室、青年教师基本功大赛、青年教师汇报课、师徒结活动、新教师培训、北京市"名师工程"培训、区级骨干教师和学科带头人培训等传统特色活动；第二，引领创新改革，学校必须得为教师在引领、创新、改革这些方面提供一个可持续发展的平台，要有学校促进教师专业发展的具体做法的一些记录，包括翻转课堂、科技教育、STEAM教育、大学先修课程（CAP）、学生综合素质评价系统、教科研论文年会等教育教学研究创新活动；第三，承担社会责任，这是我校的教师队伍建设工作的最高理想和追求，系统必须要体现学校已形成的完善的教师队伍建设体系，我校教师的专业发展是分类别、分层次的，在教育、教学、科研等不同方面采取多元化的培训措施，对新教师、骨干教师、专家教师等不同层次群体采取有针对性的发展举措，学校的教学、德育、人力、行政、资源等各部门共同协作，齐抓共管，这些工作系统都要有相应的记录。

（二）印证教育理论

教师专业发展的研究。早期带有"工具性"取向将教师的专业发展局限于"由外而内"的发展，认为教师所需要的知识是外在的、客观的，教师可以通过学习外在的知识体系建构教师专业特有的知识体系。20 世纪 80 年代后期，转为尊重教师"主体性"，主要参照"由内而外"的研究范式。21 世纪后，推崇"人境互动"的研究取向，教师专业发展倾向于"生态性"研究取向。这三种研究取向都在探索教师专业发展的"有效性"，强调专业学习的实践性、引导性、自主性、合作性、反思性等特性。

教师档案袋的研究。20 世纪 80 年代末，美国斯坦福大学教师 J. 巴顿和 A. 柯林斯[37] 第一次探索和尝试了在教师教育中使用档案袋进行评价的可能性。当时的档案袋是包括教师和学生的成长记录在一起。后来在实践中逐步细分为学生成长档案袋和教师成长档案袋。20 世纪 90 年代以来，档案袋开始作为一种评价的工具在全美的大中小学广泛地发挥作用，并影响到全世界许多国家和地区。美国纽约的教学专家马丁·克尼普[38] 致力于教师档案袋的研制。在美国 30 多个学区的 3000 多名教师中使用。通过教师档案袋研究者可以比较容易地发现教师专业成长的规律。20 世纪 90 年代以来，教师档案袋开始作为一种努力克服传统评价弊端的评价方式走进欧美主要国家的中小学校，并逐渐成为全球教师评价策略的主流。2004 年 9—12 月，上海八区对区内中小学校本教研情况的调查表明：中小学教师普遍欢迎校内专家和教研员的专业引领[39]，教师成长档案袋以其详实、生动和原生态的信息优势架起了指导者与被指导者之间、教师同伴之间的沟通桥梁和平台[40]。

（三）借鉴国际经验

美国纽约教学专家研究中心设计的教师成长档案袋[41]，包括以下内容：（1）背景：教师对工作和学习的背景有清晰的描述，包括学区、地区、社区、学校、班级人数、开设的课程、自己的教学理念；（2）反思：故事中的人物、主题和冲突得到充分的开发；

（3）评价：评价档案袋的设计、描述程度；（4）行动研究：仔细描述行动研究计划的程序。

美国华盛顿州立大学开发设计的教师成长档案袋[42]，包括以下内容：（1）教学哲学：课堂教学不是塞给学生静态的知识，而是让学生体验知识获得的过程，从中学会解决问题的方法，学会学习，学会与人相处，学会做事。简言之，学生从教师的课堂教学中获得长效的益处，教师的教学是一个不断完善和进步的过程，不断地从经验中学习、从同行中学习。（2）责任履行：①任教的科目。信息包括：教学的计划、教学内容的理解、学生学习的总体情况。②指导建议。信息包括：对个别学生的课业辅导、职业建议。③教学创新。信息包括：在教学策略方面的新尝试。（3）教学评价：①学生评价。②同行评价。③自我评价。④家长和社会的评价。⑤学校管理者的评价。（4）教学成果：①学生的进步和成功。②教师的精彩教案或课件。（5）附件或展示：荣誉证书、表扬信、表现性作品。

（四）践行国家政策

对教师和教育的发展，国家有一系列政策要求，《国家中长期教育改革和发展规划纲要（2010—2020年）》[28]明确提出，要加强教师队伍建设，提升教师素质，努力造就一支师德高尚、业务精湛、结构合理、充满活力的高素质专业化教师队伍；完善培养培训体系；不断改善教师的工作、学习条件；创造有利条件，形成教学特色，造就一批教育家，大力表彰和宣传模范教师的先进事迹。

《中学教师专业标准（试行）》（以下简称《专业标准》）[25]指出，中学教师是履行中学教育教学工作职责的专业人员，需要经过严格的培养与培训，具有良好的职业道德，掌握系统的专业知识和专业技能。《专业标准》是国家对合格中学教师的基本专业要求，是中学教师实施教育教学行为的基本规范，是引领中学教师专业发展的基本准则，也是中学教师培养、准入、培训、考核等工作的重要依据。包括师德为先、学生为本、能力为重、终身学习四大基本理念，从专业理念与师德、专业知识、专业能力这三大维度提出了对中学教师专业素质的 60 余条基本要求。它所涉及的领域、维度、要求，也是我们在设计教师个人成长、部门成长以及学校成长的一系列个性化的和团体协作的活动时应重点考虑的内容。《专业标准》是我们设计系统中的栏目和活动的重要依据。

2017 年，国务院发布了《关于印发国家教育事业发展"十三五"规划的通知》[27]，规划中明确提出，教师队伍建设等基础性制度体系应更加完善，完善教师管理制度，改进教师考核评价制度，建立符合中学教师岗位特点的评价机制。教育部办公厅关于开展《国家教育事业发展"十三五"规划》2017 年度监测评估的通知[36]指出，要创新评估方法，采取多样评估方式，综合运用定量与定性、特殊与一般、刚性与弹性等分析方法，提升评估工作的质量和效率。完善评估工作体系，充分利用互联网、大数据、地理信息系统等手段，综合运用统计数据和非统计数据资源，提高评估工作的科学性。

《教育部关于全面推进教师管理信息化的意见》[35]指出，要深刻认识教师管理信息化的重要意义，随着社会整体信息化程度不断加深，教育信息化面临重大发展机遇，必须要创新教师管理方式方法，积极整合利用信息技术手段，全面推进教师管理信息化，提升教师管理的效率与水平。准确把握教师管理信息化的核心任务，实现各级各类教师信息的"伴随式收集"，为每位教师建立电子档案，高效采集、有效整合教师信息，形成教师队伍大数据，作为教师工作决策的基础支撑和重要依据，提升教师工作决策的科学性、针对性和有效性。切实落实教师管理信息化的重点工作，为制定培训规划，督促培训工作提供依据。有效建立教师管理信息化的保障机制，将教师管理信息化列入教师队伍建设和教育信息化工作督查考核的重要内容。

《中小学德育工作指南》[43]指出，要加强师德师风建设，培育、宣传师德标兵、教学骨干和优秀班主任、德育工作者等先进典型，引导教师争做"四有"好教师。实行师德"一票否决制"，把师德表现作为教师资格注册、年度考核、职务（职称）评审、岗位聘用、评优奖励的首要标准。教师要争做有理想信念、有道德情操、有扎实学识、有仁爱之心的"四有教师"。

习近平总书记于我国第三十四个教师节之际，在全国教育大会发表了重要讲话：进入新时代，要坚持中国特色社会主义教育发展道路，坚持社会主义办学方向，以凝聚人心、完善人格、开发人力、培育人才、造福人民为工作目标，培养德智体美劳全面发展的社会主义建设者和接班人，这是教育工作的根本任务，也是教育现代化的方向目标。让学生德智体美劳全面发展，归根到底，就是立德树人，这也是教育事业发展必须始终牢牢抓住的灵魂。

## 四、我校教师专业发展综合记录与评价系统的结构

### （一）模块设置

根据我校教师自我专业发展和学校引领教师群体专业发展的需求，立足于教师教育教学的日常工作以及学校各部门管理和促进教师发展的日常工作，我们将教师专业发展综合系统分为四个模块，如见图 2-1 所示。

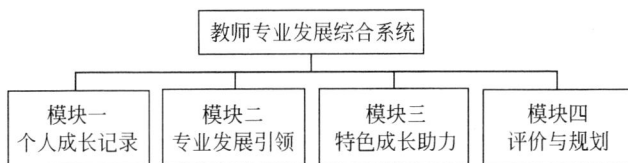

图2-1　教师专业发展综合记录与评价系统的模块设置

模块一：重在引导教师关注个人成长，养成随时记录、定期整理，为专业成长留痕的良好习惯。包括个人基本信息、面向一线教学系列教师的教学常规工作和科研活动、面向一线教育系列教师的教育常规工作和科研活动、行政管理系列教师的管理常规工作和科研活动的信息记录。鼓励教职工积极参加校内、区级、市级、国家级的各类教育教学活动。

模块二：着重体现学校的五大管理部门（学生发展中心、教学管理中心、人力资源中心、行政管理中心和资源保障中心）在提升教师专业理念、专业知识与能力以及个人修养行为方面的引领作用。包括专业理念养成、教学和教育方面的专业能力培养、素养提升等活动记录和资料留存。

模块三：突出特定教师发展群体中的优秀个人和集体的特色示范引领案例。包括面向新教师、骨干教师、专家教师群体的活动记录和资料留存。

模块四：着重通过考核进行综合评价，量化评估的分值来自前三个模块，并以此为依据指导教师的职业生涯规划。包括面向个人、部门、学校不同层级的评价与规划。

每个模块下又设置具体的板块、维度和栏目。

（二）各模块具体内容

**1. 模块一：个人成长记录**

本模块下设三个板块，如图 2-2 所示。

（1）板块一：个人基本信息

包括学习经历、工作经历、个人技能和专长、进校时间和职称等级等。一旦有信息变化，教师需要在系统里及时变更，便于各管理部门统计信息，保障教师的切身利益。

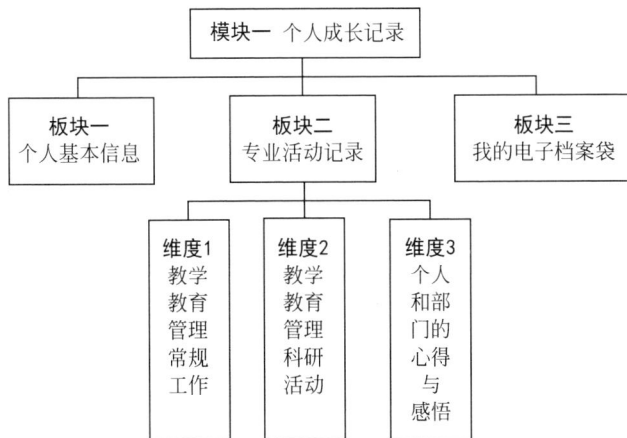

图2-2 个人成长记录模块中各板块和维度设置

（2）板块二：专业活动记录

板块二是个人成长记录模块的核心内容，下设三个维度，分别从教学教育管理常规工作记录、教学教育管理科研活动以及个人和部门的心得与感悟三个方面记录教师的成长。以教师自主填写为主，部分内容由管理部门填写。板块内容的设置综合考虑了教师的个人发展需求、国家和学校对教师队伍的发展要求，突出教师个体的自觉性与自主性。清华附中历来注重教师职业理想与职业道德教育，增强教师育人的责任感与使命感。脚踏实地地完成教育教学本职工作，获得学生的认可，是每位教师立足之根本。这部分着重在维度1中体现。与此同时，作为清华附中的老师需要在反思学习中不断提升教育教学专业化水平。这部分主要在维度2中体现。维度3通过分享个人的心得与感悟，体现对教师职业生涯的规划和思考。通过分享部门设计和实施教师培训活动的心得与感悟，体现部门对管理和促进教师发展的规划和思考。

（3）板块三：我的电子档案袋

教师在填写教师专业发展综合记录与评价系统各模块各维度的记录的同时，以附件形式上传的具体资料将自动归到我的电子档案袋，包括各类文档、照片、获奖证书扫描件等。教师可根据自我需要定期整理电子档案袋，便于资料的保存和使用。同时，电子档案袋具有档案检索和生成的功能，教师可按照类别、日期等限定条件搜索提取需要的电子档案。

## 2. 模块二：专业发展引领

本模块下设四个板块，如图 2-3 所示。

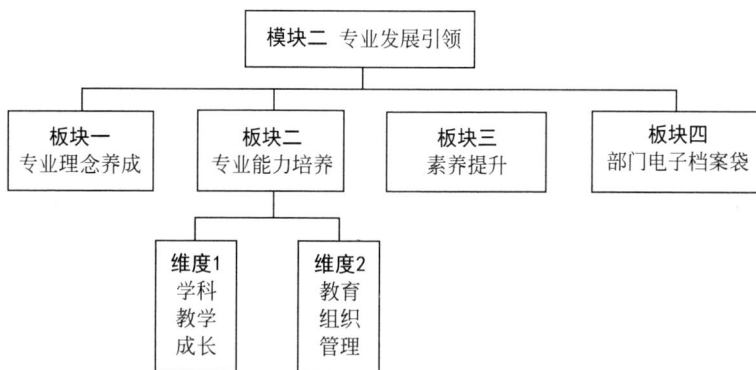

图2-3　专业发展引领模块中各板块和维度设置

（1）板块一：专业理念养成

该板块的活动可由学校 5 个管理中心发起。活动与学校的通识培训相结合，提供前沿的教育教学理念的文章、专家讲座、课题信息等。

（2）板块二：专业能力培养

维度 1：学科教学成长如图 2-4 所示。

该维度活动可分别由教学管理中心、教研组、备课组和教师个

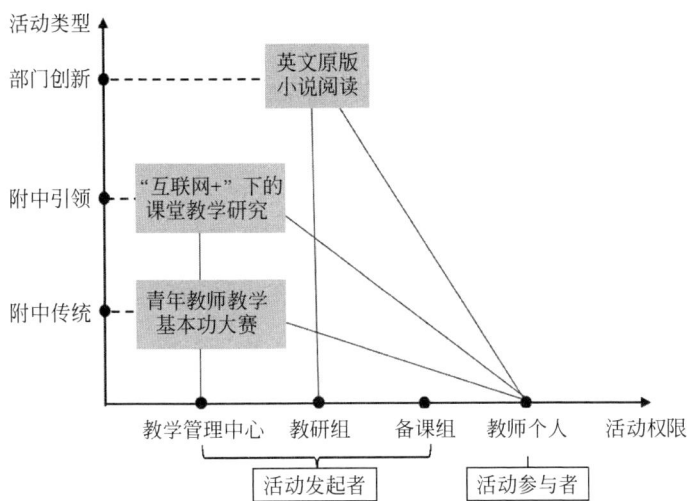

图2-4　学科教学成长维度示例图

人发起。活动类型分为三类：①附中传统，如青年教师基本功大赛；
②附中引领，包括由教育部牵头、学校引领的课题研究或课程改革，
如"互联网＋"下的课堂教学研究；③部门创新，包括教研组、备
课组的特色活动，如英语短剧、化学方程式大赛。

维度2：教育组织管理如图2-5所示。

该维度活动可分别由学生发展中心、学部（年级组）、班主任
工作组和教师个人发起。活动类型同样分为三类：①附中传统，如
班主任师徒结对；②附中引领，如学生综合实践考察课程等；③部
门创新，如特色班会、年级拔河比赛等。

（3）板块三：素养提升

教师健全的人格和良好的身心状态会在潜移默化中影响学生。
所以学校管理部门在关注教师教育教学知识和能力发展的同时，也
不可忽视教师身心素养的提升。该版块活动可由人力资源中心、行
政管理中心和资源保障中心发起，也可由工会、社团和个人组织发

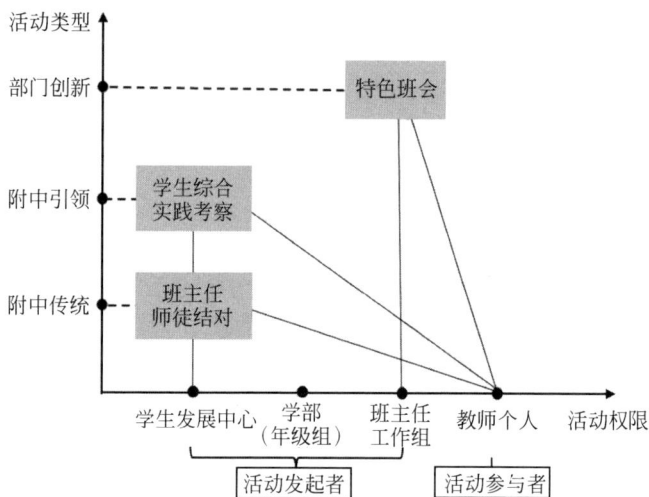

图2-5　教育组织管理维度示例图

起。涉及有益教师身心健康，提升教师综合素养的各种活动、项目、课题，如读书会、太极拳协会、羽毛球比赛等。

（4）板块四：部门电子档案袋

每个有权限发起活动的管理部门都有独立的电子档案袋，发起活动后，相关资料将自动汇总到该部门的电子档案袋中，由活动负责人进行管理。

### 3. 模块三：特色成长助力

本模块下设三个板块，如图 2-6 所示。

清华附中根据本校教师的特点和需求，将教师的专业发展分为三个关键阶段：新任教师（入职三年内）、骨干教师、专家型教师。模块三针对不同阶段教师的发展特色需求和要求下设了三个板块，线上线下紧密结合，助力优质教师的梯队建设。下面以板块一"新教师之家"（新教师成长工作室）为例进行说明。

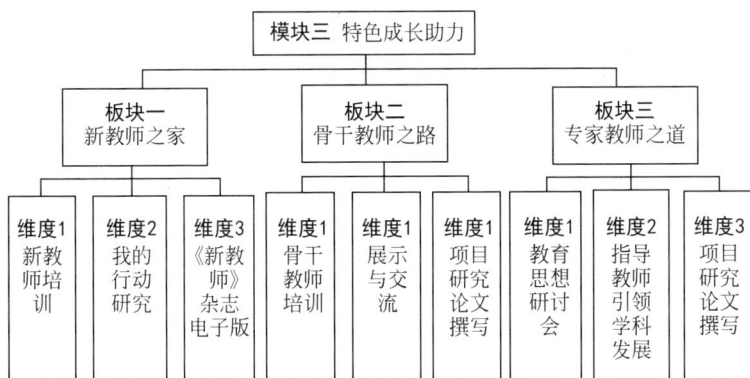

图2-6 特色成长助力模块中各板块和维度设置

我校对于入职三年以内的新教师的校本培训包括前期培训、集中培训和过程性培训。新教师之家板块力求线上培训与线下培训紧密结合，其目标是为新入职教师提供有针对性的在线学习资源和服务，帮助新入职教师迅速完成角色转换，具体下设三个维度。

（1）维度1：新教师培训

该维度主要针对前期培训和集中培训阶段设置具体学习要求，提供培训资料，新教师在接受培训后上传学习记录和心得，管理部门进行考评和展示。

（2）维度2：我的行动研究

该维度主要体现新教师过程性培训的特色——关注新教师的个性化成长需求。采用以问题解决为中心的过程性记录模式，要求新教师每学期聚焦一个教育或教学问题（如课堂互动、班级管理、与家长交流等）。教师在成长记录模块中详细记录在指导教师协助下发现问题、解决问题的过程，具体栏目设置如下：

栏目1：我的问题

可参照自我诊断量表，与指导教师共同商定，写出自己目前的主要困惑和需求。

栏目 2：行动方案

开学初在指导教师的协助下制订详细的解决方案。

栏目 3：行动过程

详细记录解决问题的具体过程，包括改进策略、自我反思、与指导教师会谈的收获、学生反馈等。

栏目 4：行动结果

学期结束时新教师根据上述过程性资料整理和提交一份完整的电子报告，指导教师给予在线评价，学校管理部门进行在线评估，给予等级评定。

（3）维度 3:《新教师》杂志电子版

《新教师》杂志的创办是新教师过程性培训课程的一部分，目的是以制作杂志为契机，提升新教师的凝聚力，帮助新教师更好地融入校园生活。

4. 模块四：评价与规划

本模块下设三个板块，如图 2-7 所示。

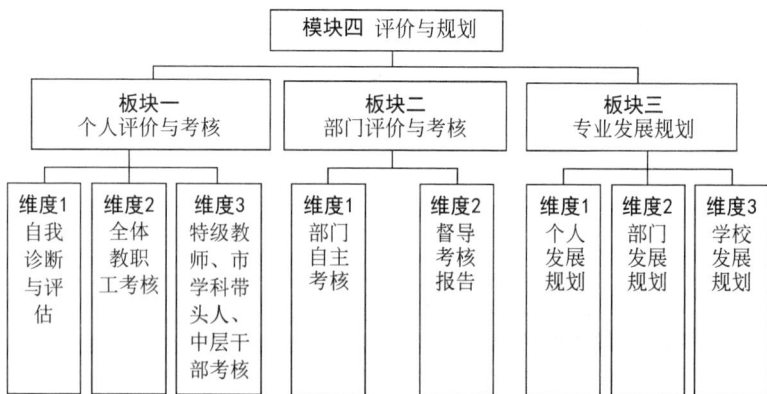

图2-7　评价与规划模块中各板块和维度设置

（1）板块一：个人评价与考核

维度1：自我诊断与评估

教师可以根据教师专业发展综合记录与评价系统的记录，在每学期或每学年结束时点击生成一份完整的专业发展评估报告单，同时系统会提供统计数据分析和量化标准供教师参考。借助这些专业化的诊断工具和数据，教师可以科学定位自己目前所达到的专业水平，认清自我优势和不足，对未来的专业学习有所规划。

维度2：全体教职工考核

依据《中小学教师职业道德规范》，以学年为单位面向一线教师和行政职员进行考核。个人述职结束后，在教研组、学部和各行政部门内部进行网上评分。教师可在此处查看全校教职工考核的整体情况及本人的考核等级。

维度3：特级教师、市学科带头人、中层干部考核

依据《北京市特级教师管理办法》、海淀区《关于进一步加强骨干教师队伍管理的意见》，以学年为单位面向特级教师、市学科带头人、中层干部进行考核。个人述职结束后由中心负责人以上干部、年级组长、教研组长、在职党支部书记、工会主席、副主席、大学教代会代表、附中教代会代表组长、特级教师代表、北京市学科带头人进行考核打分。考核结果在此维度下可见。

（2）板块二：部门评价与考核

维度1将以上级部门督导考核标准为参照，为学校各行政部门提供自我诊断与评估量表。维度2将提供上级部门的督导考核报告。各部门结合自评结果和上级报告进行阶段性总结反思，并将部门总结提交至维度1中。

（3）板块三：专业发展规划

教师个人、部门、学校结合综评系统中的过程性记录和考核评

定结果，审视自身的优势与不足，进行长期、中期、短期的发展规划。如学校的五年规划、部门和个人的学年计划、学部以学期或月份为周期的计划等。

## 五、我校教师专业发展综合记录与评价系统的特色

（1）立足教师的教育教学和科研工作，以记录和评价促进发展，科学指导教师个人、部门和学校的发展规划。

（2）采取多元立体模式促进教师专业成长，包括：①线上资源与线下培训结合；②通识性发展与个性化发展结合；③个人与部门规划结合。

（3）突出"团队合作""人境互动"，实现教师个人、管理部门和学校三个层面的共同成长。

（4）充分发挥信息化优势，通过过程性记录促进教师专业发展，利用量化评估体系切实保障教师培训和学校管理工作的全面性、规范性、准确性（量化评估标准将在本章第三节"教师的考核与评价"中介绍）。

# 第二节　综合评价的量化评估标准

## 一、量化评估标准设计的依据

我校教师专业发展综合记录与评价系统中，前三个模块里的每项记录都设置了分数，这些记录分为以下两大类：

第一类涵盖了《海淀区中小学教师系列职称（职务）评价标准》

（以下简称《区标准》）的全部内容，这部分的分值设定依据海淀区政策，与《区标准》中的分值设置原则保持一致，根据我校实际情况及特点对部分内容进行微调。这部分内容的量化评估结果可以根据工作需要，随时按照《区标准》的分值设定提取出来，直接对接海淀区相关工作。

　　第二类基于我校的实际日常工作，有一些记录是《区标准》中没有，但实际上对我校是很重要的内容，这类记录分值权重的设置参考《区标准》的原则，由我校自主设置。这类记录又分为两部分：一是我校各部门（主要来自学生发展中心、教学管理与研究中心、人力资源中心）发起的教育教学活动，这部分记录的分值由相关部门设置；二是教师自主参加的校内、区级、市级、国家级的各类教育教学活动，这部分记录的分值由学校统一设置。

## 二、量化评估标准的具体设计

### （一）量化评估标准的分类说明

　　我校教师专业发展综合记录与评价系统中的各项记录，包括教师的常规工作记录和科研活动记录，分别面向一线教学系列教师、一线教育系列教师、行政管理系列教师使用。均为每学期填报一次，记录条目见表2-1。

表2-1　教师专业发展综合记录与评价系统评估标准分类表

| 一线教学系列教师 | | 一线教育系列教师 | | 行政管理系列教师 | |
|---|---|---|---|---|---|
| 教学类常规工作记录 | 教学类科研活动记录 | 教育类常规工作记录 | 教育类科研活动记录 | 管理类常规工作记录 | 管理类科研活动记录 |
| ●①教学工作量 | ●①汇报课及研究课 | ●①教育工作量 | ▲①班会展示课 | ●①行政管理工作量 | ▲①新教师培训指导 |

续表

| 一线教学系列教师 | | 一线教育系列教师 | | 行政管理系列教师 | |
|---|---|---|---|---|---|
| ▲②其他课程情况 | ●②教学论文著作 | ▲②指导综合社会实践课程情况 | ●②教育论文著作 | ▲②工作业绩 | ▲②承担社会责任：培训学生 |
| ●③指导学生比赛 | ●③教学科研课题 | ▲③所带班级获得荣誉 | ●③教育科研课题 | ▲③活动考勤 | ▲③承担社会责任：培训老师 |
| ▲④指导学生研究性学习 | ▲④课程改革 | ▲④指导学生社团活动 | ▲④教育比赛获奖 | ▲④培养青年教师 | ▲④校际交流展示 |
| ●⑤培养青年教师 | ●⑤教材研发 | ●⑤培养青年教师 | ●⑤先进个人称号 | ▲⑤参加继续教育培训 | ▲⑤创新实验室建设 |
| ●⑥参加培训 | ●⑥教学比赛获奖 | ●⑥参加培训 | ●⑥承担社会责任 | ▲⑥学生教学反馈 | ▲⑥教师发展展示汇报 |
| ●⑦学生教学反馈 | ●⑦承担社会责任 | ▲⑦学生教育反馈 | | ▲⑦学生教育反馈 | ▲⑦教师发展论文著作 |
| ▲⑧教学常规其他工作 | | ▲⑧教育常规其他工作 | | ●⑧学年考核 | ▲⑧教师发展科研课题 |
| | | | | ▲⑨党员工作获奖 | ▲⑨组织教师发展科研活动 |
| | | | | | ●⑩获得荣誉 |

注：表中，标"●"的记录是与《区标准》相同的内容，标"▲"的记录是《区标准》中没有但实际上对我校而言很重要的内容。下同。

（二）量化评估标准的具体内容

我校教师专业发展综合记录与评价系统中每项记录条目均包含若干具体内容，每个内容明细对应一个用于量化评估的分值，分值明细见表2-2至表2-7，同时列出《区标准》评价考核的分值明细进行对比说明。

## 1. 教学类常规工作记录

表2-2 量化评估标准明细表——教学类常规工作记录

| 栏　目 | 要　求 | 评 价 考 核 | 对比《区标准》评价考核 |
|---|---|---|---|
| ●①教学工作量 | 教龄 | 30 年及以上，8 分；25（含）~30 年，7 分；20（含）~25 年，6 分 | 相同 |
| | 授课量（满课时、未满课） | 满工作量 20 分，未满工作量 15 分 | 无 |
| | 学科 | 跨头 2 分 | 无 |
| | 年级（小五、小六、初一、初二、初三、高一、高二、高三） | | |
| | 是否跨头 | | |
| | 近三年教案（文字提示"线下自主收集，无须线上提交"） | | 相同 |
| | 教学职务（教师；备课组长、教研组长；中心主任、中心副主任） | 备课组长 2 分、教研组长 5 分、中心主任 8 分、中心副主任 6 分 | 备课组长 2 分、教研组长 5 分、副主任及以上职务 8 分 |
| ▲②其他课程情况 | 开设校本课程名称 | 一人上一门课的，3 分；两人共同上一门课的，每人 2 分；多人共同上一门课的，每人 1 分。此项最高分不超过 6 分 | 无 |
| | 上课教师人数（1 人、2 人、3 人及以上） | | |
| | 开设综合课程名称 | | |
| | 上课教师人数（1 人、2 人、3 人及以上） | | |
| | 开设竞赛课名称 | | |
| | 上课教师人数（1 人、2 人、3 人及以上） | | |

续表

| 栏　目 | 要　求 | 评价考核 | 对比《区标准》评价考核 |
|---|---|---|---|
| ●③指导学生比赛 | 学生姓名学号 | 市级 4 分；国家级及以上 5 分。计最高分一次 | 区级 8 分；市级 9 分；国家级 10 分。计最高分一次 |
| | 奖励名称 | | |
| | 比赛时间 | | |
| | 奖励级别（市级、国家级及以上） | | |
| ▲④指导学生研究性学习 | 学生姓名学号 | 每题 3 分，累计不超过 6 分 | 无 |
| | 研究题目 | | |
| ●⑤培养青年教师 | 师傅听课情况 | 教育教学管理人员近 3 年兼课的每学期听课 40 节，5 分 | 相同 |
| | 青年教师姓名 | 指导教师：每指导一名教师 3 分，累计不超过 6 分。短期分数减半 | 无 |
| | 指导时间[长期（包含和超过一学期）、短期（不足一学期）] | | |
| | 指导成果（校级、区级、市级、国家级） | 徒弟获奖：校级 2 分、区级 3 分、市级 4 分、国家级 5 分。计最高分一次 | 相同 |
| ●⑥参加培训 | 培训名称 | 校级 2 分、区级 3 分、市级 4 分、国家级 5 分。计最高分一次。多个记录的，每多一个加 2 分。此项最高分不超过 6 分 | 区级 3 分、市级及以上 5 分。计最高分一次 |
| | 培训时间 | | |
| | 培训级别（校级、区级、市级、国家级） | | |
| | 培训成果 | | |
| ●⑦学生教学反馈 | 评价结果（优秀、合格、不合格、未参加） | 优秀 4 分、合格 2 分、不合格 0 分、未参加 0 分 | 相同 |
| ▲⑧教学常规其他工作 | 活动时间 | 校级 2 分、区级 3 分、市级 4 分、国家级 5 分。计最高分一次。多个记录的，每多一个加 2 分。此项最高分不超过 6 分 | 无 |
| | 活动级别（校级、区级、市级、国家级） | | |
| | 活动成果 | | |

## 2. 教学类科研活动记录

### 表2-3 量化评估标准明细表——教学类科研活动记录

| 栏 目 | 要 求 | 评 价 考 核 | 对比《区标准》评价考核 |
|---|---|---|---|
| ●①汇报课及研究课 | 课程名称<br>授课时间<br>授课班级<br>研究课级别（校级、区级、市级、国家级） | 校级4分、区级6分、市级8分、国家级10分。计最高分一次。多个记录的，每多一条记录加2分。此项最高分不超过10分 | 校级4分、区级8分、市级9分、国家级10分。计最高分一次 |
| ●②教学论文著作 | 著作名称<br>著作类别（专著、合著、编著）<br>著作出版时间<br>出版社<br>论文名称<br>作者情况（第一作者、其他）<br>发表时间<br>论文发表期刊<br>论文获奖名称<br>论文获奖级别（校级、区级、市级、国家级） | 著作：本人专著10分；合著、编著8分。计最高分一次。多个记录的，每多一条记录加2分。著作最高分不超过10分。论文：第一作者：校级4分、区级6分、市级8分、国家级10分；其他作者分数减半。计最高分一次。多个记录的，每多一条记录加2分。论文最高分不超过10分 | 著作：本人专著11分；合著、编著8分。计最高分一次。论文：第一作者：校级4分、区级7分、市级9分、国家级10分。计最高分一次 |
| ●③教学科研课题 | 课题名称<br>参与情况（主持、核心成员）<br>课题级别（校级、区级、市级、国家级） | 国家级（主持10分、核心成员8分）；市级（主持8分、核心成员6分）；区级（主持6分、核心成员4分）；校级（主持4分、核心成员2分）。计最高分一次。多个记录的，每多一条记录加2分。此项最高分不超过10分 | 国家级（主持10分、核心成员8分）；市级（主持9分、核心成员7分）；区级（主持7分、核心成员5分）；校级（主持5分、核心成员4分）。计最高分一次 |

| 栏 目 | 要 求 | 评价考核 | 对比《区标准》评价考核 |
|---|---|---|---|
| ▲④课程改革 | 项目名称 | 负责人：校级 4 分、区级 6 分、市级 8 分、国家级 10 分。参与人员分数减半。计最高分一次。多个记录的，每多一个加 2 分。此项最高分不超过 10 分 | 无 |
| | 参与情况（负责人、参与人员） | | |
| | 项目级别（校级、区级、市级、国家级） | | |
| ●⑤教材研发 | 教材名称 | 负责人：校级 4 分、区级 6 分、市级 8 分、国家级 10 分。参与人员分数减半。计最高分一次。多个记录的，每多一个加 2 分。此项最高分不超过 10 分 | 校级 4 分、区级 7 分、市级 9 分、国家级 10 分。计最高分一次 |
| | 作者情况（负责人、参与人员） | | |
| | 出版时间 | | |
| | 出版社 | | |
| | 教材级别（校级、区级、市级、国家级） | | |
| ●⑥教学比赛获奖 | 获奖名称 | 校级 4 分、区级 6 分、市级 8 分、国家级 10 分。计最高分一次。多个记录的，每多一条记录加 2 分。此项最高分不超过 10 分 | 校级 4 分；区级 8 分；市级 9 分；国家级 10 分。计最高分一次 |
| | 比赛时间 | | |
| | 获奖级别（校级、区级、市级、国家级） | | |
| ●⑦承担社会责任 | 教学支教时间 | 本市支教每次 2 分。外地支教每次 6 分。此项最高分不超过 6 分 | 本市外区支教一年及以上，10 分；本区农村校、薄弱校支教交流一年及以上，10 分 |
| | 教学支教内容 | | |

## 3. 教育类常规工作记录

### 表2-4　量化评估标准明细表——教育类常规工作记录

| 栏　目 | 要　求 | 评价考核 | 对比《区标准》评价考核 |
|---|---|---|---|
| ●①教育工作量 | 班主任年限；专职从事科研工作年限；专职从事德育工作年限；专职从事教育学工作年限 | 班主任：10年及以上，10分；8年（含）~9年，7分；6年（含）~7年，5分；4年（含）~5年，3年以内，1分。科研、德育、教育学工作年限：10年及以上，6分；5（含）~9年，3分；5年以下，1分 | 相同 |
| | 年级（小五、小六、初一、初二、初三、高一、高二、高三） | | |
| | 教育职务（班主任、年级助理、年级组长、中心主任、中心副主任；德育指导教师、团委书记、团委指导教师） | 班主任4分、年级助理2分、年级组长5分；中心主任8分、中心副主任6分；德育指导教师4分、团委书记4分、团委指导教师2分 | 无 |
| ▲②指导综合社会实践课程 | 课程名称 | 市内每次1分、市外每次2分。此项最高分不超过2分 | 无 |
| | 指导时间 | | |
| | 课程类别（市内、市外） | | |
| ▲③所带班级获得荣誉 | 班级名称 | 校级2分、区级3分、市级4分、国家级5分。计最高分一次。多个记录的，每多一个加2分。此项最高分不超过6分 | 无 |
| | 荣誉称号 | | |
| | 荣誉级别（校级、区级、市级、国家级） | | |
| ▲④指导学生社团活动 | 社团类别（校级社团，学生自主社团） | 指导社团：校级社团3分，学生自主社团2分，累计不超过6分。荣誉级别：校级2分、区级3分、市级4分、国家级5分。计最高分一次 | 无 |
| | 荣誉称号 | | |
| | 荣誉级别（校级、区级、市级、国家级） | | |

| 栏　目 | 要　　求 | 评 价 考 核 | 对比《区标准》评价考核 |
|---|---|---|---|
| ●⑤培养青年教师 | 青年教师姓名 | 每人3分，累计不超过6分。短期分数减半 | 无 |
| | 指导时间[长期（包含和超过一学期）、短期（不足一学期）] | | |
| | 指导成果（校级、区级、市级、国家级） | 校级2分、区级3分、市级4分、国家级5分。计最高分一次 | 相同 |
| ●⑥参加培训 | 培训名称 | 校级2分、区级3分、市级4分、国家级5分。计最高分一次。多个记录的，每多一个加2分。此项最高分不超过6分 | 区级3分、市级及以上5分。计最高分一次 |
| | 培训时间 | | |
| | 培训级别（校级、区级、市级、国家级） | | |
| | 培训成果 | | |
| ▲⑦学生教育反馈 | 评价结果（优秀、合格、不合格、未参加） | 优秀4分、合格2分、不合格0分、未参加0分 | 无 |
| ▲⑧教育常规其他工作 | 活动时间 | 校级2分、区级3分、市级4分、国家级5分。计最高分一次。多个记录的，每多一个加2分。此项最高分不超过6分 | 无 |
| | 活动级别（校级、区级、市级、国家级） | | |
| | 活动成果 | | |

## 4. 教育类科研活动记录

表2-5　量化评估标准明细表——教育类科研活动记录

| 栏　目 | 要　　求 | 评 价 考 核 | 对比《区标准》评价考核 |
|---|---|---|---|
| ▲①班会展示课 | 班会名称 | 校级4分、区级6分、市级8分、国家级10分。计最高分一次。多个记录的，每多一个加2分。此项最高分不超过10分 | 无 |
| | 授课时间 | | |
| | 授课班级 | | |
| | 展示课级别（校级、区级、市级、国家级） | | |

| 栏　目 | 要　求 | 评　价　考　核 | 对比《区标准》评价考核 |
|---|---|---|---|
| ●②教育论文著作 | 著作名称 | 著作：本人专著10分；合著、编著8分。计最高分一次。多个记录的，每多一条记录加2分。著作最高分不超过10分。论文：第一作者，校级4分、区级6分、市级8分、国家级10分；其他作者分数减半。计最高分一次。多个记录的，每多一条记录加2分。论文最高分不超过10分 | 著作：本人专著11分；合著、编著8分。计最高分一次。论文：第一作者，校级4分、区级7分、市级9分、国家级10分。计最高分一次 |
| | 著作类别（专著、合著、编著） | | |
| | 著作出版时间 | | |
| | 出版社 | | |
| | 论文名称 | | |
| | 作者情况（第一作者、其他） | | |
| | 发表时间 | | |
| | 论文发表期刊 | | |
| | 论文获奖名称 | | |
| | 论文获奖级别（校级、区级、市级、国家级） | | |
| ●③教育科研课题 | 课题名称 | 国家级（主持10分、核心成员8分）；市级（主持8分、核心成员6分）；区级（主持6分、核心成员4分）；校级（主持4分、核心成员2分）。计最高分一次。多个记录的，每多一条记录加2分。此项最高分不超过10分 | 国家级（主持10分、核心成员8分）；市级（主持9分、核心成员7分）；区级（主持7分、核心成员5分）；校级（主持5分、核心成员4分）。计最高分一次 |
| | 参与情况（主持、核心成员） | | |
| | 课题级别（校级、区级、市级、国家级） | | |
| ▲④教育比赛获奖 | 获奖名称 | 校级4分、区级6分、市级8分、国家级10分。计最高分一次。多个记录的，每多一条记录加2分。此项最高分不超过10分 | 无 |
| | 比赛时间 | | |
| | 获奖级别（校级、区级、市级、国家级） | | |

| 栏　目 | 要　求 | 评 价 考 核 | 对比《区标准》评价考核 |
|---|---|---|---|
| ●⑤先进个人称号 | 获得荣誉称号名称（劳模、先进个人、优秀工作者、"紫荆杯"班主任、其他） | 校级4分、区级6分、市级8分、国家级10分。计最高分一次。多个记录的，每多一个加2分。此项最高分不超过10分 | 校级4分、学区级5分、区级7分、市系统级8分、省市级9分、国家级10分。计最高分一次 |
| | 获得时间 | | |
| | 称号级别（校级、区级、市级、国家级） | | |
| ●⑥承担社会责任 | 教学支教时间 | 本市支教每次2分；外地支教每次6分。此项最高分不超过6分 | 本市外区支教一年及以上，10分；本区农村校、薄弱校支教交流一年及以上，10分 |
| | 教学支教内容 | | |

## 5. 管理类常规工作记录

表2-6　量化评估标准明细表——管理类常规工作记录

| 栏　目 | 要　求 | 评 价 考 核 | 对比《区标准》评价考核 |
|---|---|---|---|
| ●①行政管理工作量 | 管理工作年限 | 10年及以上，6分；5（含）~9年，3分；5年以下，1分 | 相同 |
| | 担任职务(职员；校长、书记、副校长、副书记；校长助理、中心主任、中心副主任） | 校长、书记、副校长、副书记10分；校长助理8分、中心主任8分、中心副主任6分；职员4分 | 副主任及以上职务8分 |
| ▲②工作业绩 | 考核等次（优秀、合格、不合格、未参加） | 优秀4分、合格2分、不合格0分、未参加0分 | 无 |
| ▲③活动考勤 | 活动名称 | 每次1分 | 无 |
| | 活动时间 | | |
| | 出勤情况（出勤、病假、事假、未请假） | | |

| 栏 目 | 要 求 | 评价考核 | 对比《区标准》评价考核 |
|---|---|---|---|
| ▲④培养青年教师 | 干部听课情况 | 学校正职近 3 年每学期听课 40 节，5 分；其他教育教学管理人员近 3 年不兼课的每学期听课 60 节，5 分 | 相同 |
| | 青年教师姓名 | 指导教师：每指导一名教师 3 分，累计不超过 6 分。短期分数减半。徒弟获奖：校级 2 分、区级 3 分、市级 4 分、国家级 5 分。计最高分一次 | 无 |
| | 指导时间 [ 长期（包含和超过一学期）、短期（不足一学期）] | | |
| | 指导成果 | | |
| ▲⑤参加继续教育培训 | 培训名称 | 校级 2 分、区级 3 分、市级 4 分、国家级 5 分。计最高分一次。多个记录的，每多一个加 2 分。此项最高分不超过 6 分 | 无 |
| | 培训时间 | | |
| | 培训级别（校级、区级、市级、国家级） | | |
| | 培训成果 | | |
| ▲⑥学生教学反馈 | 评价结果（优秀、合格、不合格、未参加） | 优秀 4 分、合格 2 分、不合格 0 分、未参加 0 分 | 无 |
| ▲⑦学生教育反馈 | 评价结果（优秀、合格、不合格、未参加） | 优秀 4 分、合格 2 分、不合格 0 分、未参加 0 分 | 无 |
| ●⑧学年考核 | 考核等次（优秀、合格、不合格、未参加） | 优秀 5 分、合格 2 分。按照学年考核方案 | 相同 |
| ▲⑨党员工作获奖 | 获奖时间 | 校级 4 分、区级 6 分、市级 8 分、国家级 10 分。计最高分一次 | 无 |
| | 获奖名称 | | |
| | 获奖级别（校级、区级、市级、国家级） | | |

## 6. 管理类科研活动记录

表2-7　量化评估标准明细表——管理类科研活动记录

| 栏　　目 | 要　　求 | 评 价 考 核 | 对比《区标准》评价考核 |
|---|---|---|---|
| ▲①新教师培训指导 | 培训时间 | 每次 5 分，累计不超过 10 分 | 无 |
| | 培训内容 | | |
| | 发起部门 | | |
| ▲②承担社会责任——培训学生 | 培训时间 | 每次 5 分，累计不超过 10 分 | 无 |
| | 培训内容 | | |
| | 发起部门 | | |
| ▲③承担社会责任——培训老师 | 培训时间 | 每次 5 分，累计不超过 10 分 | 无 |
| | 培训内容 | | |
| | 发起部门 | | |
| ▲④校际交流展示 | 展示时间 | 每次 5 分，累计不超过 10 分 | 无 |
| | 展示内容 | | |
| | 发起部门 | | |
| ▲⑤创新实验室建设 | 实验室名称 | 每个 5 分，累计不超过 10 分 | 无 |
| | 负责内容 | | |
| | 发起部门 | | |
| ▲⑥教师发展展示汇报 | 名称 | 校级 4 分、区级 6 分、市级 8 分、国家级 10 分。计最高分一次。多个记录的，每多一个加 2 分。此项最高分不超过 10 分 | 无 |
| | 时间 | | |
| | 级别（校级、区级、市级、国家级） | | |
| | 发起部门 | | |
| ▲⑦教师发展论文著作 | 著作名称 | 著作：本人专著 10 分；合著、编著 8 分。计最高分一次。多个记录的，每多一条记录加 2 分。著作最高分不超过 10 分 | 无 |
| | 著作类别（专著、合著、编著） | | |
| | 著作出版时间 | | |
| | 出版社 | | |
| | 论文名称 | | |

| 栏目 | 要求 | 评价考核 | 对比《区标准》评价考核 |
|---|---|---|---|
| ▲⑦教师发展论文著作 | 作者情况（第一作者、其他） | 论文：第一作者，校级4分、区级6分、市级8分、国家级10分；其他作者分数减半。计最高分一次。多个记录的，每多一条记录加2分。论文最高分不超过10分 | 无 |
|  | 发表时间 |  |  |
|  | 论文发表期刊 |  |  |
|  | 论文获奖名称 |  |  |
|  | 论文获奖级别（校级、区级、市级、国家级） |  |  |
|  | 发起部门 |  |  |
| ▲⑧教师发展科研课题 | 课题名称 | 国家级（主持10分、核心成员8分）；市级（主持8分、核心成员6分）；区级（主持6分、核心成员4分）；校级（主持4分、核心成员2分）。计最高分一次。多个记录的，每多一条记录加2分。此项最高分不超过10分 | 无 |
|  | 参与情况（主持、核心成员） |  |  |
|  | 课题级别（校级、区级、市级、国家级） |  |  |
|  | 发起部门 |  |  |
| ▲⑨组织教师发展科研活动 | 活动名称 | 校级2分、区级3分、市级4分、国家级5分。计最高分一次。多个记录的，每多一个加2分。此项最高分不超过6分 | 无 |
|  | 活动时间 |  |  |
|  | 参与情况（负责人、参与人员） |  |  |
|  | 活动级别（校级、区级、市级、国家级） |  |  |
|  | 发起部门 |  |  |
| ●⑩获得荣誉 | 荣誉称号 | 校级4分；区级6分；市级8分；国家级10分。计最高分一次。多个记录的，每多一个加2分。此项最高分不超过10分 | 无 |
|  | 荣誉级别（校级、区级、市级、国家级） |  |  |
|  | 发起部门 |  |  |

### 7. 量化评估标准的内容和分值设置

（1）内容设置

内容除涵盖了《区标准》的全部内容外，还包括一些对我校而言很重要的实际工作记录。例如教学类：授课量、是否初高中跨头、开设选修课及竞赛课、指导学生研究性学习、课程改革；教育类：教育职务、指导综合社会实践课程、所带班级获得荣誉、指导学生社团活动、班主任师带徒、学生教育反馈、班会展示课、教育比赛获奖；管理类：工作业绩、活动考勤、培养青年教师、参加继续教育培训、学生教学和教育反馈、学年考核、党员工作获奖、新教师培训指导、承担社会责任（培训学生和培训老师）、校际交流展示、创新实验室建设、教师发展展示汇报、教师发展论文著作、教师发展科研课题、组织教师发展科研活动。

（2）分值设置

① 我们本着实事求是的原则，使教师实际发生的工作可记录可量化，充分肯定每一位教师的付出。对于分级别的记录项，决定在《区标准》中每项记录只记最高分一次的方法之上，再增加可以有多条记录的功能。以"参加培训"为例说明，《区标准》分值设置为区级3分、市级及以上5分，计最高分一次，我校将级别细化为校级2分、区级3分、市级4分、国家级5分，计最高分一次。同时增加多条记录功能，每多一个记录增加2分，此项最高分不超过6分。

② 有些分值的微调，按照我校实际情况及特点，在细微分值的比重设置上对比《区标准》有微调。以"汇报课及研究课"为例说明，《区标准》分值设置为校级4分、区级8分、市级9分、国家级10分，计最高分一次。我校教师队伍年轻化，整体水平较高，有较强的学习内驱力，在各类比赛中获得区级奖励的难度不大，获得市级奖励也有一定的实力。近几年来，我校教师比赛、论文等区市级获奖情况在同类学校中均名列前茅，所以，我们相应调低一点

区、市级的分值，设置为校级 4 分、区级 6 分、市级 8 分、国家级 10 分，计最高分一次。同时增加多条记录功能，每多一个记录增加 2 分，此项最高分不超过 10 分。

# 第三节　教师的考核与评价

借助教师专业发展综合记录与评价系统，我校建立了"绩效管理考核体系"与"多元化发展性教师评价体系"相结合的动态考核与评价体系。"绩效管理考核体系"以岗位说明书为基础，实施教职工效能管理，提高教职工队伍的整体管理和育人服务效能，分别从履职情况、胜任力、满意度等几个方面对教职工个人工作效果进行定量与定性相结合的考核，并建立相应的反馈和改进机制。"多元化发展性教师评价体系"通过记录评价促进教师的专业发展，采用多主体、多角度、多功能、多标准、多方法的多元化动态评价方式，通过"教师专业发展综合记录与评价系统"提供教师的全部信息，分别从职称评定、荣誉称号评定、职业幸福感提升等几个方面对教师专业发展路径效果进行定量与定性相结合的评价，并建立相应的反馈和改进机制。

考核与评价结果由学校党政联席会或各部门党支部意见确定。每年的考核与评价结果都是职工奖励性绩效工资分配、评优评奖、福利积分、培训和职业发展、岗位调整、续签合同的重要依据。每个考核与评价周期结束后，教师专业发展办公室会及时告知各部门评价结果，并连同各部门向教职工本人反馈评价结果，进行充分沟通，提出建议，聘期评价结果是续聘与否的重要依据，聘期评价结果为不合格的，合同到期不再续聘。

# 一、绩效管理考核体系

## （一）履职情况考核

履职情况考核包括教职工考勤、履职情况和业绩、考核岗位任务完成情况。

### 1. 考核内容

（1）基础类

履职年限、参加继续教育培训情况、计划和总结情况。

（2）教学类

教学年限、教学工作量、课时量、教案、开设选修课情况、汇报课情况、指导学生研究性学习情况。

（3）教育类

教学班班主任年限、教育工作量、班会展示课情况、指导综合社会实践课程情况、指导学生社团活动情况。

（4）管理类

管理工作年限、行政管理工作量、工作业绩、活动考勤、听课情况、教育教学及教师发展的教师校本培训。

### 2. 考核形式

（1）教师个人述职。

（2）我校教师专业发展综合记录与评价系统中相关记录信息生成的包含积分定量分析的报告单。

## （二）胜任力考核

胜任力考核，要符合《清华大学师德"一票否决制"实施细则》通知精神的要求，包括教职工履职时表现出来的知识技能水平、解决问题能力、对组织的影响范围、身体适应工作条件的程度等方面。

## 1. 考核内容

（1）职务情况

担任年级组长或副组长、担任初三或高三统考课程、担任其他职务情况。

（2）开课情况

做公开课、研究课、承担开放型教学实践、半日观摩课、少先队活动课情况，在上一级区域级活动中承担活动主讲或主持。

（3）荣誉称号情况

现任骨干、学带，获得劳模、先进个人、优秀工作者、"紫荆杯"班主任等称号。

（4）获奖情况

课堂教学技能展示比赛获奖、所带班级获得荣誉、指导学生或带团队竞赛获奖、带青年教师取得成果。

（5）研究情况

项目课题（含核心成员）、项目成果奖教育教学论文（区级以上正式刊物）、论著（本专业）、教材（含教参）、课程改革（教育教学项目、教师专业成长项目）、创新实验室建设。

（6）成果辐射情况

支援教育、教育教学及教师发展的校际交流展示、上一级区域级别的教育教学及教师发展研讨交流和科研活动。

## 2. 考核形式

（1）教师个人述职。

（2）我校教师专业发展综合记录与评价系统中相关记录信息生成的包含积分定量分析的报告单。

## （三）满意度考核

满意度考核，从完成工作的有效性、效率和效能感等方面进行满意度考核。有效性是指做该做的事,反映结果与预期之间的关系;效率是指事情做得好,反映投入与产出之间的关系;效能感是指知道事情是不是做对了、做好了,反映组织内部人和人的关系。

### 1. 考核内容

各类教师满意度考核内容见表2-8至表2-13。

（1）一般教师

表2-8 满意度考核标准——一般教师

| 指标 | | 考 核 标 准 | 被评议人得分 | | | |
|---|---|---|---|---|---|---|
| | | | A | B | C | D |
| 职业道德 | 1 | 政治思想素质较高,师德高尚,坚持立德树人根本任务,坚持社会主义核心价值观,坚持教育改革和发展,实施素质教育,忠诚人民的教育事业,全面贯彻党的教育方针,积极落实意识形态责任。爱岗敬业,关爱学生,为人师表,团结同志,善于合作,职业道德和师德修养好 | | | | |
| | 2 | 工作出满勤,把主要精力用于本职工作,忠于职守、尽职尽责,有奉献精神 | | | | |
| | 3 | 廉洁从教,遵守外出讲学请示制度,无有偿家教的行为 | | | | |
| | 4 | 认同学校主流文化,积极配合学校发展战略,具有责任感和健康向上的心态 | | | | |
| | 5 | 担任学校培训工作的指导教师,服从学校的其他工作安排,如教师培训、教师招聘、党委宣传、活动评委工作等 | | | | |
| 教学专业 | 6 | 积极参加教育教学理论学习,更新教育观念,掌握现代化教育技能,并在课堂上有所体现 | | | | |
| | 7 | 严谨治学,务实专注,教育教学水平高、质量好,教学质量受到学生、家长及学校的认可 | | | | |
| | 8 | 积极主动承担学校教学重任,如课后答疑、选修课教学等 | | | | |
| | 9 | 积极承担观摩课、研究课等公开教学任务 | | | | |
| | 10 | 积极参加学校、海淀区、北京市的各级各类比赛,并取得成绩 | | | | |

| 指标 | | 考 核 标 准 | 被评议人得分 | | | |
|---|---|---|---|---|---|---|
| | | | A | B | C | D |
| 教育科研 | 11 | 积极参与备课组听课、评课等教研活动 | | | | |
| | 12 | 主动参加教材、教改实验，承担学校的新课程开发与实践活动；结合本校、本地区实际，确定、参加教改和科研课题，研究解决教育教学中的问题 | | | | |
| | 13 | 有研究意识和研究态度，勤于笔耕、锲而不舍，研究解决教育教学问题；虚心好学、勤学好问，追求专业不断发展 | | | | |
| | 14 | 在教学和科研工作中实事求是，治学严谨，恪守学术道德，坚守学术诚信，遵守学术规范 | | | | |
| | 15 | 科研有成果，有自己的研究领域。能在各学术报纸杂志发表文章，或论文获奖，自己的教育教学理念有一定影响 | | | | |

（2）班主任

表2-9 满意度考核标准——班主任

| 指标 | | 考 核 标 准 | 被评议人得分 | | | |
|---|---|---|---|---|---|---|
| | | | A | B | C | D |
| 职业道德 | 1 | 政治思想素质较高，师德高尚，坚持立德树人根本任务，坚持社会主义核心价值观，坚持教育改革和发展，实施素质教育，忠诚人民的教育事业，全面贯彻党的教育方针，积极落实意识形态责任。爱国守法，自觉遵守教育法律法规，依法履行教师职责权利 | | | | |
| | 2 | 爱岗敬业，为人师表，关爱学生，团结同事。具有高尚的师德和修养 | | | | |
| | 3 | 能够主动承担重任，自律意识强。勤恳敬业，乐于奉献 | | | | |

| 指标 | | 考核标准 | 被评议人得分 | | | |
|---|---|---|---|---|---|---|
| | | | A | B | C | D |
| 业务素养 | 4 | 树立终身学习理念，崇尚科学精神，主动拓宽知识视野，更新知识结构。积极钻研教育规律和方法，注重教育方式的创新，不断提高专业素养和教育教学水平 | | | | |
| | 5 | 注重教室内外环境布置和卫生，加强日常管理；通过制定班级公约，认真召开主题班会，记录班级日志等形式，引导学生形成正确的世界、人生观和价值观，营造积极向上的班级风气，形成班级特色的制度文化和精神文化 | | | | |
| | 6 | 关注学生习惯养成，注重培养学生综合素质，认真进行过程性记录与评价，培养学生良好品行，激发学生创新精神，促进学生全面发展 | | | | |
| | 7 | 与任课教师、家长密切联系，同事相互配合，家校沟通顺畅，师生互相信任，为学生发展创造出良好的教育环境和氛围 | | | | |
| | 8 | 认真制定与学校教育理念、年级教育定位相符合的工作计划并切实落实，及时进行阶段总结；通过参加比赛、观摩等形式，有效提升班主任基本功 | | | | |
| 教育科研 | 9 | 在科研工作中恪守学术道德，坚守学术诚信，遵守学术规范，实事求是，治学严谨 | | | | |
| | 10 | 及时进行反思与提升，积极参加学校组织的论文年会；在校级及以上刊物或学术会议上发表高水平的专业论文或科研报告，在教师科研活动中能起到示范引领作用 | | | | |

（3）骨干教师

表2-10　满意度考核标准——骨干教师

| 考核标准 | 被评议人得分 | | | |
|---|---|---|---|---|
| | A | B | C | D |
| 1 政治思想素质较高，师德高尚，坚持立德树人根本任务，坚持社会主义核心价值观，全面贯彻党的教育方针，积极落实意识形态责任 | | | | |

| 考 核 标 准 | 被评议人得分 | | | |
|---|---|---|---|---|
| | A | B | C | D |
| 2 教学工作 | | | | |
| 3 公开课，研究课或专题讲座 | | | | |
| 4 教育科研论文论著 | | | | |
| 5 指导教师 | | | | |
| 6 特殊贡献 | | | | |

（4）特级教师、市级学科带头人

表2-11 满意度考核标准——特级教师、市级学科带头人

| 指标 | | 考 核 标 准 | 被评议人得分 | | | |
|---|---|---|---|---|---|---|
| | | | A | B | C | D |
| 职业道德的楷模 | 1 | 政治思想素质较高，师德高尚，坚持立德树人根本任务，坚持社会主义核心价值观、教育改革和发展，实施素质教育，忠诚人民的教育事业，全面贯彻党的教育方针，积极落实意识形态责任 | | | | |
| | 2 | 爱岗敬业，关爱学生，为人师表，团结同志，善于合作，具有高尚的职业道德和师德修养 | | | | |
| | 3 | 服从学校工作安排，积极承担教育教学重任，把主要精力用于本职工作，具有崇高的奉献精神 | | | | |
| | 4 | 依法执教，遵规守纪。遵守外出讲学请示制度，遵守不得兼职或参与有偿家教的规定 | | | | |
| 教学专业的行家 | 5 | 学习研究教育教学理论、规律和方法，掌握现代教育技能，追踪科研和教学前沿，拓宽专业知识面，更新教育观念，做终身学习的楷模 | | | | |
| | 6 | 主动承担学校教育教学中的重任，认真完成教育教学任务，严谨治学，保证高教育教学水平，成绩显著 | | | | |
| | 7 | 积极承担示范课、观摩课、研究课等公开教学任务，每年有1~2节市、区级示范公开课，积极起带头和辐射示范作用 | | | | |

| 指标 | | 考核标准 | 被评议人得分 | | | |
|---|---|---|---|---|---|---|
| | | | A | B | C | D |
| 做教育科研的带头人 | 8 | 积极参加课程教材、教改实验；结合本校、本地区实际，确定、参加教改和科研课题，研究解决教育教学中的问题；每年至少在区及以上刊物或学术会议上发表1~2篇高水平的专业论文、经验总结或科研报告 | | | | |
| | 9 | 积极组织编写校本教材，保证教材质量高，学生反映好 | | | | |
| | 10 | 在教学和科研工作中实事求是，治学严谨，恪守学术道德，坚守学术诚信，遵守学术规范 | | | | |
| 传帮带的引领人 | 11 | 主动关心、指导、培养青年教师，每年指导本校1~2名青年教师，提高他们的思想业务水平，使其成为市区教育教学优秀骨干教师 | | | | |
| | 12 | 积极承担并完成学校布置的教师培训、教材编写、支教讲学等有关工作任务 | | | | |
| | 13 | 积极协助学校做好招聘教师、职称评定、推优评先等教师队伍建设方面的工作 | | | | |

（5）中层干部

表2-12　满意度考核标准——中层干部

| 指标 | 考核标准 | 被评议人得分 | | | |
|---|---|---|---|---|---|
| | | A | B | C | D |
| 政治思想素质 | 政治思想素质较高，师德高尚，坚持立德树人根本任务，坚持社会主义核心价值观，坚持教育改革和发展，实施素质教育，贯彻执行党的路线方针政策，贯彻民主集中制，参加干部学习培训和思想品德等情况，积极落实意识形态责任 | | | | |
| 组织领导能力 | 包括政策水平、科学决策、开拓进取、求实创新、组织协调、处理复杂问题的能力和心理素质情况 | | | | |
| 工作态度工作作风 | 包括党政配合、团结协作、工作投入、坚持群众路线等情况和精神状态 | | | | |

| 指　标 | 考　核　标　准 | 被评议人得分 | | | |
|---|---|---|---|---|---|
| | | A | B | C | D |
| 工作实绩 | 以所负责的管理工作方面取得的成绩和效果为重点 | | | | |
| 廉洁自律情况 | 包括遵守党政干部廉洁自律各项规定的情况 | | | | |

（6）职员

表2-13　满意度考核标准——职员

| | 考　核　标　准 | 被评议人得分 | | | |
|---|---|---|---|---|---|
| | | A | B | C | D |
| 1 | 政治思想素质较高，师德高尚，坚持立德树人根本任务，坚持社会主义核心价值观，全面贯彻党的教育方针，积极落实意识形态责任。胜任本职工作，完成岗位职责 | | | | |
| 2 | 工作主动、高效、无差错 | | | | |
| 3 | 服务热情、周到，主动为教职工解决困难 | | | | |
| 4 | 创造性地开展工作，勤于思考，当好参谋 | | | | |
| 5 | 秉公办事，遵守工作纪律 | | | | |
| 6 | 协作精神强，积极完成领导交办的其他任务 | | | | |

以上各表的打分标准：A为优秀（100分），B为良好（80分），C为合格（60分），D为不合格（40分）。

**2. 考核形式**

网上测评打分，分不同组进行考核主体对被测评者进行打分，打分方式如下：

（1）满意度自评

教师自我评价。

（2）服务对象满意度

学生教学质量满意度反馈、学生教育质量满意度反馈、家长教学质量满意度反馈、家长教育质量满意度反馈。

（3）学校教师或同行满意度

① 上级对下级打分：校领导对中层干部、中层对自己部门内教师、各中心（中心主任）对教研组长和年级组长、教研组长和年级年级组长对组内老师及班主任、各中心负责人对职员等小组的打分。

② 同级之间打分：教研组内一线教师组内相互打分、各中心内职员组内相互打分。

③ 下级对上级打分：班主任对年级组长、班级工作组教师对班主任、学科教师对教研组长、职员对负责人、各中心行政教师对中层干部、教师对行政部门、中层干部对校领导、教代会代表和教师代表对校领导、教研组长对中层干部及对北京市特级教师、教代会代表和教师代表等对中层干部及对北京市特级教师等小组的打分。

（四）考核结果统计

**1. 考核成绩**

每位老师的考核成绩按平均分计算，考虑权重。将每个考核小组各老师成绩从高到低排名，系统自动生成，打印表格。

**2. 考核优秀**

结合学生的测评排序，确定最终各教研组前20%的排序。前10%作为大学级考核优秀等次；前11%~20%作为附中级考核优秀等次。学生测评结果排序在后20%的教师一般不得评为优秀等次。

## 二、多元化发展性教师评价体系

在西方国家，各类学校广泛采用各种各样的教师评价模型[44]，常见的教师评价模型主要有以下几种：

（1）教师特质模型，通过一系列理想化的教师特质来评价教师，例如，热诚、公平、创造性等。

（2）过程取向模型，关注课堂情景中评价者或管理者容易观察到的教学过程。通常收集那些已被研究证明与学生学业成就有高度正相关的教学行为的数据。

（3）基于职责的评价模型，建立在特定任务和要求的基础上。比如，对于评估学生的学习情况这一职责，教师评价的重点在于考查教师能否准确、客观而完整地评估学生各方面的发展。

（4）问责模型也被称为绩效责任制模型，将教师的表现与学生的学业成绩和其他成绩相结合进行评价。强调教育的结果，明确以提高学生学习成绩为目标。

（5）基于目标的评价模型，教师为自己设定专业成长目标，并根据这些目标评价教师是否达成。

（6）专业成长模型，将重点转移到教师个体和其专业发展上来。评价者及时将信息反馈给教师，以提高教师的教学技能。该模型特别关注教师的兴趣与需求。

在理论上，各种模型有着各自的优势与不足，所以在实践中，教师评价系统往往根据特定的目的将各种模型结合起来综合使用。在实践中如何选择教师评价模型，是各个学校开展教师评价的首要问题。斯通和塔克提出的"两阶段六步骤"的教师评价模型的选择过程，为学校选择和整合评价模型提供了有益的借鉴。两阶段是将教师评价过程分为开发阶段与实施阶段。开发阶段包括三个步骤：认同组织目标、开发工作绩效标准和设定绩效指标。认同组织目标是所有评价过程的先决条件，在此阶段要在公众的问责与学校组织的任务之间寻求一种平衡，描述这种平衡从而确定本组织的评价目标，进而把描述性评价目标确定为操作性评价目标。开发工作绩效标准是要将操作性目标转化为对本组织教师职位的期望，并反映工作的绩效标准。设定绩效指标是在绩效标准的基础上确定每条标准的评估水平，即具体的绩效指标。实施阶段也包括三个步骤：记录绩效、评价绩效和提升绩效。记录绩效是通过教师、同事、学生或其他途径收集相关信息，记录教师的绩效表现。评价绩效是将收集的信息对不同的个体进行横向比较，确认教师与设定的目标绩效之间的差距。提升绩效侧重于对个体的纵向比较，强调个体在问责与专业成长中的进步，如图 2-8 所示。[45]

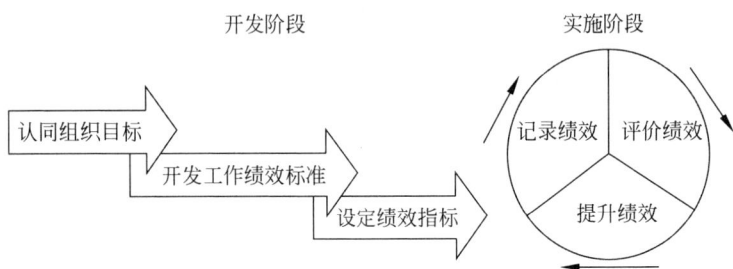

图2-8　教师评价研发与实施模型

"多元化发展性教师评价体系"通过记录评价促进教师的专业发展，采用多主体、多角度、多功能、多标准、多方法的多元化动态评价方式。通过"教师专业发展综合记录与评价系统"提供教师的大数据，涵盖教师评价内容体系的金字塔模型中各维度的全部信息，分别从职称评定、荣誉称号评定、职业幸福感提升等几个方面对教师专业发展路径效果进行定量与定性相结合的评价，并建立相应的反馈和改进机制。

评价的实施过程包括记录、评价、提升三个环节，见教师评价研发与实施模型，基本形式为：学校各部门的管理员登录系统，批量导入教师的人事、教育、教学、管理、研究等方面的基本信息；教师个人分别登录系统添加和提交自己个性化的信息和材料，相应的负责部门管理员审核通过，记录进系统；根据职称评定、荣誉称号评定、职业幸福感调查的需要选择生成相应的教师专业发展路径报告单；查看量化评价分值结果和记录明细，分析自己的专业发展情况。

（一）教师职称评定专业发展路径评价

严格按照《海淀区中小学教师系列职称（职务）评价标准》（以下简称《区标准》）进行评价。具体包括以下两点：

**1. 职称评审基本条件考核评价标准**

考核项目包含：师德、履职年限、教师资格证、学历、班主任年限、课时量、继续教育，内容详见表2-14。

**2. 职称评审分类量化考核评价标准**

考核项目包含：基本条件、育人荣誉、教育教学、教育教学研究、影响力、特殊贡献，内容详见表2-15。

表2-14　职称评审基本条件考核评价标准

| 考核项目 | 考 核 内 容 |
|---|---|
| 师德 | （1）遵守《中华人民共和国教育法》《中华人民共和国教师法》《中小学教师职业道德规范》（违反师德一票否决）<br>（2）受记过以上处分的教师，在处分期间不得参加本专业技术职务评审 |
| 履职年限 | 符合《北京市中小学教师专业技术职务申报条件》中的高级、一级职称履职年限要求 |
| 教师资格证 | 具备相应教师资格证 |
| 学历 | 符合《北京市中小学教师专业技术职务申报条件》中的高级、一级职称学历要求 |
| 班主任年限 | 符合《北京市中小学教师专业技术职务评聘工作实施细则》要求，在取得低一级职务并受聘相应岗位后担任班主任工作年限不少于3年 |
| 课时量 | 符合《北京市中小学教师专业技术职务评聘工作实施细则》要求，近3年内每年每周课时不少于4课时；其中参评教育学、教科研专业的，近3年内每年平均周课时不少于4课时；参评教育教学管理、德育专业的可不要求课时 |
| 继续教育 | 履职期间积极参加继续教育，取得合格证书和相应的继教学分 |

表2-15 职称评审分类量化考核评价标准

| 项目 | 适用对象 | 类型 | 评价指标 | 分值 | 备注 |
|---|---|---|---|---|---|
| 一、基本条件 | 专任教师<br>教育教学<br>管理<br>教科研<br>德育<br>教育学 | 学历 | 博士4分、硕士2分 | 4/2 | 本项最高分：8分 |
| | | | 本科 | 1 | |
| | | 教学班班主任年限（副班主任及视同班主任的分值减半） | 3年 | 1 | |
| | | 从事教育教学一线工作 | 30年及以上 | 8 | |
| | | | 25（含）~30年 | 7 | |
| | | | 20（含）~25年 | 6 | |
| | | 担任职务情况 | 近3年连续兼课且现任副主任及以上职务 | 8 | |
| | | | 现任教研组长 | 5 | |
| | | | 现任教研副组长、备课组长 | 2 | |
| | | 考核情况 | 任现职期间，曾考核"优秀" | 5 | |
| 二、育人荣誉 | 专任教师<br>教育教学<br>管理<br>教科研<br>德育<br>教育学 | 曾获得劳模、先进个人、优秀工作者、"紫荆杯"班主任等称号（计最高分一次） | 国家级 | 10 | 本项最高分：10分 |
| | | | 省市级 | 9 | |
| | | | 市系统级 | 8 | |
| | | | 区级（区系统级） | 7 | |
| | | | 学区级 | 5 | |
| | | | 校级 | 4 | |
| | | 现任骨干、学带（计最高分一次） | 市骨干（现任） | 10 | |
| | | | 区学带（现任） | 8 | |
| | | | 区骨干（现任） | 6 | |
| | | | 校骨干（现任） | 4 | |
| 三、教育教学 | 专任教师<br>教育教学<br>管理<br>教科研<br>德育<br>教育学 | 教案 | 近3年备课教案 | 5 | 本项最高分：专任教师教育教学管理30分；教科研、德育、教育学7分 |
| | | 教学质量（学校教师或同行评价） | 优 | 10 | |
| | | | 良 | 6 | |
| | | | 中 | 3 | |
| | | 学生（家长）满意度 | 满意 | 4 | |
| | | | 基本满意 | 2 | |

续表

| 项目 | 适用对象 | 类 型 | 评 价 指 标 | 分值 | 备 注 |
|---|---|---|---|---|---|
| 三、教育教学 | 专任教师教育教学管理教科研德育教育学 | 任现职期间，做公开课、研究课、承担开放型教学实践、半日观摩课、少先队活动课（各计最高分一次） | 国家级 | 10 | 本项最高分：专任教师、教育教学管理30分；教科研、德育、教育学7分 |
| | | | 市级 | 9 | |
| | | | 区级 | 8 | |
| | | | 学区级 | 5 | |
| | | | 校级 | 4 | |
| | | 任现职期间，课堂教学技能展示比赛获奖（同一级别不分几等奖，并计最高分一次） | 国家级 | 10 | |
| | | | 市级 | 9 | |
| | | | 区级 | 8 | |
| | | | 学区级 | 5 | |
| | | | 校级 | 4 | |
| | | 任现职期间，指导学生或带团队竞赛获奖（同一级别不分几等奖，并计最高分一次） | 国家级 | 10 | |
| | | | 市级 | 9 | |
| | | | 区级 | 8 | |
| | 教育教学管理 | 计划、总结 | 学年计划 | 5 | |
| | | | 学年总结 | 5 | |
| | | 管理工作年限 | 10 年及以上 | 6 | |
| | | | 5（含）~9 年 | 3 | |
| | | | 5 年以下 | 1 | |
| | | 听课情况 | 学校正职近 3 年每学期听课 40 节 | 5 | |
| | | | 其他教育教学管理人员近 3 年兼课的每学期听课 40 节 | 5 | |
| | | | 其他教育教学管理人员近 3 年不兼课的每学期听课 60 节 | 5 | |
| | | 任职期间负责工作获奖 | 国家级 | 10 | |
| | | | 市级 | 9 | |
| | | | 区级 | 8 | |
| | | 教职工满意度 | 满意 | 4 | |
| | | | 基本满意 | 2 | |

续表

| 项目 | 适用对象 | 类　型 | 评 价 指 标 | 分值 | 备　注 |
|---|---|---|---|---|---|
| 三、教育教学 | 教科研德育教育学 | 讲座及培训相关 | 讲座、报告、活动计划 | 3 | 本项最高分：专任教师、教育教学管理30分；教科研、德育、教育学7分 |
| | | | 培训教案 | 3 | |
| | | 专职从事科研、德育、教育学工作年限 | 10年及以上 | 6 | |
| | | | 5（含）~9年 | 3 | |
| | | | 5年以下 | 1 | |
| 四、教育教学研究（任现职期间） | 专任教师教育教学管理教科研德育教育学 | 项目课题（含核心成员） | 国家级（主持10分、核心成员8分） | 10/8 | 本项最高分：专任教师、教育教学管理7分；教科研、德育、教育学30分 |
| | | | 市级（主持9分、核心成员7分） | 9/7 | |
| | | | 区级（主持7分、核心成员5分） | 7/5 | |
| | | | 校级（主持5分、核心成员4分） | 5/4 | |
| | | 项目成果奖 | 国家级 | 10 | |
| | | | 市级 | 9 | |
| | | | 区级 | 7 | |
| | | | 校级 | 4 | |
| | | 教育教学论文（区级以上正式刊物） | 国家级 | 10 | |
| | | | 市级 | 9 | |
| | | | 区级 | 7 | |
| | | | 校级 | 4 | |
| | | 论著（本专业） | 本人专著 | 11 | |
| | | | 合著、编著 | 8 | |
| | | 教材（含教参） | 国家级 | 10 | |
| | | | 市级 | 9 | |
| | | | 区级 | 7 | |
| | | | 校级 | 4 | |

| 项目 | 适用对象 | 类 型 | 评 价 指 标 | 分值 | 备 注 |
|---|---|---|---|---|---|
| 四、教育教学研究（任现职期间） | 专任教师 教育教学 管理 教科研 德育 教育学 | 教育教学成果 | 国家级特等奖 | 10 | 本项最高分：专任教师、教育教学管理7分；教科研、德育、教育学30分 |
| | | | 国家级一等奖、省市级特等奖 | 9 | |
| | | | 国家级二等奖、省市级一等奖 | 8 | |
| | | | 省市级二等奖 | 7 | |
| 五、影响力（任现职期间） | 专任教师 教育教学 管理教科研 德育 教育学 | 带二、三级教师取得成果 | 国家级奖项 | 5 | 本项最高分：5分 |
| | | | 市级奖项 | 4 | |
| | | | 区级奖项 | 3 | |
| | | | 校级奖项 | 2 | |
| | | 在上一级区域级活动中承担活动主讲或主持 | 市级及以上 | 5 | |
| | | | 区级 | 3 | |
| | | | 学区级 | 2 | |
| 六、加分项（提供证明材料） | | 支援教育 | 任现职期间：本市外区支教一年及以上 | 10 | 无最高分限制 |
| | | | 任现职期间：本区农村校、薄弱校支教交流一年及以上 | 10 | |
| | | 教学班班主任年限（副班主任及视同班主任的分值减半） | 10 年及以上 | 10 | |
| | | | 8 年（含）~9 年 | 7 | |
| | | | 6 年（含）~7 年 | 5 | |
| | | | 4 年（含）~5 年 | 3 | |
| | | 担任乡村教师 10 年及以上 | | 10 | |
| | | 担任年级组长 / 副组长 | | 6/3 | |
| | | 担任过初三、高三统考课程（计 1 分 / 年，累积最高 5 分） | | 5 | |
| | | 学校认可的特殊贡献 | | 4 | |
| | | 取得全国职称外语等级考试 C 级合格证书及以上 | | 1 | |
| | | 取得全国专业技术人员计算机应用能力考试证书 | | 1 | |

我校教师专业发展综合记录与评价系统中涵盖了以上《区标准》中的全部内容,这部分内容的量化评估结果可以提取出来直接对接海淀区相关工作使用。

（二）教师荣誉称号评定专业发展路径评价

评价指标依据《海淀区幼儿园、中小学、中等职业学校骨干教师、带头人选拔和管理暂行办法》《2017 年北京市学科教学带头人、骨干教师评选条件》以及《2017 年北京市特级教师评选条件》,各类教师荣誉称号评选条件见表 2-16 至表 2-19,所有的评价指标和量化赋分均可通过我校教师专业发展综合记录与评价系统提取相关记录信息,并生成包含积分定量分析的报告单。

### 1. 海淀区学科带头人

表2-16　2015年海淀区学科带头人评选条件一览表

| 评选条件 | 符合项目 |
| --- | --- |
| 1. 本科以上学历,3 年以上教龄,具有中教一级及以上教师职称 | |
| 2. 在编在岗的专任教师,或兼课每周不少于 6 学时的行政人员(附 7 个学期的课表) | |
| 3. 完成"十二五"时期规定的继续教育 36 学分 | |
| 4. 最高学历、学位证书,教师资格证书、职称证书、交流证书、计算机证书、支教证明、最高专业技术职务证书(2014—2015 年度新评职称人员提供任职资格通知书) | |
| 5. 上一届学带骨干继续申报的需提供学科带头人、区级骨干教师培训证书或证明 | |
| 6. 区级以上公开课、研究课,或举办过教学教研辅导讲座,或区级以上学科竞赛二等奖以上(附证书和教案) | 市级公开课:<br>区级公开课:<br>讲座:<br>竞赛获奖: |

| 评 选 条 件 | 符 合 项 目 |
|---|---|
| 7. 教科研具备以下条件之一（3 年内）：<br>（1）区级及以上课题，论文获得区级以上奖励（附证明）；<br>（2）论文区级以上刊物发表或个人专著（论文可附复印件、论著附原件，不超过 5 份）；<br>（3）学生在市级以上竞赛获市长奖，全国一等奖以上奖励（附学生和指导教师获奖证书） | 课题：<br><br>论文：<br><br>学生获奖： |
| 8. 承担有学校或中心学区或区级及以上教学改革项目，最少完成一篇基础教育课程改革调研报告，或承担过一次区级及以上研究课 | |
| 9. 指导青年教师，取得显著成果 | |
| 10. 同等条件下达到区教委规定的外语口语等级标准者优先（附口语证书） | |
| 11. 其他 | |

## 2. 海淀区教学骨干教师

### 表2-17 2015年海淀区教学骨干教师评选条件一览表

| 评 选 条 件 | 符 合 项 目 |
|---|---|
| 1. 本科以上学历，3 年以上教龄 | |
| 2. 在编在岗的专任教师，或兼课每周不少于 6 学时的行政人员（附 7 个学期的课表） | |
| 3. 完成"十二五"时期规定的继续教育 36 学分 | |
| 4. 最高学历、学位证书，教师资格证书、职称证书、交流证书、计算机证书、支教证明、最高专业技术职务证书（2014—2015 年度新评职称人员提供任职资格通知书） | |
| 5. 上一届学带骨干继续申报的需提供学科带头人、区级骨干教师培训证书或证明 | |
| 6. 校级及以上公开课、研究课并获奖；或区级及以上学科竞赛活动中获奖（附证书和教案） | 区级公开课：<br>区级公开课：<br>竞赛： |

续表

| 评 选 条 件 | 符 合 项 目 |
|---|---|
| 7. 教科研具备以下条件之一（3年内）：<br>（1）校级及以上课题，校级以上刊物上发表文章（附教科研部门证明）；<br>（2）在区级及以上刊物发表论文或区级以上奖励（论文可附复印件、论著附原件，不超过5份）；<br>（3）辅导学生在市级以上获一等奖及以上奖励（附学生和指导教师获奖证书） | 课题：<br><br><br>论文：<br><br>学生获奖： |
| 8. 承担有学校或中心学区或区级及以上教学改革项目，带领学科群体或在指导青年教师开展教科研活动 | |
| 9. 同等条件下达到区教委规定的外语口语等级标准者优先（附口语证书） | |
| 10. 其他 | |

### 3. 北京市学科教学带头人、骨干教师

表2-18　2017年北京市学科教学带头人、骨干教师评选条件一览表

| 要求与条件 | 北京市骨干教师 | 北京市学科教学带头人 |
|---|---|---|
| 评选范围 | 幼儿园、中小学、职业高中、普通中等专业学校、区教师培训院校、区教学研究机构、少年宫（含少年之家、青少年科技馆、站）、特殊教育学校、工读学校 | |
| 评选对象 | 2017年6月30日在岗符合参评条件的专任教师兼课每周不少于6课时的行政人员 | |
| | 市级骨干教师——在区学科带头人（或上一届市级学科教学带头人、骨干教师）中产生（普通中等专业学校在校级骨干教师中产生）<br>市级学科带头人——在上一届市级学科教学带头人、市级骨干教师中产生特别优秀的教师也可以纳入评选对象 | |
| 学历 | 具有《中华人民共和国教师法》规定的合格学历 | |
| 职称 | 中学、中等职业学校教师：<br>高级教师专业技术职务<br>幼儿园、小学教师：一级教师及以上专业技术职务 | 高级教师专业技术职务 |

| 要求与条件 | | 北京市骨干教师 | | 北京市学科教学带头人 |
|---|---|---|---|---|
| 评选条件 | 1. 思想政治素质 | 拥护中国共产党的领导，热爱祖国，热爱人民，遵守教育法律法规，全面贯彻党和国家的教育方针政策，忠诚于党和人民的教育事业，不断增强"四个意识"，自觉践行社会主义核心价值观，具有良好的思想政治素质，做"四有"好老师。能够用中华优秀传统文化涵养自己的教育教学理想与追求，具有较高优秀传统文化修养 | | |
| | 2. 职业理想与道德 | 具有崇高的职业理想和职业道德，热爱教育事业，坚持工作在教学第一线，把工作精力放在本职岗位上，在对学生的核心素养培养与关键能力培养上有所建树。爱岗敬业、教书育人、勇挑重担、无私奉献，坚持以德立身、以德立学、以德立教，为人师表、师德高尚 | | |
| | 3. 教书育人 | 具有广阔的教育视野及了解学术前沿的意识，能够根据社会时代的发展和教育发展更新教育观念和知识结构，积极探索、勇于创新，做学生健康成长的"四个引路人"，在全面实施素质教育中发挥了引领和示范作用 | 市级学科带头人除应具备市级骨干教师条件外，还应具备的条件 | 在学生核心素养培养与关键能力培养取得突出成绩，教书育人成绩突出。了解国内外教育教学改革与发展的经验和做法 |
| | 4. 学科理论和教学技能 | 具有扎实的学科基础理论和教学技能，熟悉并掌握学科课程标准，主动开展课程与教材改革、学科教学教改革，教学效果明显。近5年内承担过区级及以上教育教学主管部门组织的研究课；幼儿园教师熟悉并掌握《幼儿园教育指导纲要》，承担过市级及以上半日观摩活动 | | 具有系统的专业理论基础和专业知识，掌握所教学科课程标准，积极探索所教学科课程与教材改革，具有丰富的教育教学实践经验，教育教学能力强，将学科知识、教育理论与教育实践有机结合，形成富有个性的教学风格，在本学科领域内具有较高的影响力 |

| 要求与条件 | | 北京市骨干教师 | 北京市学科教学带头人 | |
|---|---|---|---|---|
| 评选条件 | 5.教育活动和教育科研 | 具有较高的教育理论理论修养和较强的教育科研能力。<br>(1)近5年内在教育教学改革工作中承担主要任务并发挥骨干作用(必须具备此项);<br>(2)近5年内承担或参与市级科研课题有阶段性成果;<br>(3)近5年内在市级以上正式刊物上发表过与专业有关的教育教学论文(后两项至少有一项) | 市级学科带头人除应具备市级骨干教师条件外,还应具备的条件 | 具有坚实的学科理论基础,能够结合工作实际,积极开展教学理论研究,形成具有较高水平的教学研究成果,且具有较高的学术价值与推广价值。<br>(1)近5年内承担并主持过市级及以上教育教学改革项目,取得阶段性成果。<br>教育教学研究能力强。<br>(2)近5年内主持或承担过市级及以上教育教学科研课题(科研项目)并取得阶段性成果或公开发表、出版本学科的论文、论著,或参加教育主管部门组织和中小学教材编写,不少于4万字 |
| | 6.辐射带动 | 具有良好的团队协作精神,能够发挥辐射带动作用。积极承担培养和指导青年教师任务,在提高青年教师师德素养、专业水平、教育教学能力和实际工作效果等方面成效明显。为本校和本区教师队伍建设做出贡献 | | 在本市或区学科建设中能够发挥引领示范作用,为本市教师队伍建设做出贡献 |
| | 优先条件(同等条件下,符合其一即可) | 从城区学校、优质资源校到农村学校、一般学校全职交流任教一年及以上且表现突出的教师,到京外地区参加支教且表现突出的教师 | | |
| | | 具有担任5年及以上班主任经历的教师 | | |
| | | 坚持在农村学校、特殊教育学校从事教育教学工作6年及以上的教师 | | |
| | | 积极参与市级教育综合改革项目且表现突出的教师 | | |

## 4. 北京市特级教师

### 表2-19　2017年北京市特级教师评选条件一览表

| 评选范围 | 执行属地管理原则。除市教委直属学校外，包括海淀区属地范围内的幼儿园、中小学、职业高中、区教师培训基地、教学研究机构、少年宫（含少年之家、科技馆、站）、特殊教育学校、工读学校。包括民办学校 | 备注 |
|---|---|---|
| 评选对象 | 2016年12月31日在职在岗的符合条件的教师。包括专任教师、教研员、幼儿园教师及学校领导（正职） | |

| 参评条件 | 基本条件 | 拥护中国共产党的领导，热爱祖国，热爱人民，遵守教育法律法规，全面贯彻党和国家的教育方针政策，忠诚于党和人民教育事业，自觉践行社会主义核心价值观，具有良好的思想政治素质 |
|---|---|---|
| | | 具有崇高的职业理想和职业道德，爱岗敬业、教书育人、勇挑重担，无私奉献，坚持以德立身、以德立学、以德立教，为人师表、师德高尚 |
| | | 具有深厚的教育教学基础理论和知识，教育思想、教育理念先进，积极探索、勇于创新，为学生健康成长发挥了指导者和引路人的作用，在全面实施素质教育中发挥了引领和示范作用 |
| | | 具有系统和深厚的专业理论基础和专业知识，掌握所教学科课程标准，积极探索所教学科课程与教材改革，具有很强的教育教学能力和丰富的教育教学经验，形成富有个性的教育教学风格，教育教学业绩显著 |
| | | 具有较强的教育教学研究能力，结合工作实际，积极开展教育教学理论研究，形成具有较高水平的教育教学研究成果，具有较高的学术价值与推广价值 |
| | | 具有良好的团队协作精神，积极承担培养和指导青年教师任务，在提高青年教师思想政治和师德水平、专业水平、教育教学能力和实际工作效果等方面成效明显；积极参加教育综合改革，在促进教育公平、提高教育质量等方面发挥引导和辐射作用，为本校和本区骨干教师队伍建设做出贡献 |
| | 学历要求 | 具有《中华人民共和国教师法》规定的合格学历 |

| | | 具有正高级专业技术职务<br>具有高级教师专业技术职务 5 年以上（含）<br>幼儿园老师具有高级教师专业技术职务 3 年及以上<br>特别优秀的中青年教师、农村学校、特教学校教师专业技术职务任职年限可适当放宽 | | | |
|---|---|---|---|---|---|
| **参评条件** | **任职年限** | | | | |
| | **教育教学要求** | 专任教师 | 教研员 | 幼儿园教师 | 学校领导(正职) |
| | | 近 5 年来每年所承担的教学工作周课时数不少于 8 课时，兼课的行政人员周课时不少于 6 课时 | 须在教学一线任教 9 年（含）以上 | 能够以幼儿为主体，充分调动和发挥幼儿的主动性；遵循幼儿身心发展特点和保教活动规律，提供适合的教育；能够将学前教育理论与保教实践相结合，在学前教育领域做出突出贡献，并具有影响力，能够发挥引领示范作用。同时还要满足专任教师的参评条件 | 须在参评学科承担教学工作，近 5 年内所承担的教学工作周课题数不少于 4 课时。（所在学校需提供近 5 年内参评人员个人课时表复印件，并加盖公章） |
| | | 具备下列条件之一：<br>1. 近 5 年内承担过市级及以上教育教学主管部门组织的研究课 1 次；<br>2. 承担区级教育教学主管部门的研究课不少于 3 次 | 任教研员后，经常深入教学一线示范教学、听课、评课，指导教育教学。以多种形式指导教师推进教育教学改革，提高教育教学质量，善于发现并总结推广优秀的成果，得到教师充分认可 | | |
| | **教育教学科研要求** | 不是必备条件有教育科研成果的应该优先推荐。具体可参照教研员要求 | 近 5 年内主持并承担完成市级以上科研课题（科研项目），公开发表或出版本专业论文、论著，并具有较高的学术水平和应用价值 | | 在规范科学管理、深化教育综合改革、提升教育质量、提高办学水平等方面经验丰富，业绩突出 |

续表

| 参评条件 | 优先条件 | 具有从城区学校、优质资源校到农村学校、一般学校全职交流任教一年及以上且表现突出的教师，到京外地区参加支教且表现突出的教师 |
| | | 国家级、市级劳动模范、优秀教师、优秀班主任及相当荣誉称号获得者 |
| | | 坚持在农村学校、特教学校从事教育教学工作 10 年（含）以上的教师 |
| | | 担任班主任工作 20 年（含）以上的教师 |
| | | 积极参与市级教育综合改革项目且表现突出的教师 |
| 申报表要填写的内容 | | ·近 5 年完成教育教学工作情况（按学期依次填写）<br>·近 5 年承担市、区级研究课（或承担幼儿园半日观摩活动）情况<br>·近 5 年参加教育教学研究情况等<br>·近 5 年指导培养教师情况 |
| 说明 | | 1. 近 5 年指 2012 年 1 月 1 日至 2016 年 12 月 31 日<br>2. 教育教学管理、教育学、教科研、德育不作为参评学科<br>3. 正式出版的期刊必须是符合 CN 刊号编号规范的正式出版物 |

（三）教师职业幸福感提升评价

（1）教师通过问卷的形式从教师职业幸福感的来源、体现、提升 3 个方面的 9 条标准自测教师职业幸福感，问卷内容见表 2-20。

表2-20　教师职业幸福感调查表1

| 指　标 | | 评 价 标 准 | 教师打分 | | | |
| --- | --- | --- | --- | --- | --- | --- |
| | | | A | B | C | D |
| 教师职业幸福感的来源 | 1 | 国家使命。"少年强，则国强"，教师的责任是教书育人，育人是第一位的。教师肩负重任，就是一种幸福 | | | | |
| | 2 | 工作的成就感。学生取得成绩、成人、成才就是教师的成就 | | | | |
| | 3 | 学生的感恩。教师所有的辛苦、无奈和承受，都可以从学生对教师的尊重、理解和感激中得到弥补，并感到欣慰和幸福 | | | | |

| 指　标 | | 评　价　标　准 | 教师打分 | | | |
|---|---|---|---|---|---|---|
| | | | A | B | C | D |
| 教师职业幸福感的体现 | 4 | 享受课堂。课堂是教师生命中的重要舞台，打造和谐课堂、享受课堂是教师幸福感的基本源泉 | | | | |
| | 5 | 享受学生。学生学业取得进步、个性得到发展、为社会做出贡献，都是教师幸福感的重要源泉 | | | | |
| | 6 | 享受假期。假期中教师享受放松、与家人团聚、阅读充电、外出学习、提升教育教学水平，这些都给予教师幸福感 | | | | |
| 教师职业幸福感的提升 | 7 | 面对社会对教师的期望值过高，摆正心态，欣赏职业角色，既不在光环中迷失自我，更不在平凡中失去尊严，心态正了，幸福感就来了 | | | | |
| | 8 | 面对个别负面新闻使人们对教师的认同感下降，坚持做到为人师表，恪尽职守，关爱学生，帮助学生成长，问心无愧就感到幸福 | | | | |
| | 9 | 面对教师的社会地位有待提高，坚持钻研业务，提升自身魅力，把教育当作一生追求的事业，实现自我价值的升级，就是教师职业幸福感所在 | | | | |

注：表中打分标准：A：优秀（100 分），B：良好（80 分），C：合格（60 分），D：不合格（40 分）。

（2）教师通过问卷的形式对各阶段教师发展目标和评定标准自测教师职业幸福感，问卷内容见表 2-21。

表2-21　教师职业幸福感调查表2

| 指　标 | | 评　价　标　准 | 教师打分 | | | |
|---|---|---|---|---|---|---|
| | | | A | B | C | D |
| 适应期 1~3 年 | 1 | 熟悉教师职业特点，爱岗敬业，树立育人为本的教育思想和素质教育理念，秉承附中优良传统，虚心向老教师、同行学习，吃苦耐劳。能得到学生、同事的认可 | | | | |
| | 2 | 熟悉并遵循本校的教学常规与各种规章制度，能认真履行各种职责 | | | | |

续表

| 指 标 | | 评 价 标 准 | 教师打分 | | | |
|---|---|---|---|---|---|---|
| | | | A | B | C | D |
| 适应期 1~3 年 | 3 | 逐步熟悉本学科各年级课标或大纲及任课年级的教材,能独立完成备课、讲课、命题、课外辅导等任务,具有较好的教学基本功包括规范的实验操作 | | | | |
| | 4 | 在教学能力上,初步具有独立处理教材的能力、组织课堂教学的能力、独立组题命题的能力、辅导困难生的能力以及独立完成教学工作总结的能力 | | | | |
| | 5 | 能写出一定质量的工作总结或教育教学案例 | | | | |
| 发展期 4~6 年 | 6 | 弥补教育、教学专业知识、技能、能力的弱项 | | | | |
| | 7 | 能够组织课外活动、开设课外讲座、开设选修课、指导研究性学习 | | | | |
| | 8 | 具有教科研意识,能参加教育科研课题的研究活动 | | | | |
| | 9 | 能写出具有一定质量的教育教学经验总结(或教学反思) | | | | |
| | 10 | 教师个人要有意识在市区展示自己,能承担区级以上的公开课和观摩班会活动 | | | | |
| 成熟期 7~11 年 | 11 | 进一步提高教育教学专业水平,确保良好的教育教学效果 | | | | |
| | 12 | 在学科教学和班主任工作中起骨干作用,逐步形成个人风格,在学校和区里有一定的影响 | | | | |
| | 13 | 主动承担选修课或其他课外小组活动,形成自己的专业特长 | | | | |
| | 14 | 能组织或参加科研课题的研究、撰写论文,并获得区级以上的奖励 | | | | |
| | 15 | 能承担除教育教学工作以外的其他社会工作,如管理工作等 | | | | |
| 稳定期 11~20 年 | 16 | 教育教学能够得到学生与同行的充分肯定,教学效果好 | | | | |
| | 17 | 具有一定的教科研能力,每学年都能发表一定分量的学术文章或论文 | | | | |
| | 18 | 能够承担青年教师的培养任务 | | | | |
| | 19 | 能够承担各级别的研究课、观摩课 | | | | |
| | 20 | 积极参与课题研究,成为课题组骨干 | | | | |

| 指标 | | 评 价 标 准 | 教师打分 | | | |
|---|---|---|---|---|---|---|
| | | | A | B | C | D |
| 创造期（21 年以上） | 21 | 教育教学能够得到学生与同行的充分肯定，教学效果显著 | | | | |
| | 22 | 承担青年教师的培养任务，努力培养出优秀青年教师 | | | | |
| | 23 | 承担各级别的示范课，并做到课堂开放 | | | | |
| | 24 | 独立主持课题，每学年都能发表一定分量的论文或出版个人专著 | | | | |
| | 25 | 成名成家或成为特色教师，教学上有独到之处，带班有特色 | | | | |

注：表中打分标准：A 为优秀（100 分），B 为良好（80 分），C 为合格（60分），D 为不合格（40 分）。

# 第四节　教师专业发展的保障

## 一、我校教师招聘与引进

教师招聘与人才引进是学校可持续发展的动力和保障，是人力资源管理的核心工作之一。在人才招聘过程中，通过引进优秀的毕业生和骨干教师，促进教师队伍年龄结构、职称结构、专业结构更加合理化，通过不同专业背景、学历、经历的教师加入，激发教师团队的活力，促使教师提高专业素养，从而使学校整体教育教学水平得到提升。

### （一）制定招聘需求与岗位条件

招聘不仅是学校对应聘者的考察，更是和应聘者沟通的过程，也是一个相互选择的过程。教师招聘的需求，并不是按照一个固定的模式开展，而是应该根据每年学校教师流动的情况、学科学段的需求、每个学科学历层次的要求、教研组内教师重点研究专业的情况、年龄情况、职称情况综合考虑，制定出合理的岗位规划。

招聘教师所需的岗位条件，应包含三个方面：专业能力、综合能力和心理素质。其中专业能力是应聘的基本条件，中学教师这一职业要求应聘者首先应具备学科所需的扎实的文化课及专业课基础知识。综合能力的内涵，包括思想政治素质、仪表气质、思维与表达能力、应变能力、创新意识、协调性、责任心与进取心等多个维度。心理素质也是很重要的一项条件，要求应聘者性格积极向上、具有较强的情绪控制力和压力承受力，善于掌握自我，善于调节情绪，对工作、生活中遇到的压力，能以乐观的态度、幽默的情趣及时地缓解。

（二）招聘过程管理

招聘过程既要保证公平、公正、公开，又要严谨有序，因此招聘与录用是一个复杂、完整而又连续的过程，目的是为了保证教师招聘的质量，为学校选拔优秀的人才，为学校发展奠定坚实的基础。基本流程如图 2-9 所示。

（三）教师招聘系统

科学有效的招聘系统，不仅可以提高招聘的效率和质量，更是对教师从应聘开始的过程性记录，对后期教师培训的设计，也具有参考价值。当今毕业生和骨干教师的应聘人群数量非常庞大，且都已比较习惯于从网络寻找资源、投递简历。因此建立招聘系统，来发布招聘信息，传递职位信息，是吸引更多优秀人才的必要途径。求职者可通过清华附中官方网站、各高校就业网、各求职网站查询

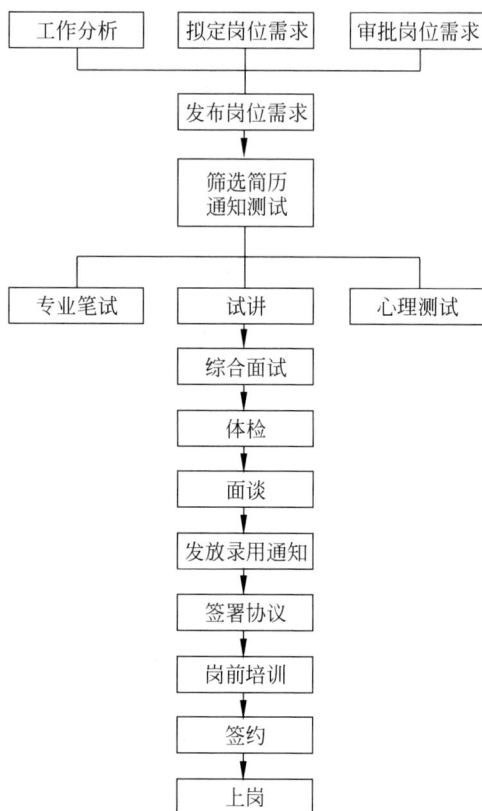

图2-9 招聘过程的基本流程

到清华附中招聘需求及条件，同时点击网上申报系统，进行简历投递，不会受到地域限制。

招聘网上申报系统，按模块分为应聘者个人用户模块和学校管理者模块。求职者个人用户模块主要功能包括用户的注册与登录以及个人登录账户之后的信息管理功能。学校管理者模块中，招聘网上申报系统的设计，做到了以下几点：一是实现管理的规范化、科学化的记录功能；二是根据学校招聘的需要，实现系统的特色化；三是页面简单化，做到简洁实用；四是系统稳定、安全可靠。

招聘网上申报系统满足了三个需求：第一，招聘的管理。这是招聘系统的核心板块。系统管理员在招聘系统中添加招聘项目，限定招聘地区，发布招聘的职位，同时对招聘的状态进行控制。在这个板块中，管理员可以查看应聘者简历详情；标记每一轮测试的成绩，即笔试、专业测试和综合面试的成绩及排名在系统中都一目了然；短信或者邮件通知下一轮测试的题目及最终的应聘结果，更加精准地将信息传递给应聘者。

## 二、我校教师岗位体系

### （一）我校岗位制度

建立完善的岗位体系，明确岗位分类分层、岗位管理、岗位聘用等制度，是有效开展教育教学工作以及对教师进行考核评价的前提。

#### 1. 岗位分类分层制度

新的岗位需求已经产生，岗位分类需要更加清晰；同类岗位的差异性已日渐突显，同类岗位的层级划分需要更加明确，新的岗位分类分层设计如图 2-10 所示。首先，以岗位职责要求和履职所需条件为依据进行更加清晰的岗位分类，在传统的干部、学科教师、管理、技术、事务、勤务等岗位类别基础上，岗位设置补充了高研实验教师、学科竞赛教师、一体化外派支教、一体化外派管理干部等岗位类别。其次，在分类基础上进一步分层级和等次，根据岗位实际需求及岗位胜任要求，对现有岗位进行层级划分（三层），教师系列岗位层级的划分可以针对原有同等工作量中课程内容的差异、教学人数和质量要求的差异而定，与岗位难度及重要性有关，建立认定与评定相结合的岗位层级晋升制度。

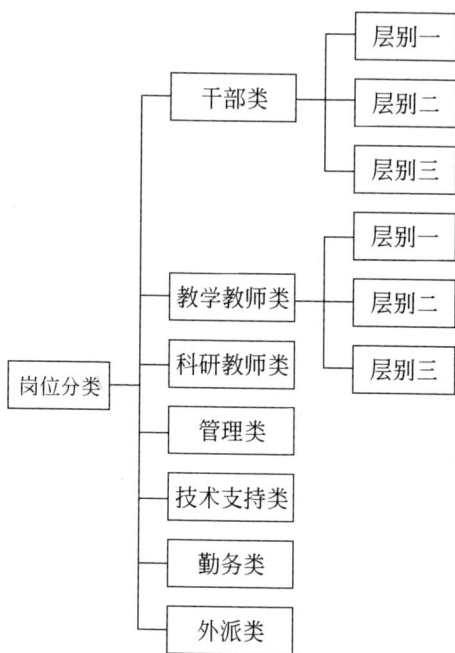

图2-10 新的岗位分类分层设计

## 2. 岗位管理制度

出于对人才培养要求的不断提升，对岗位的任务要求与水准要求也需要进一步明确，形成岗位说明书，聘书中涵盖岗位说明内容，岗位说明内容结合岗位特殊要求对岗位信息、岗位职责、岗位要求等进行描述，原则上一个岗位对应一个岗位说明书。岗位说明部分由各部门负责完成，是教师工作分析的结果，也是人力资源管理和考核的依据。

## 3. 岗位聘用制度

为了便于岗位绩效管理与教师专业成长的落实与促进，加强岗位设置管理，我们设计了岗位说明书备案表，以工作分析为基础，记录岗位评估结果，规定岗位类别层级，说明岗位任务，便于今后作为薪酬与考核依据，原则上一个岗位对应一个岗位说明书备案表。根据新的岗位设置对薪酬分配方案作相应调整，校务会审批通过后实施。根据学校核定的岗位和岗位说明书要求，每个岗位可以进行公开招聘、竞争上岗、择优录用。

其中岗位说明书备案表主要包含四部分内容：①岗位基本信息（岗位名称、岗位层级、岗位编号、岗位类别、岗位系列、汇报对象、薪酬类型、合同类型、岗位说明书生效日期）；②岗位评估；③岗位主要信息（岗位目标、岗位职责、岗位要求）；④其他信息（工作场所、设备、出差情况、休假）等。

（二）我校各部门岗位职责

### 1. 教学管理与研究中心职责

教学管理与研究中心负责学校教育教学的日常管理、教学改革与发展、教学质量工程建设、教学质量监控、招生、开学典礼、运动会等学校活动的组织与实施等工作。具体职能如下：

（1）根据上级教育行政部门的有关政策、法规，结合清华附中的实际情况，制订学校教学规章制度和教学管理文件，并组织实施。

（2）负责教学改革与教学管理的研究，负责全校的教育教学科研工作。负责对教科研课题的开发、研究的指导、检查、评估等工作，负责各级教研项目的立项、结题和推广等管理工作。

（3）负责全校教学质量的评估检查。含教学工作评估、课程评估和教师教学质量评价等工作。

（4）做好全校教学运行管理工作，负责组织全校课程安排、大型考试组织、教学公共资源使用与调配等工作。

（5）负责全校学生学籍、成绩和考务工作，负责教学、教研、学籍、成绩等相关数据及档案的管理。负责处理转学、休学、留级、退学等工作。

（6）负责全校教师教学工作量的核算工作。

（7）负责组织各类教学竞赛以及教学成果评比工作。

（8）负责小升初、中招（除民乐生）、高招的招生工作。

（9）负责开学典礼、运动会等学校活动的组织与实施。

（10）负责学校特色班级的管理。

（11）编制并执行学校预算。

（12）与人力资源中心核定岗位设置。

（13）完成学校交办的其他工作。

**2. 学生发展中心职责**

学生发展中心负责学校德育队伍的培训、评估及考核工作，指导各年级开展教育工作。关注学生身心健康，组织策划促进学生全面发展的各类教育活动，对学生进行综合质量评估，促进家校沟通。具体职能如下：

（1）全面贯彻党和国家的教育方针及党和国家有关加强德育工作的文件精神，遵照海淀区教委中教办的工作要点及学校的工作计划，制订学校德育工作计划，并与其他处、室密切配合，全面开展德育工作，提高学生综合素质。

（2）负责学校德育队伍的组织、聘任工作，提名年级组长、班主任、团委书记、学生会指导教师、少先队辅导员、德育指导教师人选。负责学校德育队伍的培训、评估及考核工作。

（3）认真贯彻《中学德育大纲》等党和国家有关德育文件的精神，根据学生特点，组织好各种教育活动（包括军训、道德教育、心理健康教育、法制教育、安全教育、传统美德教育、艺术节、文艺汇演、时事教育、社会实践等活动）。

（4）认真贯彻《中学生守则》《中学生日常行为规范》，制订清华附中学生管理规章制度，开展综合评比活动，促进学风、校风和班集体建设。

（5）指导团委、学生会、少先队围绕学校中心工作开展教育活动，做好学生干部的培训工作。

（6）组织年级组长、班主任根据有关德育文件精神，对学生进行质量评估、操行评定，开展三好生、优秀干部、先进班集体、甲级团支部、优秀中队、优秀团员、优秀少先队员的评选工作。

（7）分管住宿部、心理中心、艺术教育中心、科技办公室、健康促进中心的工作，并对使用的仪器仪表进行管理。

（8）举办家长学校，提高家庭教育的水平，与教学研究与管理中心配合，督促各年级（班）定期召开家长会。

（9）加强德育教育研究工作，定期召开班主任研讨会，出版清华附中班主任论文集。

（10）做好学校委托的其他工作，协助有关处、室开展全校各种教育活动。

（11）对本部门工作中出现的不合格进行控制，制订纠正预防措施。

（12）收集教学活动中的数据，进行分析处理。

（13）编制并执行学校预算。

（14）与人力资源中心核定岗位设置。

### 3. 人力资源中心职责

人力资源中心围绕学校中心工作，为促进教师发展，做好教师保障开展工作。主要负责教师引进和管理、教师培训和发展、教师评价和考核、教师发展服务和研究等工作。具体职能如下：

（1）制订本单位教职工招聘和引进计划，保证教师队伍持续稳定发展，使教师队伍结构不断优化；

（2）负责学校招聘工作，制订招聘计划，做好招聘宣传、招聘组织等各项工作；

（3）负责教职工入职、续聘和离职工作，负责教职工日常合同管理；

（4）组织本部新教师培训，组织清华附中一体化学校新教师集中培训；

（5）负责全校教职工各级各类继续教育培训，负责全校教职工参加市区级培训及平台管理；

（6）负责全校教职工年度考核，完善学校考核系统、考核方案；

（7）组织教职工职称评审工作；

（8）组织教师参加特级教师、市、区学科带头人、骨干教师评选、上报、考核；

（9）组织学校教师节大会；

（10）组织市、区、大学级、校级部分评优评先工作；

（11）负责学校薪酬福利工作，制订合理的薪酬方案，完善薪酬体系，管理本单位教职工的薪酬数据，落实工资发放及五险一金缴纳，完成绩效、津贴的核算与发放；

（12）落实社保、公积金基数采集工作，办理各类社会保险相关手续，完成清华附中一体化学校部分教职工薪酬的核算与发放；

（13）建设、维护教师专业发展综合记录与评价系统；

（14）进行国家级、市级、区级、校级教师发展与培训课题研究；

（15）编制并执行学校预算；

（16）与人力资源中心核定岗位设置；

（17）做好学校交办的其他工作任务。

**4. 行政管理中心职责**

党委办公室兼行政管理中心是学校党委和行政的综合办事机构。其主要职能是围绕学校中心工作，积极发挥学校领导的参谋助手、学校信息枢纽、部门的综合协调、决策的督促检查等作用，服务部门，服务基层，做好管理和服务的各项相关工作。两办合署办公。具体职能如下：

党务及党员管理方面：

（1）贯彻党的路线、方针、政策和上级党组织的指示，落实学校党委的各项工作部署；

（2）起草附中党委工作报告、计划、总结和党委领导的重要讲话等；

（3）做好党内文件、机要函电的收发、登记、催办、传阅、保管、清退和档案归档等工作；

（4）根据党委的决定，组织安排党委系统各类会议，负责会议的筹备工作，做好会议记录；

（5）做好党费收缴、管理使用、接转组织关系等党务工作；

（6）负责党内各种报表统计上报，管理党委印鉴；

（7）负责党委宣传工作，维护党建网站，党委各项活动的报道，宣传；

（8）完成上级交办的其他工作。

行政综合事务方面：

（1）传达贯彻党政联席会决议并督办；

（2）学校教育督导；

（3）公章印信管理；

（4）行政信息收集与报送；

（5）公共会议室调配；

（6）校车管理；

（7）校办内部事务管理；

（8）合作办学事务管理；

（9）合同归口管理；

（10）公文的接收、运转；

（11）全校性文件的编制；

（12）联系法律顾问，维护学校品牌形象；

（13）编制并执行学校预算；

（14）与人力资源中心核定岗位设置。

接待联络方面：

（1）来电来访接待及协调信访事件；

（2）安排上级领导机关和兄弟单位、国内友好学校的来访接待；

（3）学校相关事务对外联络和对内协调；

（4）全校重大活动的组织协调；

（5）国际交流和外事接待；

（6）协调、安排各类挂职干部学习进修；

（7）校领导日常事务安排和校领导联络员；

新闻宣传方面：

（1）建设与维护学校中英文官方网站及各种媒体平台；

（2）对外新闻发布；

（3）对各类档案进行编辑、整理、归档。

**5. 资源保障中心**

资源保障中心负责学校校园建设和校园文化建设，设备设施建设与运行维护，校园网络维护与智慧校园建设，实验室设施设备与化学品安全管理，学校招投标与资产管理维护，校园及校园活动安全与管理，校园食堂运行与管理，教育教学活动后勤运行支持与资源保障等工作。具体职能如下：

维护维修、设施管理方面：

（1）为教育教学各部门各项活动提供各种保障服务；

（2）校园基本建设；

（3）保洁；

（4）校园设施、水电木的维护、维修；

（5）体育场馆（篮球馆、羽毛球馆）管理与维护；

（6）体育器材的管理与维护；

（7）接待中心、收发室、车库、库房等的日常管理。

校园安全保卫方面：

负责学校日常安全管理工作，全面抓好治安、消防、交通等校园安全工作。

招标采购管理方面：

（1）负责招标采购相关工作的组织、协调、管理；

（2）项目审核、审计，负责合同管理；

（3）负责清华附中合格供应商数据库维护。

固定资产管理方面：

固定资产建账、管理；报废资产的审批处置；进行固定资产的清查工作。

网络、设备管理工作方面：

（1）校园网络管理；

（2）校园卡管理；

（3）摄录编工作；

（4）考试阅卷及评估阅卷；

（5）多媒体、报告厅、校园广播系统管理；

（6）信息化相关设备购置管理维护；

（7）学校与网络、信息化相关的其他工作；

## 三、我校教师专业发展办公室

我校人力资源中心下设教师专业发展办公室，其主要职能包括：完善职工职业发展体系，聘请校内外各岗位资深专家结合学校发展规划和教职工自身发展意愿，设定岗位评价目标（明确教师个人在不同发展时期的绩效与专业发展要求与措施）；商定岗位评价程序与指明提高岗位绩效与专业发展方向的方法；实施测评并提供反馈信息；建立职业发展评估系统，为教职工培训方向与职业规划提供依据。

（一）优化教师招聘体系

不断深入的教育改革对教师的综合素质、研究能力提出了更高要求，学校在招聘中要更加关注新教师的综合素质、研究能力，同时关注考察具有跨学科背景的高素质人才。

（二）完善促进专业发展的教师培训体系

随着教育改革尤其是当前"走班制"的不断深入，教师培训差异化需求凸显。学校建立了分类分层的多元校内培训体系，从研究现实问题与困惑着手，对不同层级的教师：新教师、骨干教师、专家教师，进行相应的培训，提升教师的各类能力，如学科教学能力、德育管理能力、教育科研能力等。我校整体规划教职工的各项培训，开展灵活多样、富有实效的培训，强调教师在培训中的主体地位，重视激发教师内在成长动机，注重教师的个性发挥和能力培养，营造终身学习和爱岗敬业的氛围。

针对不同部门、不同岗位、不同人员对培训的差异化需求，培训内容主要包括基础性培训和发展性培训。基础性培训包含由各部门组织的各项常规与特色培训和岗位提升培训；常规与特色培训主要包括新教师培训，教学师徒结对及区市级以上必修培训内容；岗位提升培训主要面对在岗教职工开展与岗位相关的技能类培训，并根据不同岗位类别、岗位系列，合理配置培训课程。发展性培训主要面对岗位贡献大、岗位业绩突出等骨干职工，开展职业发展进阶类或校际、国际学习交流类的培训。

走班制的实施对教师在工作时间安排和自身素养提升都提出了新的要求。首先，在工作时间上教师出现大段没课的时候，学校可为教师提供校际、国际学习交流类的培训。其次，教师素养方面对教师课程整合能力、课堂管控能力、集体备课效率都提出了更高的要求，学校将持续开展各学科发展历史与学科教育整合培训项目，提高教师整体把握学科课程的能力；连续举办"互联网＋教育"下多种教学模式培训项目，以关注课堂教学方式改革和课堂教学为主题，从理论引领与课堂实践两方面探索，帮助教师更加灵活地使用多种教学方式来提升和改进课堂教学，将学科核心素养渗透并落实在日常的教育教学中；建立科学规范的集体备课制度，将个人智慧转化为集体优势，保证教学进度统一又不失灵活多样，促进教学质量整体提高。

（三）有效利用我校教师专业发展综合记录与评价系统

实施并利用发展性评价促进教师自主发展，客观、全面、真实地展现教师专业发展的过程和足迹，多元评价与自主发展有机结合，充分调动教师"我要发展"的内驱力，在评价的过程中享受"我在发展"的乐趣，有效促进教师的专业自主成长。

对教职工开展综合评价的方法多样化，可满足每学年一次的全校教职工考核评价的需要、满足职称评定和荣誉称号评定的需要，还可以满足一些随时出现的针对特定对象和特定主题的自定义考核评价的需要。学校各部门的管理员以及教师个人共同完成每一位教师的人事、教育、教学、管理、研究等完全记录之后，根据教师的考核评价报告分析教师的专业发展情况，可以有教师自我分析、专家团队帮助教师分析、学校管理层帮助教师分析，分析后教师自我反思、总结、提升，专家团队和学校管理层给予教师意见、反馈、引领帮助教师提升。定量和定性分析相结合，力求评价科学、全面、人性，以评促进，促进教师专业发展，提升教师的职业幸福感。

信息化的优势使教师档案可留存，教师专业发展更加科学。多年后，大数据的研究可以对教师成长路径进行研究，从我校乃至更大区域范围实行的一体化办学的角度考虑，本系统有很好的推广意义。

（四）完善"以评促进"的多元评价体系

借助我校教师专业发展综合记录与评价系统，继续建立和完善"绩效管理评估体系"与"多元化发展性教师评估体系"相结合的动态评价体系。评价结果由学校党政联席会或各部门党支部意见确定。每年的评价结果都是职工奖励性绩效工资分配、评优评奖、福利积分、培训和职业发展、岗位调整、续签合同的重要依据。每个评价周期结束后，教师专业发展办公室及时告知各部门评价结果，并连同各部门向教职工本人反馈评价结果，进行充分沟通，提出建议。聘期评价结果也是续聘与否的重要依据，聘期评价结果为不合格的，合同到期不再续聘。

# 第三章
## 中学教师专业发展综合记录与评价系统

## 一、四大模块

用户登录系统成功之后，即可进入教师主页，原型图如图 3-1 所示，包含四大模块。可通过下拉列表框选择时间、模块与维度、特定教师。时间可选值为本校创建的所有学年和学期；模块与维度可选值为本校记录模板内的所有模块及选定模块下的所有维度；特定教师可选值为本校所有教师。

系统首页展示本校所有教师发布成功的记录数据，展示教师的个人风采。一条完整的记录数据包括发布人、发布时间、记录标题、记录内容、记录详情等。

### （一）模块一"个人成长记录"

重在引导教师关注个人成长，养成随时记录、定期整理，为专业成长留痕的良好习惯。包括个人基本信息、面向一线教学系列教师的教学常规工作和科研活动、面向一线教育系列教师的教育常规

| 主页 | 个人成长记录 | 个人中心 | 记录审核 | 专业发展引领 | 特色成长助力 | 评价与规划 |
|---|---|---|---|---|---|---|

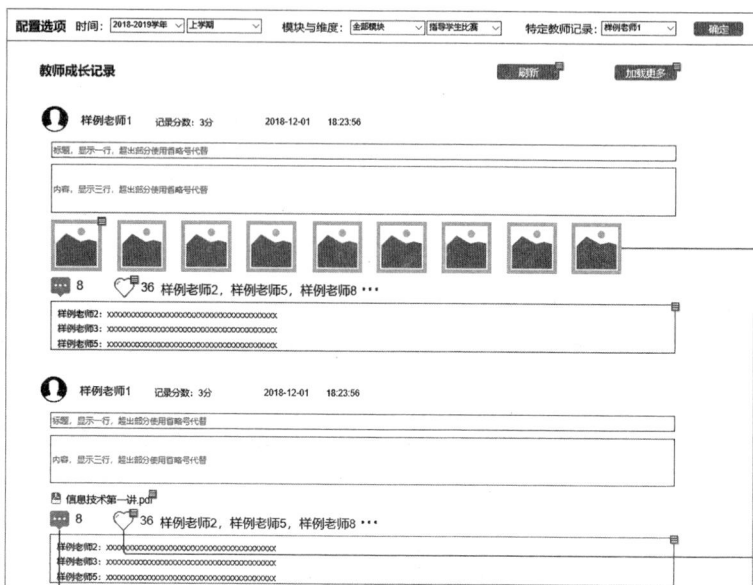

图3-1　教师主页

工作和科研活动、行政管理系列教师的管理常规工作和科研活动的信息记录。鼓励教职工积极参加校内、区级、市级、国家级的各类教育教学活动。

点击"添加记录"选项，教师用户即可进入添加记录数据的操作界面，其原型图如图 3-2 所示。

教师用户按照记录模块的设置分类，选择要添加记录数据的模块，即可查看此模块下包含的记录维度；点击要添加记录数据的维度，即可查看该维度的考察要点。

按照记录维度的考察要点，添加对应的记录数据，点击"发布"，记录数据将提交到审核小组成员进行审核，审核通过的记录数据会展示在本校的系统首页内。

如果本次添加的记录数据不完整，可以点击"存档"，已经添

图3-2　"个人成长记录"添加界面

加好的记录数据将按照模块和维度的分类，保存在教师个人账户的"草稿箱"中，方便教师进行下次的编辑和发布等操作。

　　附件作为记录数据中的证明文件或描述补充文件，能够多方位地展示教师的学习和成长过程。系统平台中附件的类型可以是图片或文件，图片类型的附件每条记录中最多可添加9张，通过点击附件选项后的"添加"选项，即可添加新的图片数据。如果添加的文件有错误，可以通过点击文件上的"删除"选项，执行删除操作，错误的文件将不会上传至系统平台中。

（二）模块二"专业发展引领"

　　着重体现学校的五大管理部门（学生发展中心、教学管理中心、人力资源中心、行政管理中心和资源保障中心）在提升教师专业理念、专业知识与能力以及个人修养行为方面的引领作用。包括专业理念养成、教学和教育方面的专业能力培养、素养提升等活动记录和资料留存。

点击"专业发展引领"选项，教师用户即可进入添加记录数据的操作界面，其原型图如图3-3所示。

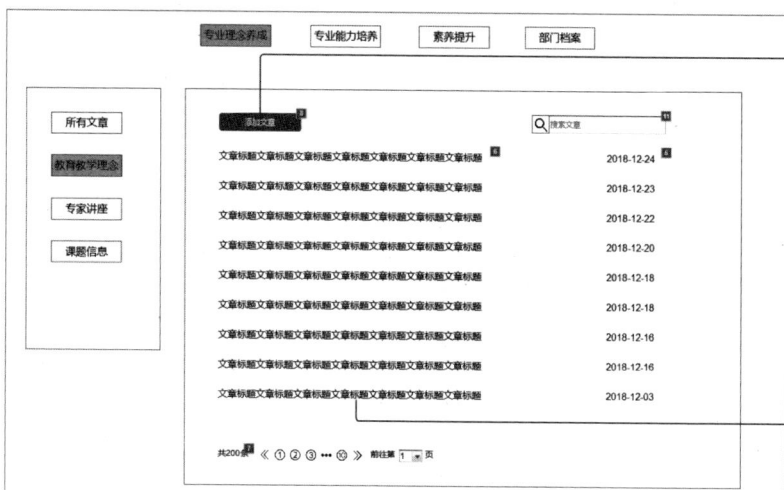

图3-3 "专业发展引领"添加界面

（三）模块三"特色成长助力"

突出特定教师发展群体中的优秀个人和集体的特色示范引领案例，包括面向新教师、骨干教师、专家教师群体的活动记录和资料留存。

点击"特色成长助力"选项，教师用户即可进入添加记录数据的操作界面，其原型图如图 3-4 所示。

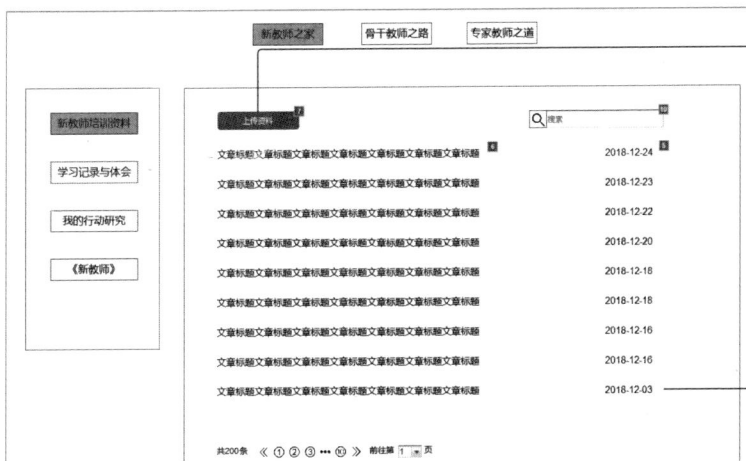

图3-4　"特色成长助力"添加界面

## （四）　模块四"评价与规划"

着重通过考核进行综合评价，量化评估的分值来自前三个模块，并以此为依据指导教师的职业生涯规划。包括面向个人、部门、学校不同层级的评价与规划。

点击"评价与规划"选项，教师用户即可进入操作界面，其原型图如图 3-5 所示。

图3-5　"评价与规划"添加界面

## 二、操作

### （一）教师个人操作

#### 1. 面向一线教学系列教师

一线教学系列教师登录主页后，按照自己的实际教学工作和教学研究活动，依次添加模块一和模块二中的相应内容，考核评价以及各阶段的总结和计划在模块四中完成。

（1）模块一"个人成长记录"

进入模块一"个人成长记录"，可添加的记录原型图如图 3-6 至图 3-19 所示。

① 教学类常规工作记录。

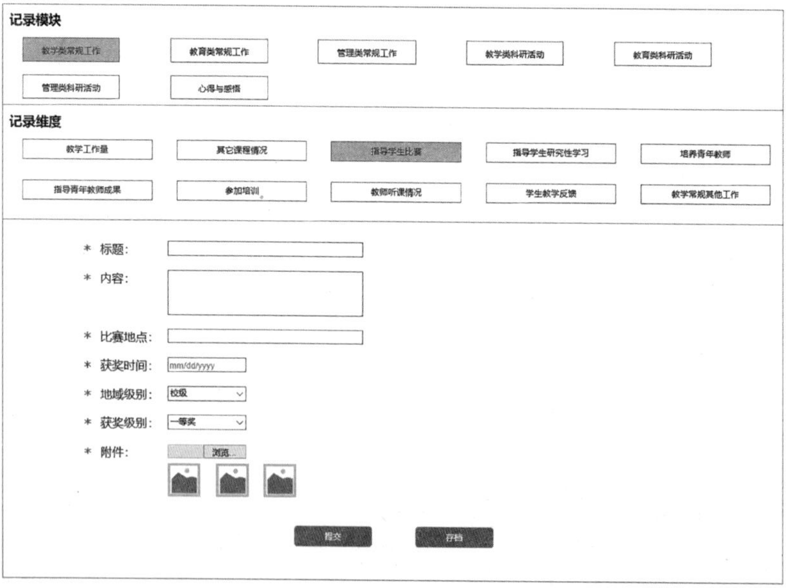

图3-6　教学类常规工作——指导学生比赛

图3-7 教学类常规工作——培养青年教师

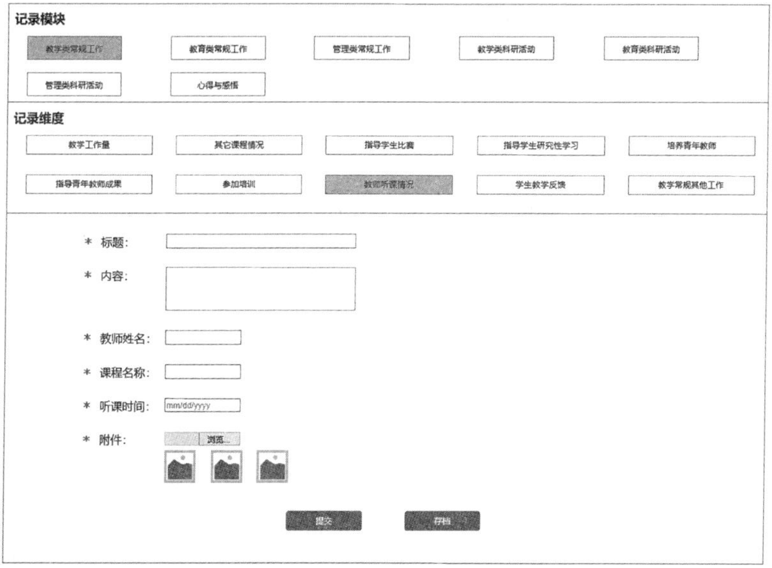

图3-8 教学类常规工作——教师听课情况

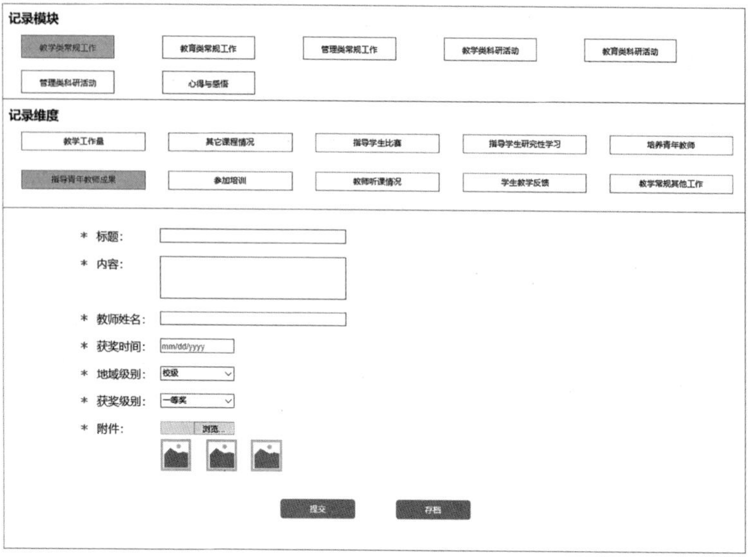

图3-9　教学类常规工作——指导青年教师成果

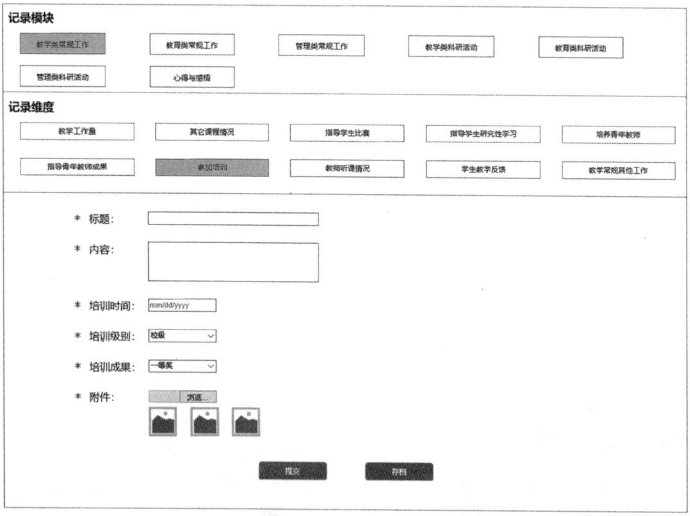

图3-10　教学类常规工作——参加培训

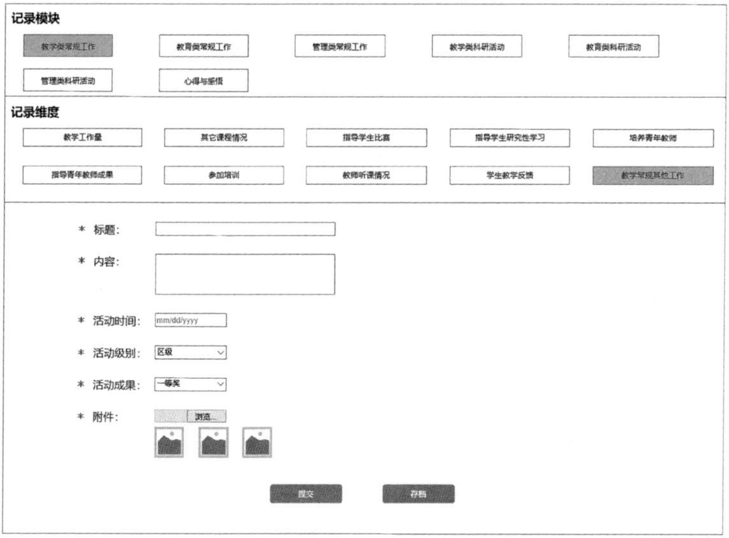

图3-11 教学类常规工作——教学常规其他工作

② 教学类科研活动记录。

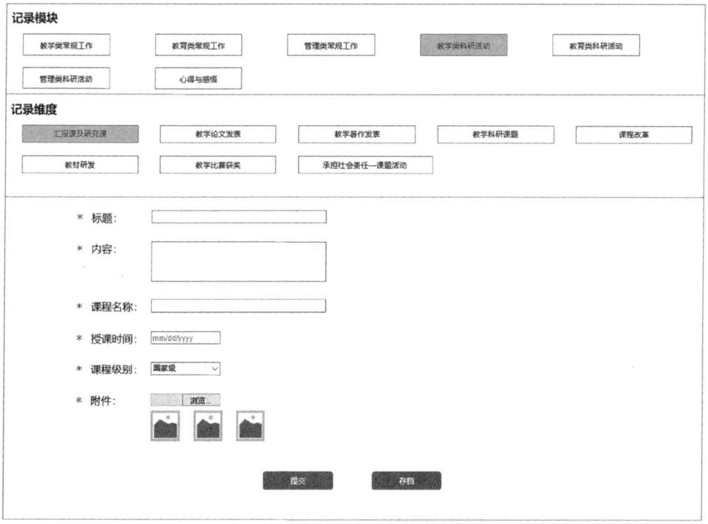

图3-12 教学类科研活动——汇报课及研究课

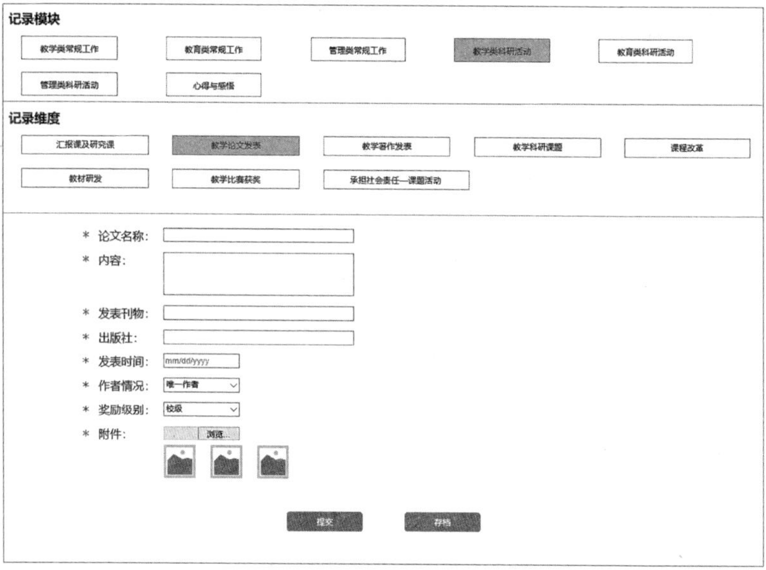


图3-13　教学类科研活动——教学论文发表

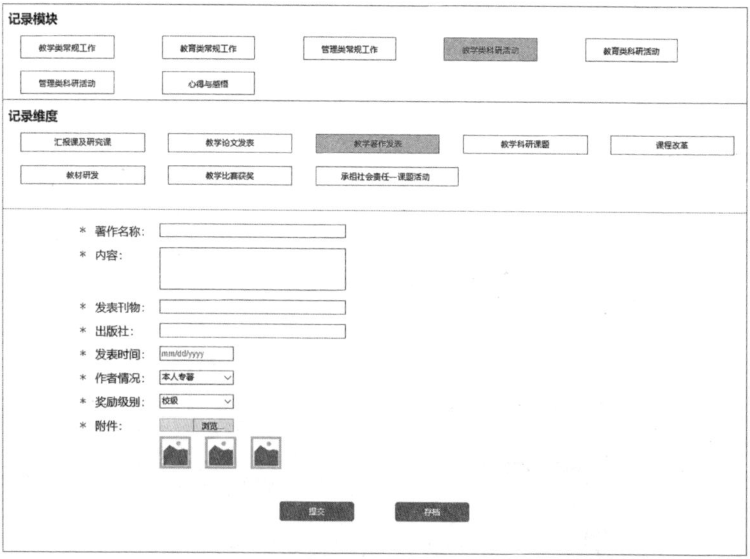


图3-14　教学类科研活动——教学著作发表

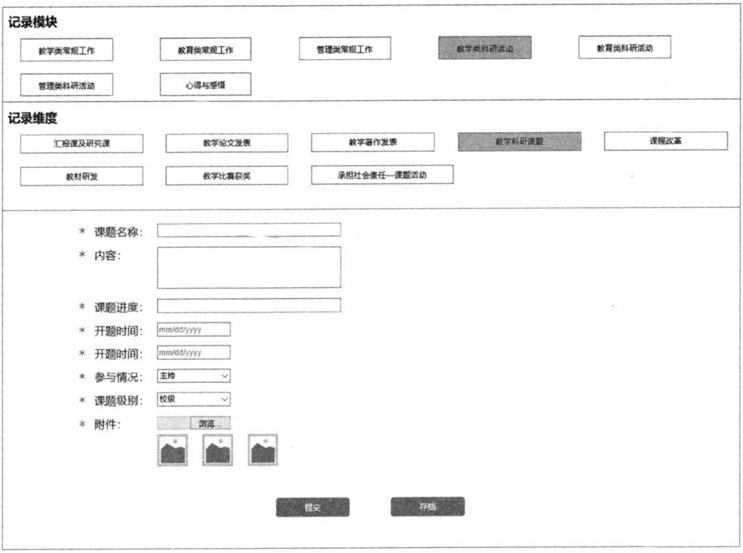


图3-15　教学类科研活动——教学科研课题

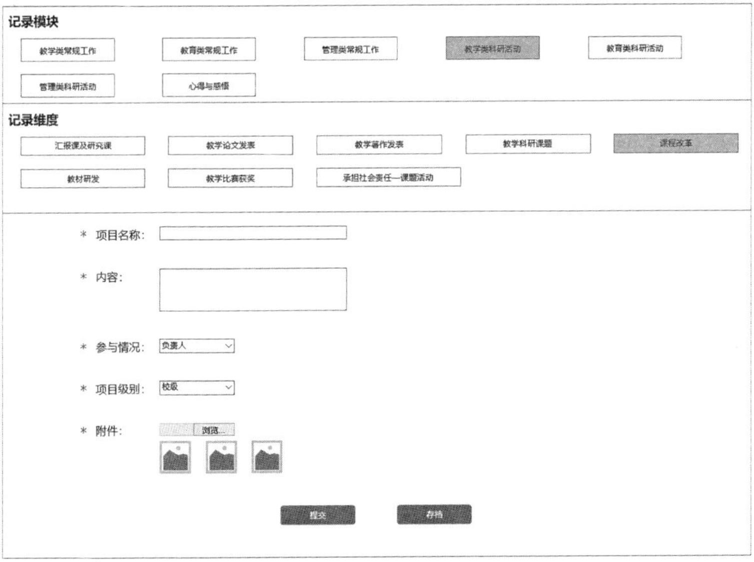


图3-16　教学类科研活动——课程改革

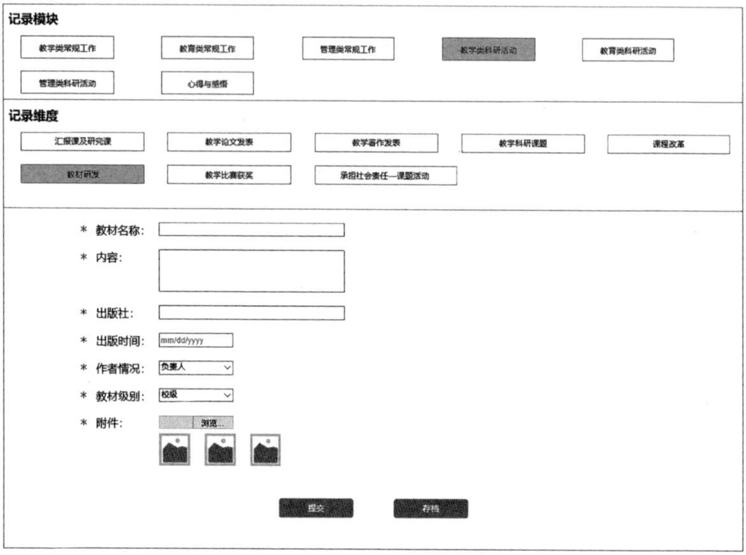

**记录模块**

| 教学类常规工作 | 教育类常规工作 | 管理类常规工作 | 教学类科研活动 | 教育类科研活动 |

| 管理类科研活动 | 心得与感悟 |

**记录维度**

| 汇报课及研究课 | 教学论文发表 | 教学著作发表 | 教学科研课题 | 课程改革 |

| 教材研发 | 教学比赛获奖 | 承担社会责任—课题活动 |

* 教材名称:
* 内容:
* 出版社:
* 出版时间: mm/dd/yyyy
* 作者情况: 负责人
* 教材级别: 校级
* 附件: 浏览

提交　　存档

图3-17　教学类科研活动——教材研发

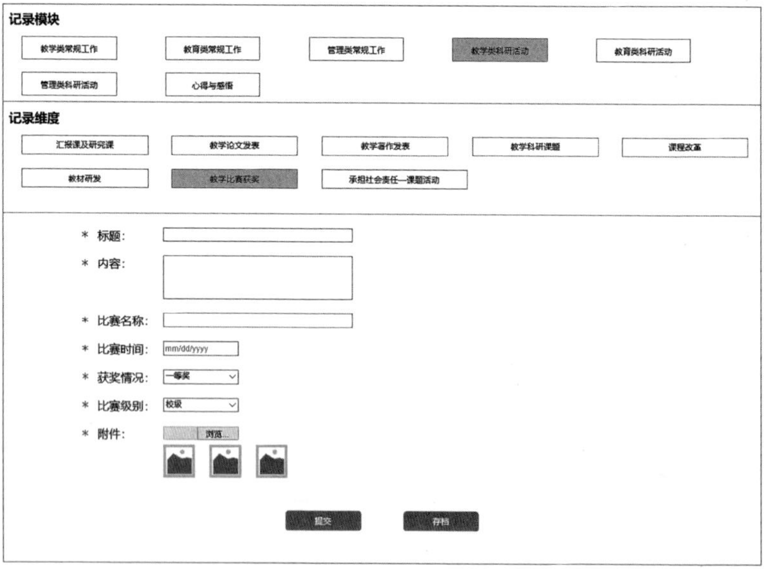

**记录模块**

| 教学类常规工作 | 教育类常规工作 | 管理类常规工作 | 教学类科研活动 | 教育类科研活动 |

| 管理类科研活动 | 心得与感悟 |

**记录维度**

| 汇报课及研究课 | 教学论文发表 | 教学著作发表 | 教学科研课题 | 课程改革 |

| 教材研发 | 教学比赛获奖 | 承担社会责任—课题活动 |

* 标题:
* 内容:
* 比赛名称:
* 比赛时间: mm/dd/yyyy
* 获奖情况: 一等奖
* 比赛级别: 校级
* 附件: 浏览

提交　　存档

图3-18　教学类科研活动——教学比赛获奖

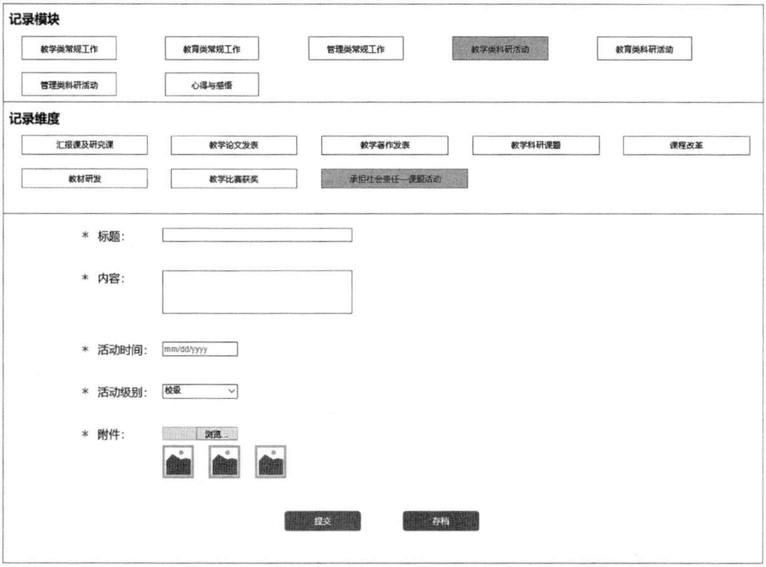

图3-19　教学类科研活动——承担社会责任—课题活动

（2）模块二"专业发展引领"

① 教学方面的专业能力培养。

进入模块二"专业发展引领"，点击"专业能力培养"，可见由教学管理中心、教研组、备课组和个人发起的各项活动，活动类型分为三类：附中传统，如青年教师基本功大赛；附中引领，包括由教育部牵头、学校引领的课题研究或课程改革，如"互联网＋"下的课堂教学研究；部门创新，包括教研组、备课组的特色活动，如英语短剧、化学方程式大赛等。

教师按照自己实际参加活动的情况依次添加内容、上传附件，附件包括课件、PPT、总结等。活动添加的原型图如图 3-20 所示。

此项活动的参与人员可以使用搜索栏，通过活动名称里的字来搜索。选择"所有活动"，则按照时间顺序展示全部的活动，按照活动的发起时间排序，最新发起的活动展示在最上边。

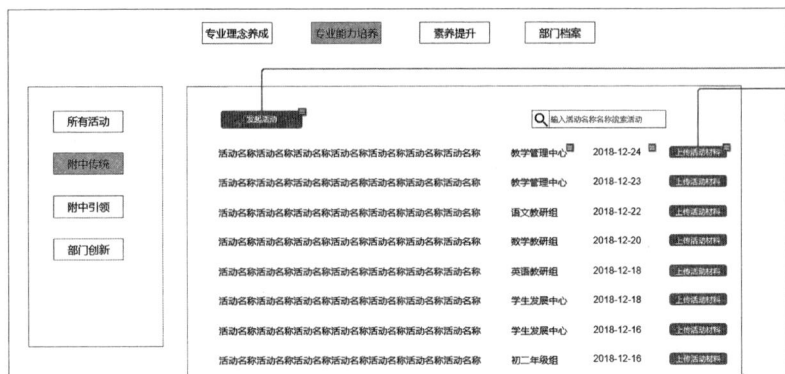

图3-20　专业能力培养

一项活动发起后，只有活动参与人员会显示"上传活动材料"按钮，点击按钮，弹出"上传活动材料"对话框，可以添加对应的材料。原型图如图 3-21 所示。

图3-21　专业能力培养上传活动材料

② 素养提升等活动记录。

进入模块二"专业发展引领"，点击"素养提升"，可见由人力资源中心、行政管理中心和资源保障中心、工会、社团和个人组织发起的各项活动。均为涉及有益教师身心健康，提升教师综合素养的各种活动、项目、课题，如读书会、太极拳协会、羽毛球比赛等。教师用户可以按照维度的分类发起活动和添加内容。原型图如图 3-22 所示。

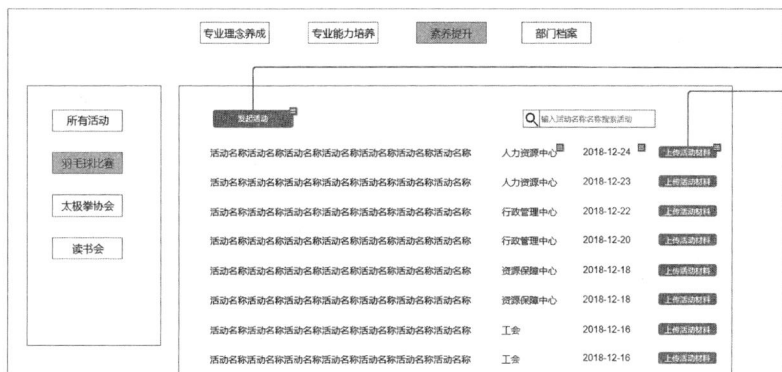

图3-22　素养提升

此项活动的参与人员可以上传活动的材料。用户可以使用搜索栏，通过活动名称里的字来搜索。选择"所有活动"，则按照时间顺序展示全部的活动，按照活动的发起时间排序，最新发起的活动展示在最上边。

一项活动发起后，只有活动参与人员会显示"上传活动材料"按钮，点击按钮，弹出"上传活动材料"对话框，可以添加对应的材料。原型图如图 3-23 所示。

图3-23　素养提升上传活动材料

（3）模块四"评价与规划"

① 个人评价与考核。

进入模块四"评价与规划"，如果管理员添加了考核开始通知，左侧显示考核开通通知栏，显示通知信息，教师可点击"个人评价与考核"，显示各考核活动。点击考核活动名称之后，进入选中考核活动的考核小组列表，展示教师本人参与的考核小组，教师不参与的考核小组不进行展示，原型图如图 3-24 所示。展示的信息包括考核小组的名称、状态和待操作选项。

| 个人评价与考核 | 考核结果 | 部门评价与考核 | 专业发展规划 |

| 考核小组列表 | | | |
| 2018-2019学年上学期期末考核 | 2019-4-23 | 返回 | |
| 高中数学组 | | 待完成 | 开始考核 |
| 初中数学组 | | 待完成 | 开始考核 |
| 物理组 | | 已完成 | 查看结果 |
| 化学组 | | 已完成 | 查看结果 |

图3-24　考核小组

已经完成考核的考核小组状态显示为"已完成"，尚未开始或未完成的考核小组状态显示为"待完成"。待完成的考核小组可以执行的操作为"开始考核"，点击该按钮，可进入考核页面。已完成的考核小组可以执行的操作为"查看结果"，点击该按钮，可进入考核结果查看页面。点击"返回"按钮，可返回至考核活动列表界面。

点击"开始考核"，开始考核活动，展示添加成功的考核题目，参加考核人员对题目结果选择等级，系统会折合成分数，原型图如图 3-25 和图 3-26 所示。包括各教研组内教师自评和互评、组内教师对骨干教师的评价。完成所有题目之后，才能提交，提交之后不能再次修改答案。

图3-25　考核小组内教师自评和互评

图3-26　考核小组内教师对骨干教师评价

考核活动结束之后，点击考核结果，展示教师参与所有考核小组的名称和成绩，原型图如图 3-27 所示。下拉选择框，显示教师参与过的所有考核活动，最新的活动显示在最上方，选择对应考核活动后，可以查看选中考核活动中教师的考核成绩。

图3-27　考核结果

**② 专业发展规划。**

进入专业发展规划，教师可点击"个人发展规划"，上传、修改、删除相应材料。材料包括：教师个人结合综评系统中的过程性记录和量化评估报告单，并审视自身的优势与不足做出的长期、中期、短期的发展规划，如五年规划、学年计划、学期计划等。原型图如图 3-28 和图 3-29 所示。

图3-28　个人发展规划

**2. 面向教育系列教师**

教育系列教师登录主页后，按照自己的实际教育工作和教育研究活动，依次添加模块一和模块二中的相应内容，考核评价以及各

图3-29 个人发展规划材料上传

阶段的总结和计划在模块四中完成。

（1）模块一"个人成长记录"

进入模块一"个人成长记录"，可添加的记录原型图如图 3-30 至图 3-41 所示。

① 教育类常规工作记录。

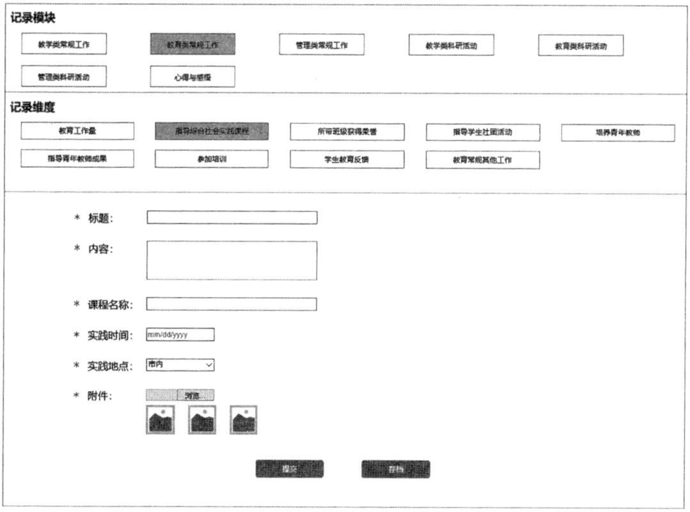

图3-30 教育类常规工作——指导综合社会实践课程

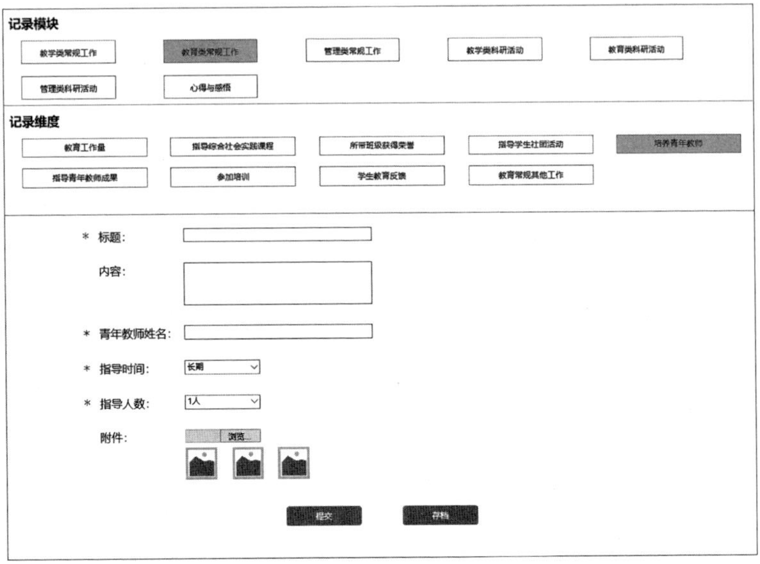

图3-31　教育类常规工作——培养青年教师

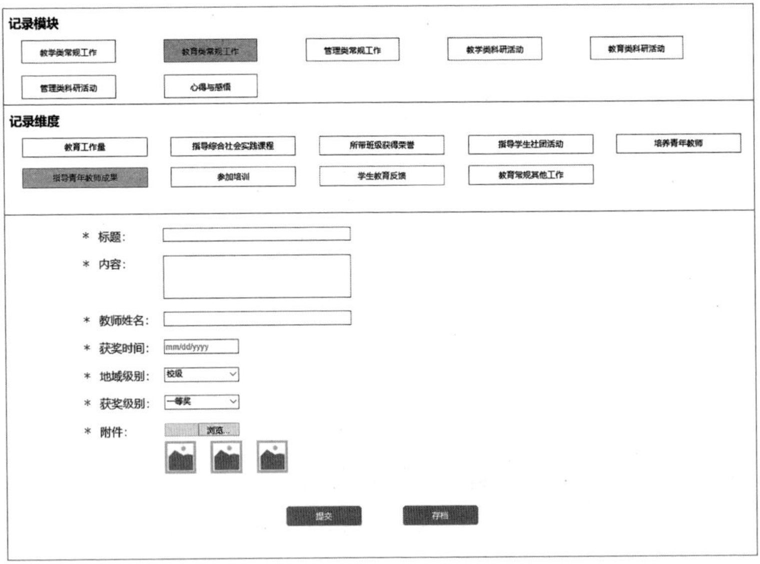

图3-32　教育类常规工作——指导青年教师成果

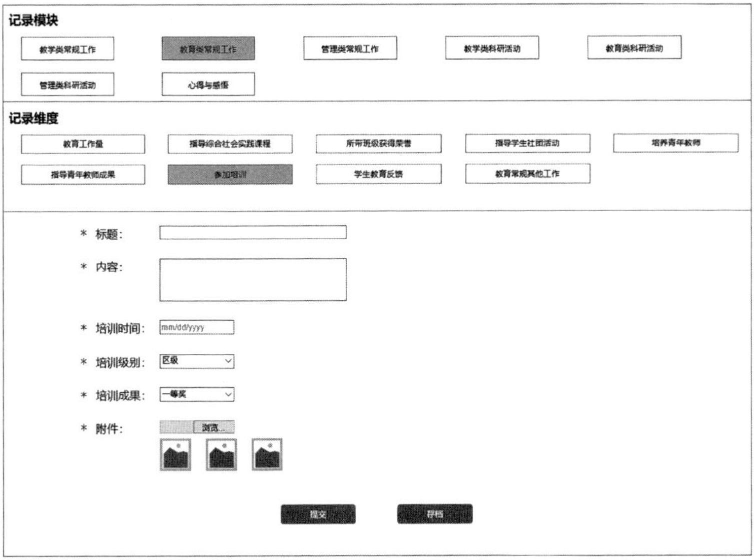

图3-33 教育类常规工作——参加培训

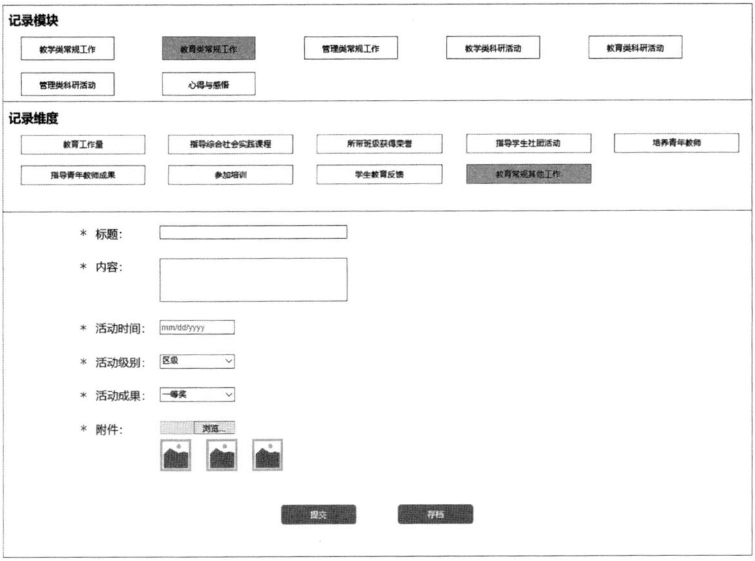

图3-34 教育类常规工作——教育常规其他工作

② 教育类科研活动记录。

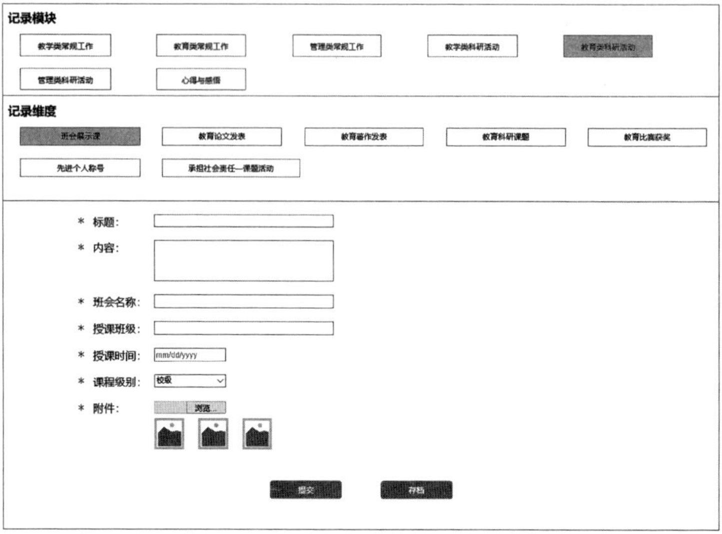


图3-35　教育类科研活动——班会展示课

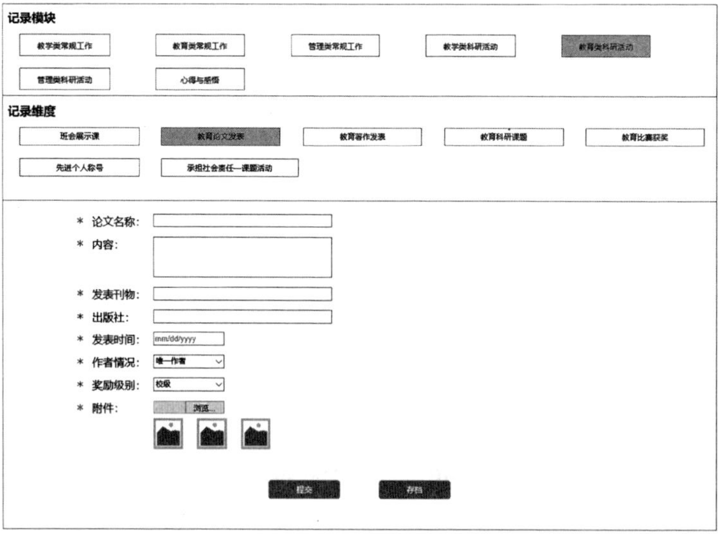


图3-36　教育类科研活动——教育论文发表

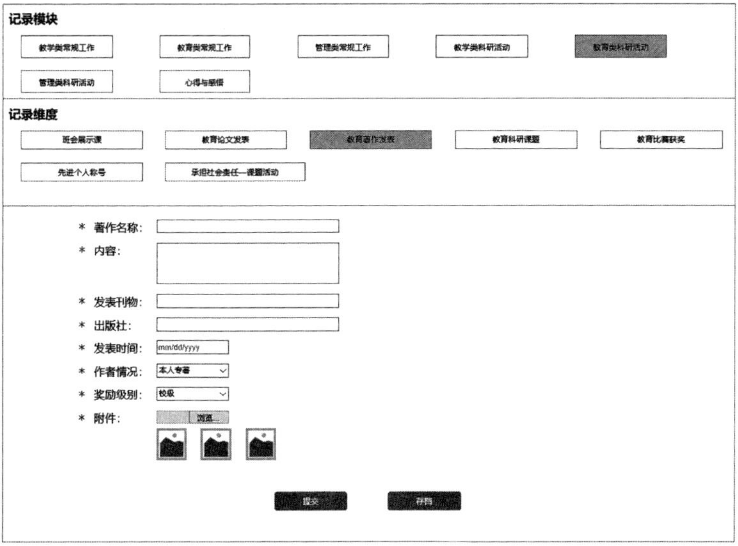


图3-37　教育类科研活动——教育著作发表

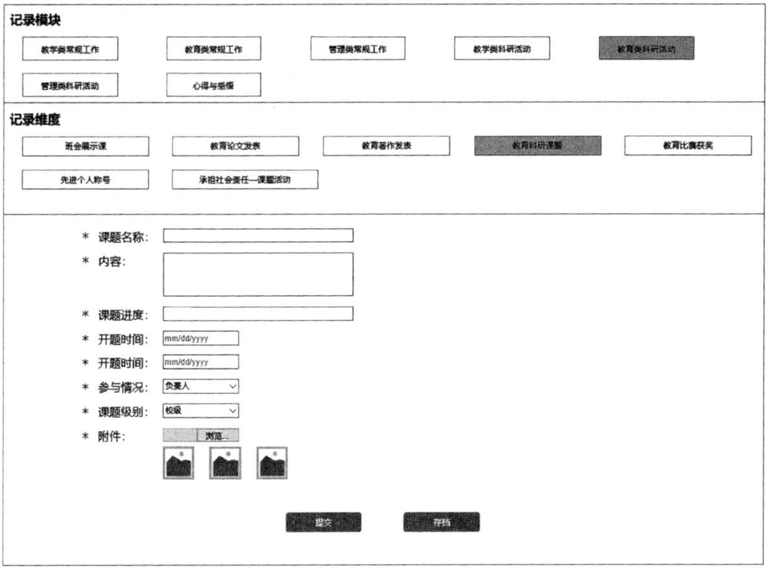


图3-38　教育类科研活动——教育科研课题

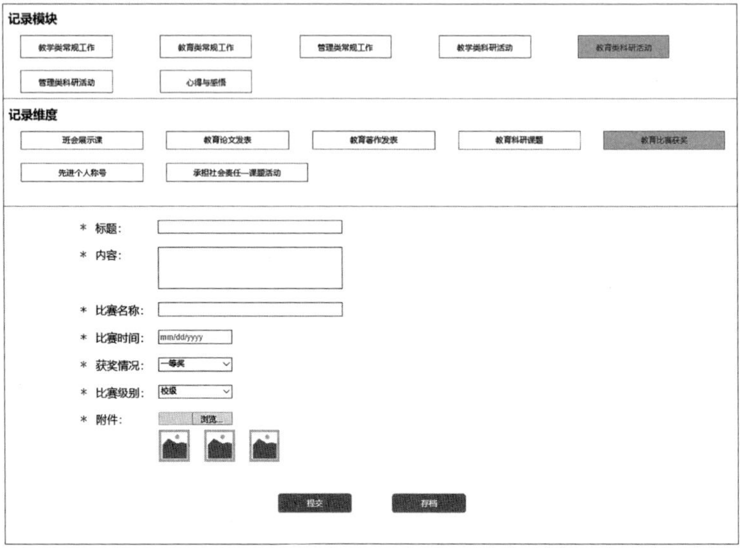


图3-39　教育类科研活动——教育比赛获奖

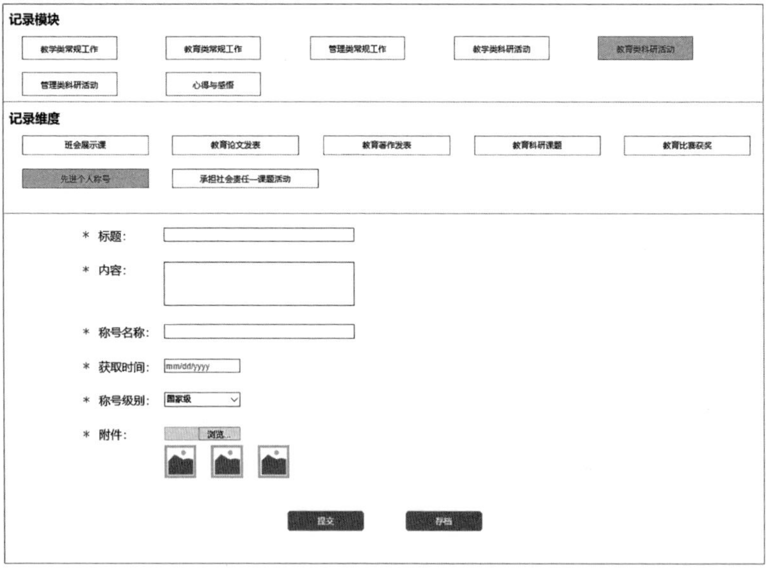


图3-40　教育类科研活动——先进个人称号

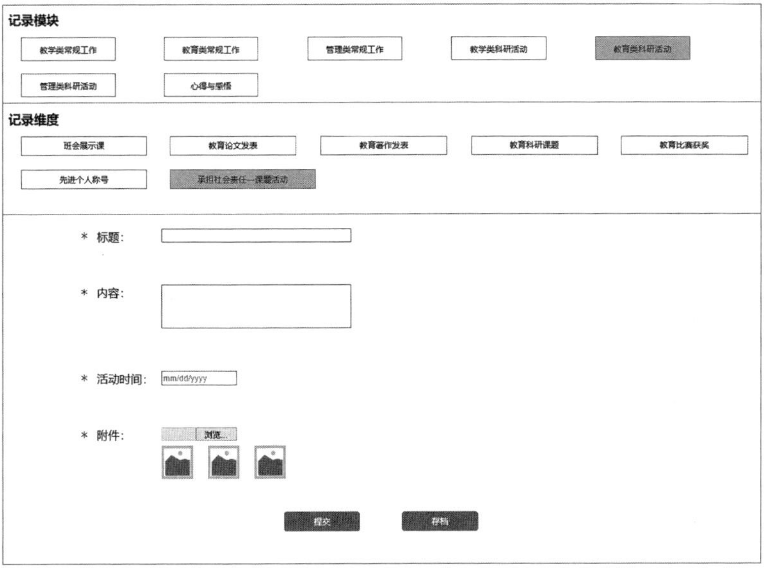

图3-41　教育类科研活动——承担社会责任—课题活动

（2）模块二"专业发展引领"

① 教育方面的专业能力培养。

进入模块二"专业发展引领"，点击"专业能力培养"，可见由学生发展中心、年级组、班主任工作组和个人发起的专业发展引领活动，活动类型同样分为三类：附中传统，如班主任师徒结对；附中引领，如学生综合实践考察课程等；部门创新，如特色班会、年级拔河比赛等。

一项活动发起后，只有活动参与人员显示"上传活动材料"按钮，点击按钮，弹出"上传活动材料"对话框，可以添加对应的材料。教师按照自己实际参加活动的情况依次添加内容及上传附件，附件包括课件、PPT、总结等。操作同一线教学系列教师的相应操作。

此项活动的参与人员可以使用搜索栏，通过活动名称里的字来搜索。选择"所有活动"，则会按照时间顺序展示全部的活动，按照活动的发起时间排序，最新发起的活动展示在最上边。

② 素养提升等活动记录。

操作同一线教学系列教师的相应操作。

（3）模块四"评价与规划"

操作同一线教学系列教师的相应操作。

### 3. 面向管理系列教师

管理系列教师是指职员和领导，登录主页后，按照自己的实际管理日常工作和管理研究活动，依次添加模块一中的相应内容，考核评价以及各阶段的总结和计划在模块四中完成。

（1）模块一"个人成长记录"

进入模块一"个人成长记录"，可添加的记录原型图如图 3-42 至图 3-55 所示。

① 管理类常规工作记录。

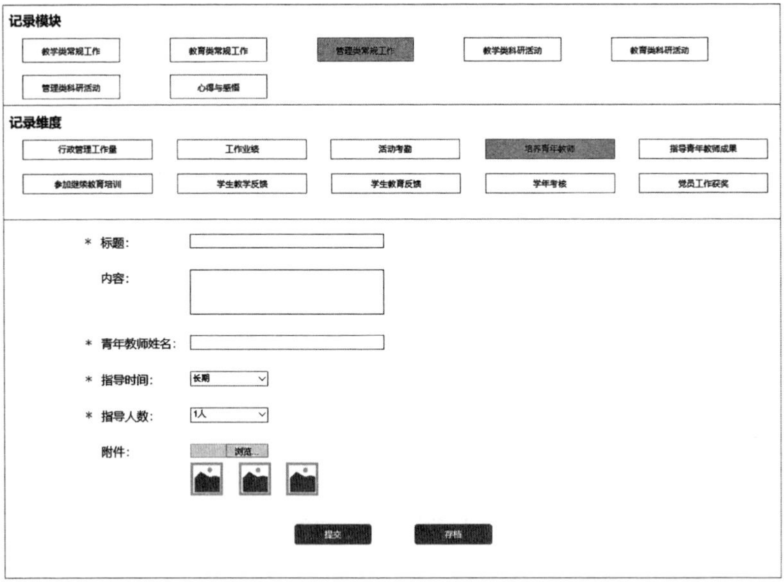

图3-42  管理类常规工作——培养青年教师

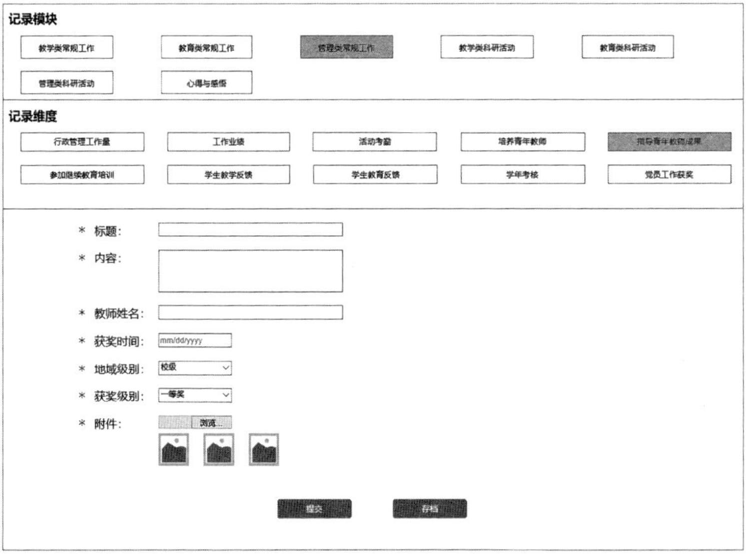

图3-43　管理类常规工作——指导青年教师成果

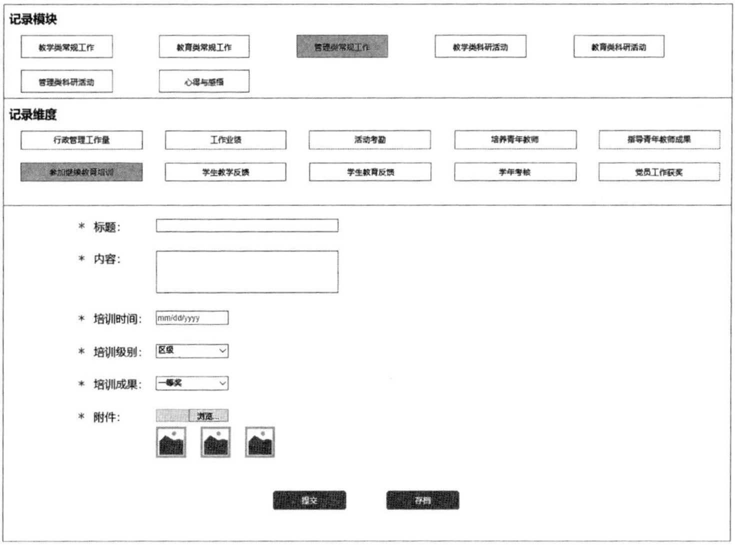

图3-44　管理类常规工作——参加继续教育培训

②管理类科研活动记录

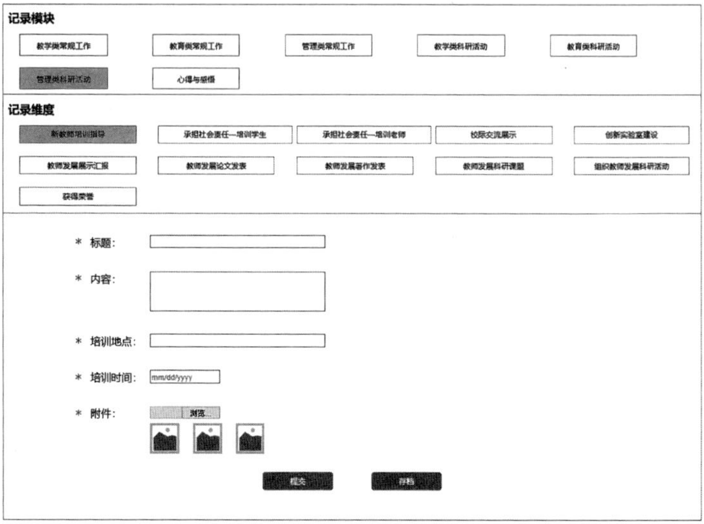

图3-45 管理类科研活动——新教师培训指导

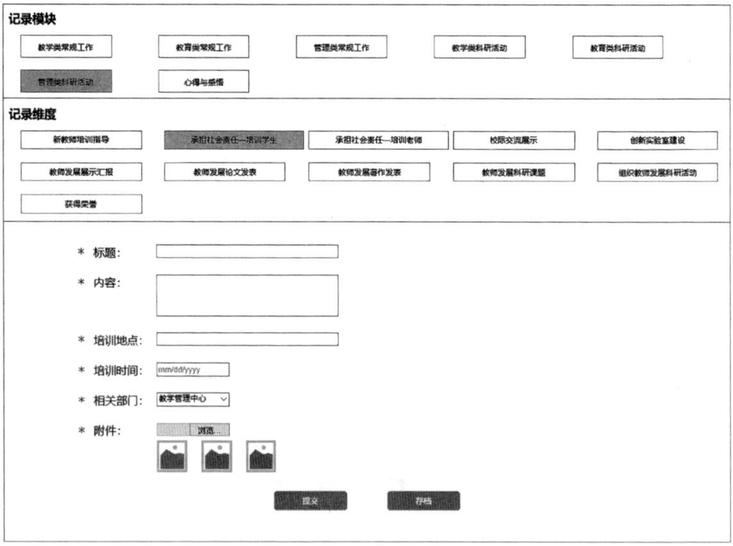

图3-46 管理类科研活动——承担社会责任—培训学生

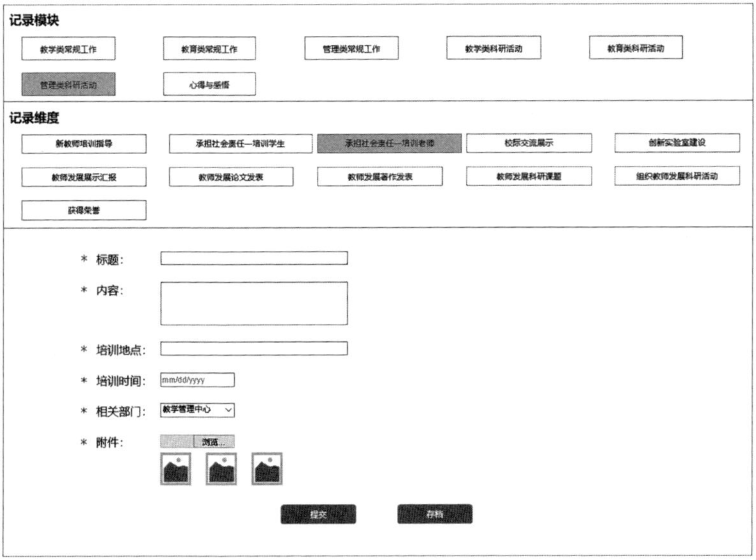

图3-47　管理类科研活动——承担社会责任—培训老师

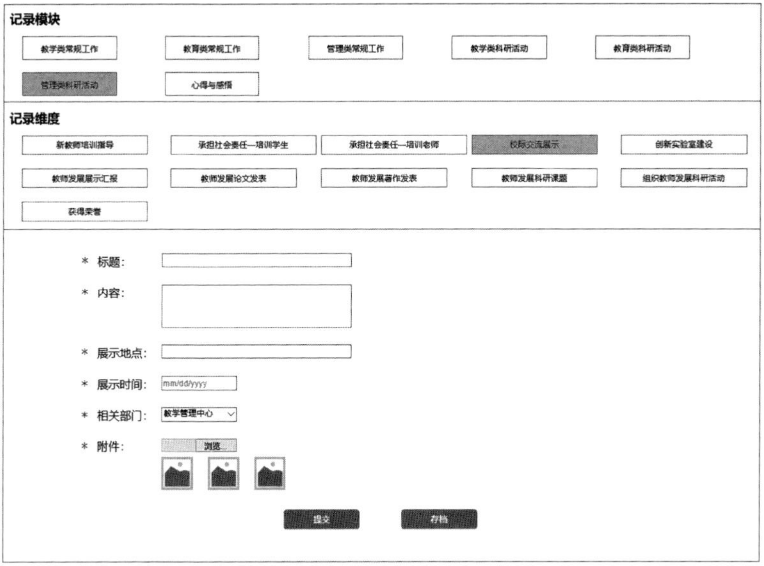

图3-48　管理类科研活动——校际交流展示

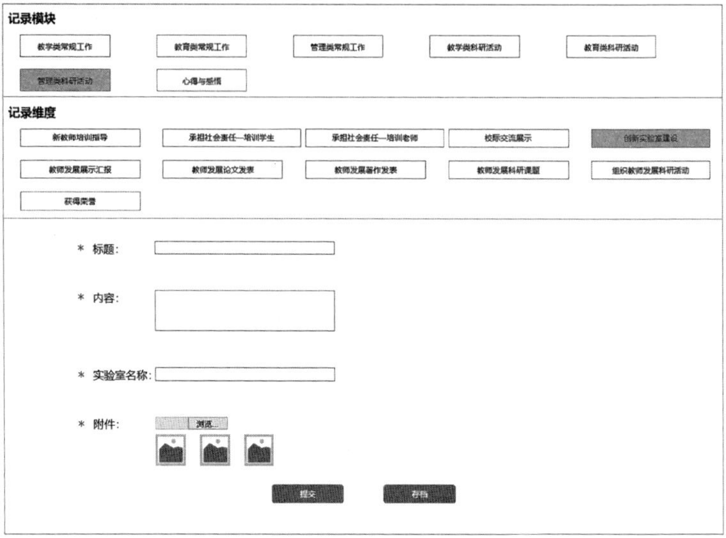

图3-49  管理类科研活动——创新实验室建设

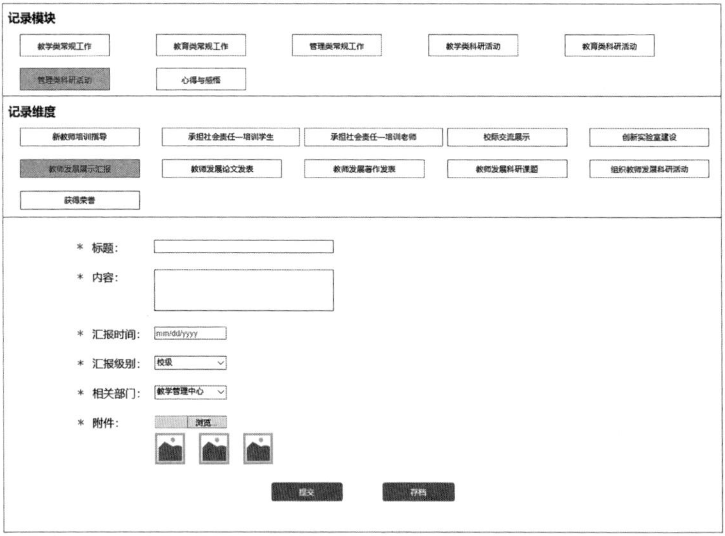

图3-50  管理类科研活动——教师发展展示汇报

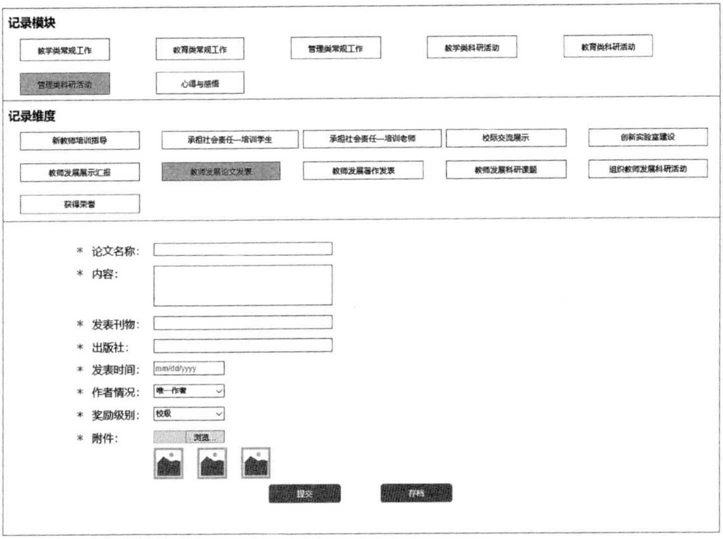

图3-51 管理类科研活动——教师发展论文发表

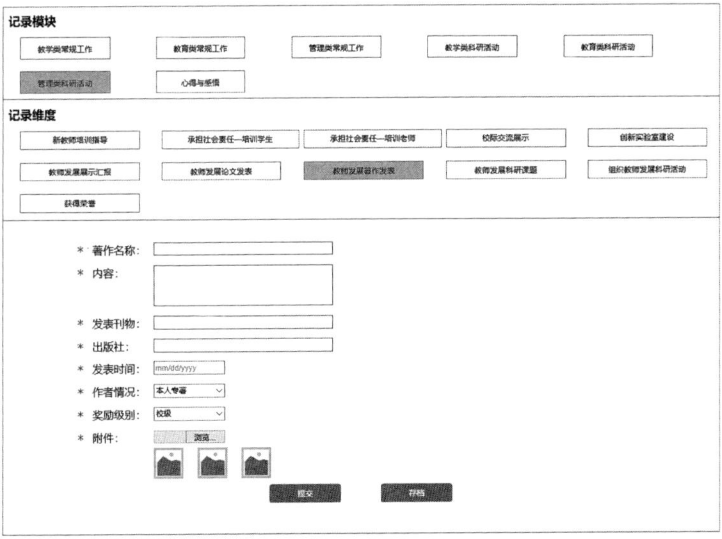

图3-52 管理类科研活动——教师发展著作发表

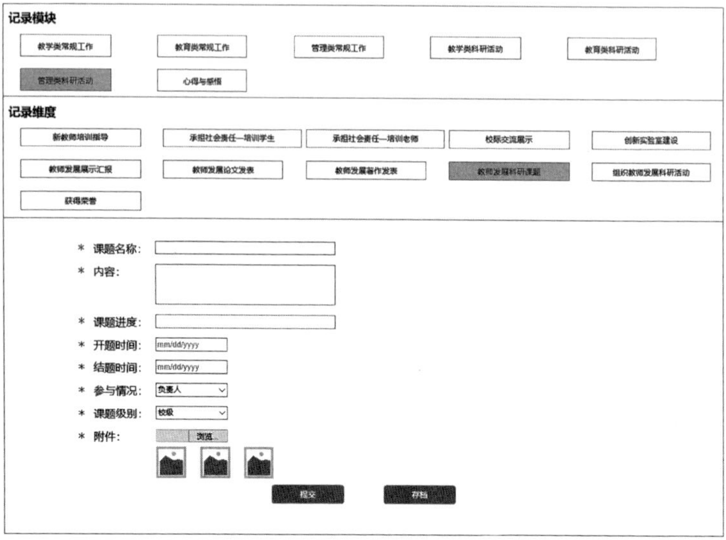

图3-53　管理类科研活动——教师发展科研课题

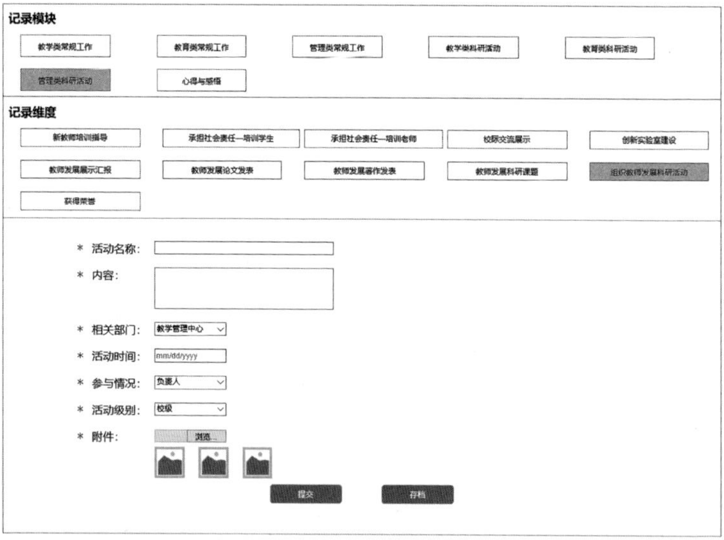

图3-54　管理类科研活动——组织教师发展科研活动

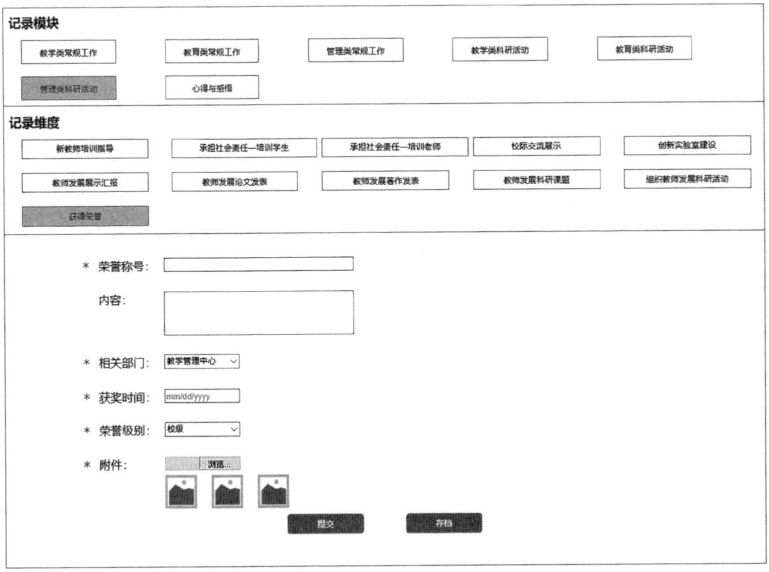

**记录模块**

| 教学类常规工作 | 教育类常规工作 | 管理类常规工作 | 教学类科研活动 | 教育类科研活动 |

| 管理类科研活动 | 心得与感悟 |

**记录维度**

| 新教师培训指导 | 承担社会责任—培训学生 | 承担社会责任—培训教师 | 校际交流展示 | 创新实验室建设 |

| 教师发展展示汇报 | 教师发展论文发表 | 教师发展著作发表 | 教师发展科研课题 | 组织教师发展活动 |

| 获得荣誉 |

\* 荣誉称号：

内容：

\* 相关部门：　教学管理中心

\* 获奖时间：　mm/dd/yyyy

\* 荣誉级别：　校级

\* 附件：　浏览...

提交　　　存档

图3-55　管理类科研活动——获得荣誉

（2）模块二"专业发展引领"

进入模块二"专业发展引领"，可添加素养提升等活动记录，操作同一线教学系列教师的相应操作。

（3）模块四"评价与规划"

操作同一线教学系列教师的相应操作。

**4. 面向三个关键阶段教师**

根据本校教师的特点和需求，我校将教师发展分为三个关键阶段：新任教师、骨干教师、专家型教师，相应阶段的教师可以进入模块三"特色成长助力"，按照自己的实际情况添加相应内容。该模块涉及的活动，教师已经在模块一"个人成长记录"中添加过相应信息，在模块三可以添加各类活动的过程性材料，如教案、课件、发言稿、总结等，形成线上各阶段教师的学习资料库，新任教师、骨干教师、专家型教师可以实现线上的群体内学习、交流和分享。

（1）新教师群体的过程性活动记录

① 新教师培训资料，原型图如图 3-56 所示。

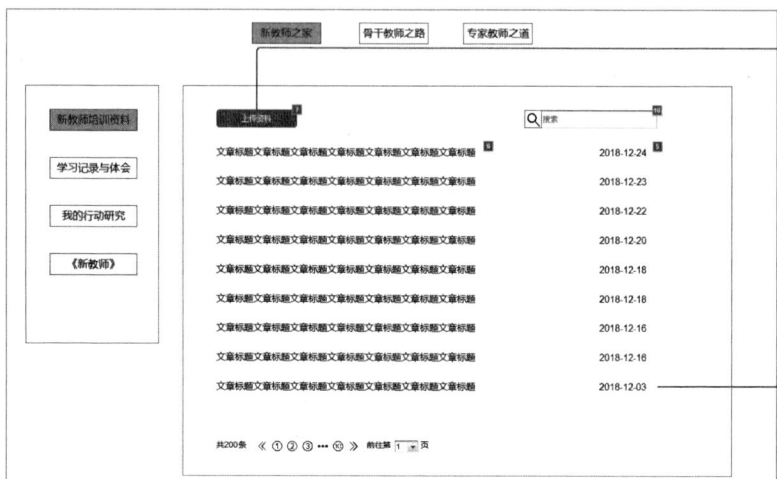

图3-56　新教师培训资料

以列表的方式显示发布的文章，每篇文章显示一行标题；标题后显示文章发布时间，时间具体到天，由发布时间自动获取。用户可以使用搜索栏，通过文章标题里的字来进行搜索。

校级管理员选中的权限小组成员内的教师具备上传文章的权限，点击"上传文章"按钮，弹出添加文章的对话框，可以进行相应的操作。原型图如图 3-57 所示。

图 3-57　新教师培训资料上传文章

所有教师用户都可以查看文章。

②学习记录与体会，原型图如图 3-58 所示。

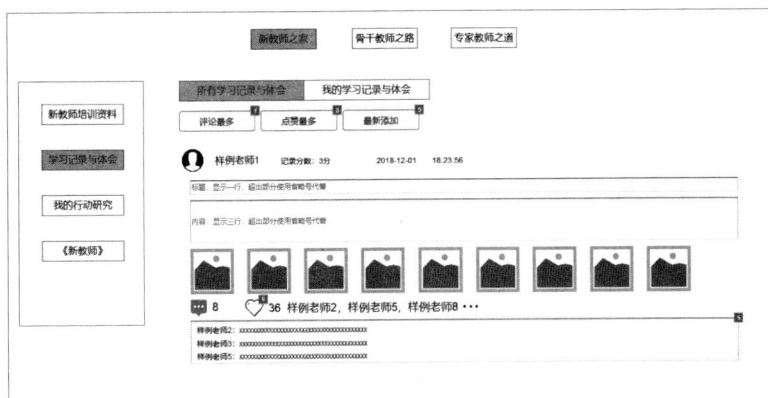

图3-58　所有学习记录与体会

展示本校所有新教师参加培训的记录与体会，展示记录内容和点赞、评论内容。

"我的学习记录与体会"，展示本人选中的参加培训的记录与体会，展示记录内容和点赞、评论内容。原型图如图 3-59 所示。

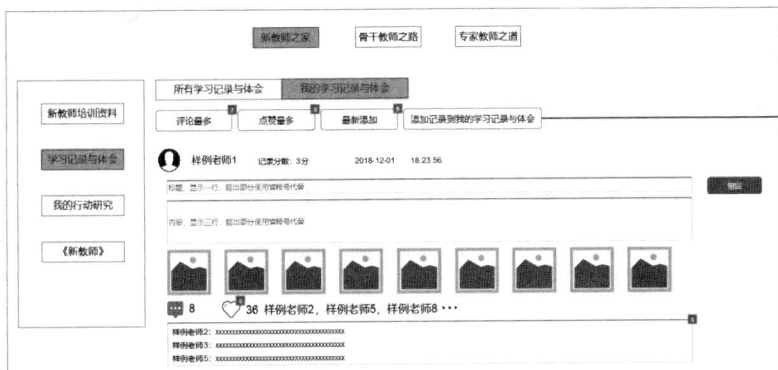

图3-59　"我的学习记录与体会"界面

本人通过审核的所有记录内容以列表的样式展示，信息包括：记录模块、记录维度、记录标题、记录发布时间。可以使用模块和维度的选择框对记录数据进行筛选。点击"添加"按钮，选中的记录将展示在个人以及本校的学习记录与体会内容中。原型图如图3-60所示。

图3-60　添加我的学习记录与体会

③ "我的行动研究"，原型图如图 3-61 所示。

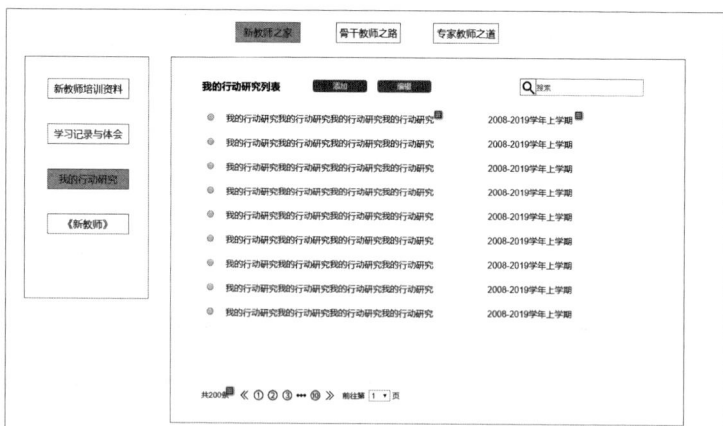

图3-61　"我的行动研究"界面

　　按照学年学期展示教师的个人行动研究的内容，点击研究方向，可以查看"我的行动研究"的详细内容。

　　选择某一项行动研究，可对其具体内容进行添加、编辑、查看，原型图如图 3-62 所示。

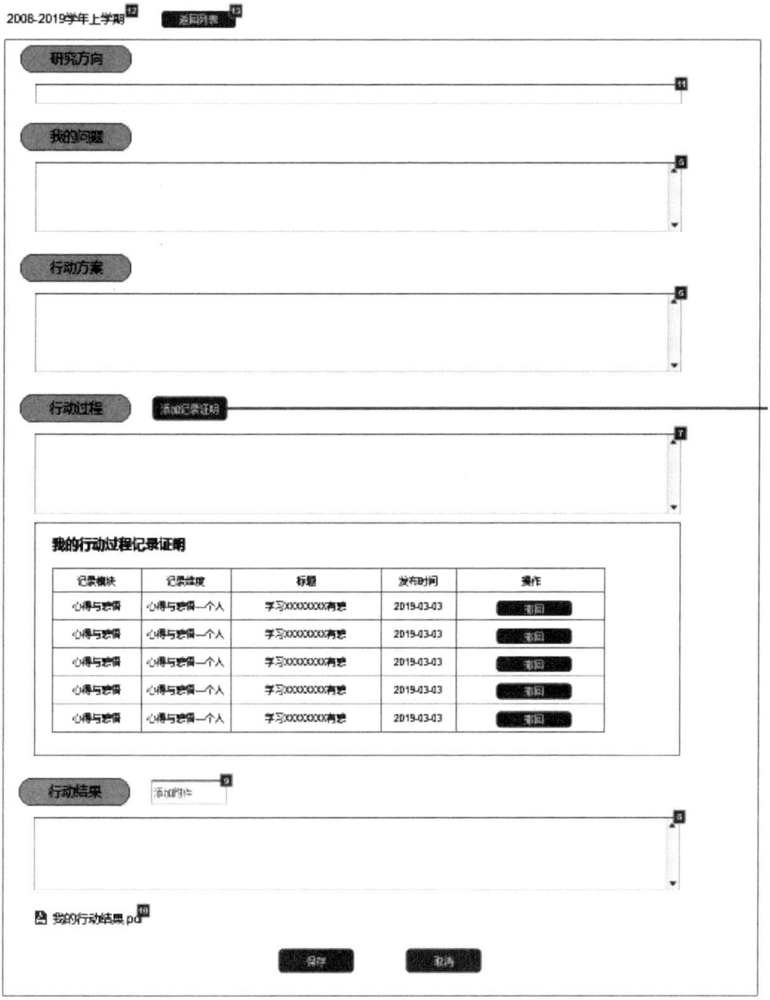

图3-62　"我的行动研究"内容编辑

④《新教师》电子杂志，原型图如图 3-63 所示。

图3-63　《新教师》电子杂志

展示所有上传成功的《新教师》杂志名称列表，包括杂志的期数以及上传时间。点击杂志的名称，可以查看杂志内容。只有校级管理员设置好的小组成员可以上传杂志。

（2）骨干教师群体的过程性活动记录

①骨干教师培训资料，原型图如图 3-64 所示。

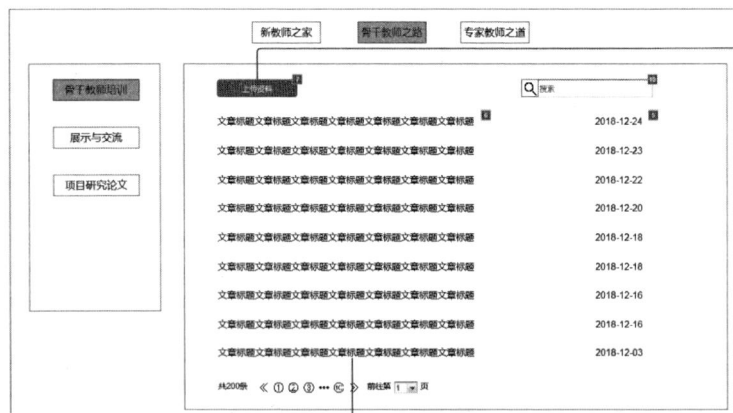

图3-64　骨干教师培训资料

以列表的方式显示发布的文章，每篇文章显示一行标题；标题后显示文章发布时间，时间具体到天，由发布时间自动获取。用户可以使用搜索栏，通过文章标题里的字来搜索。

校级管理员选中的权限小组成员内的教师具备上传资料的权限，点击"上传资料"按钮，弹出上传资料的对话框，可以进行相应的操作。原型图如图 3-65 所示。

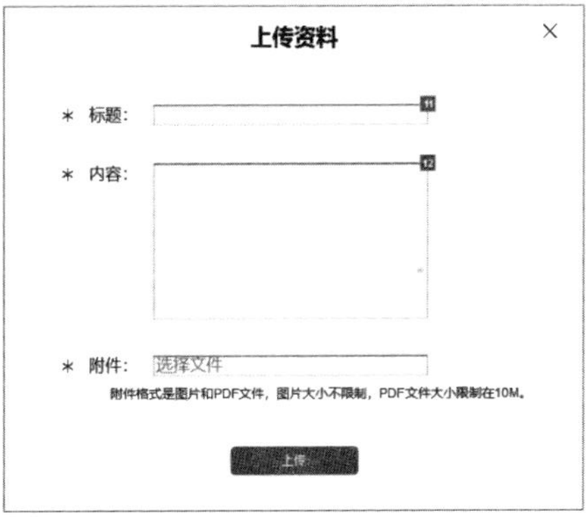

所有教师用户都可以查看文章。

图3-65 骨干教师培训上传资料

② 展示与交流，原型图如图 3-66 所示。

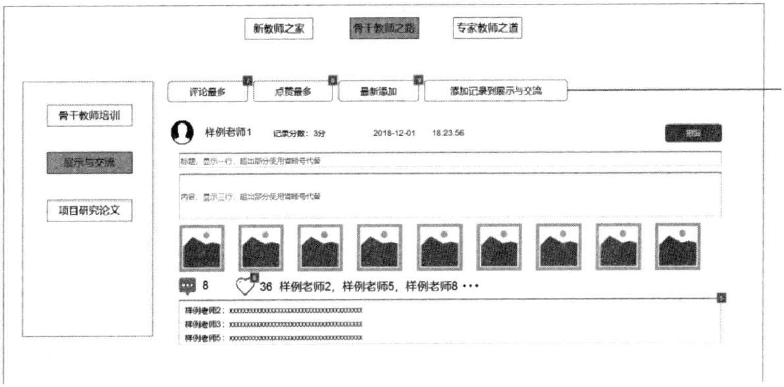

图3-66 "展示与交流"界面

展示本人选中的展示与交流记录，展示记录内容和点赞、评论内容。

③ 项目研究论文，原型图如图 3-67 所示。

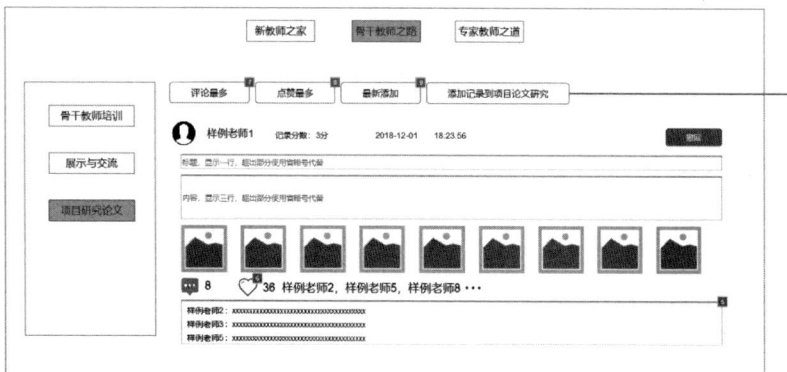

图3-67 "项目研究论文"界面

展示本人选中的项目研究论文类的记录，展示记录内容和点赞、评论内容。

（3）专家教师群体的过程性活动记录

① 教育思想研讨会，原型图如图 3-68 所示。

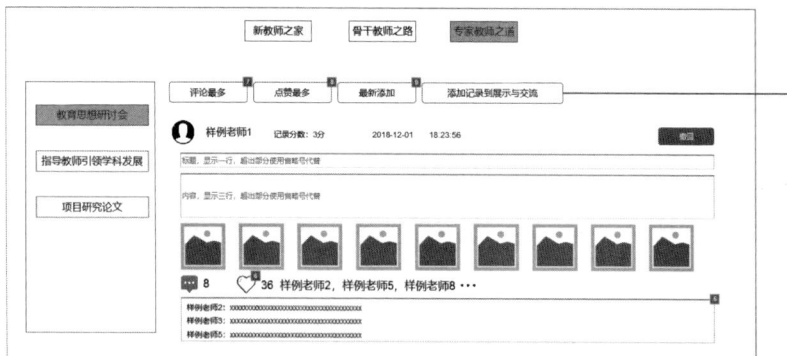

图3-68 教育思想研讨会

展示本人选中的与教育思想研讨有关的记录，展示记录内容和点赞、评论内容。

② 引领教师发展，原型图如图 3-69 所示。

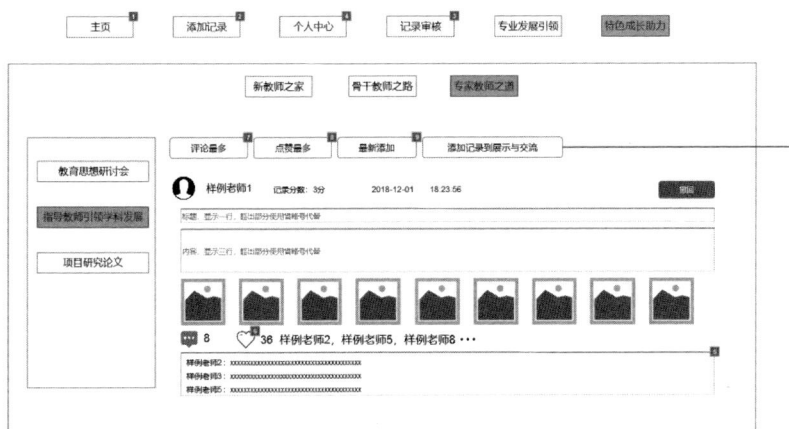

图3-69 引领教师和学科发展

展示本人选中的与引领教师发展有关的记录，展示记录内容和点赞、评论内容。

③ 项目研究论文，原型图如图 3-70 所示。

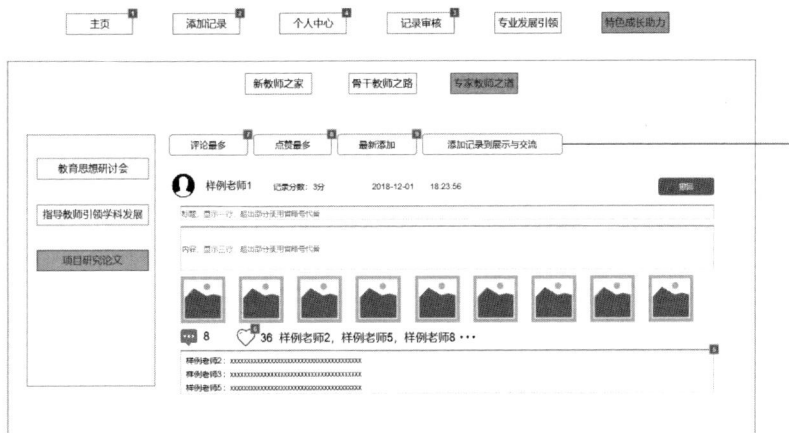

图3-70 项目研究论文

173

展示本人选中的项目研究论文类的记录，展示记录内容和点赞、评论内容。

5. 个人中心

教师用户可以通过"个人中心"选项，对本人的信息数据和记录数据进行管理、操作。教师用户的"个人中心"包括"个人资料""草稿箱""我的记录"三部分内容。

（1）个人资料

个人资料包括基础信息、个人经历、荣誉称号。原型图如图 3-71 至图 3-73 所示。

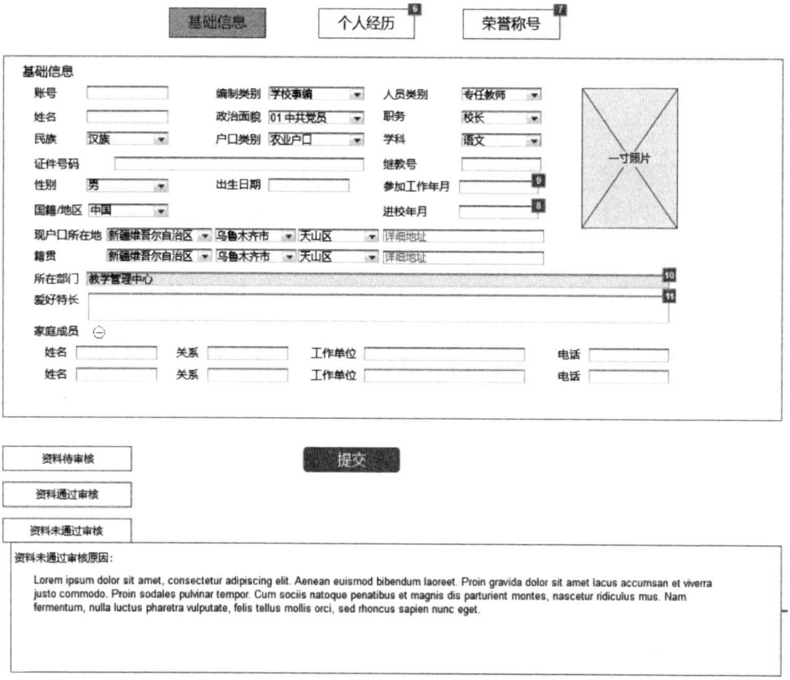

图3-71　基础信息

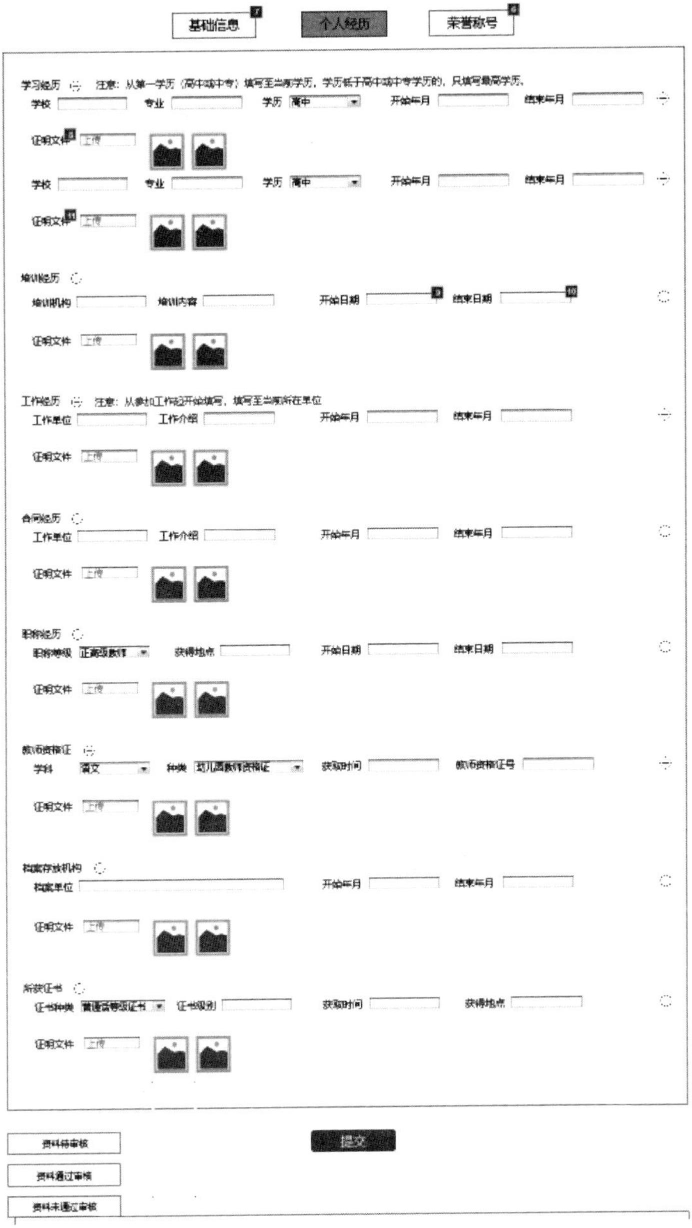

图3-72　个人经历

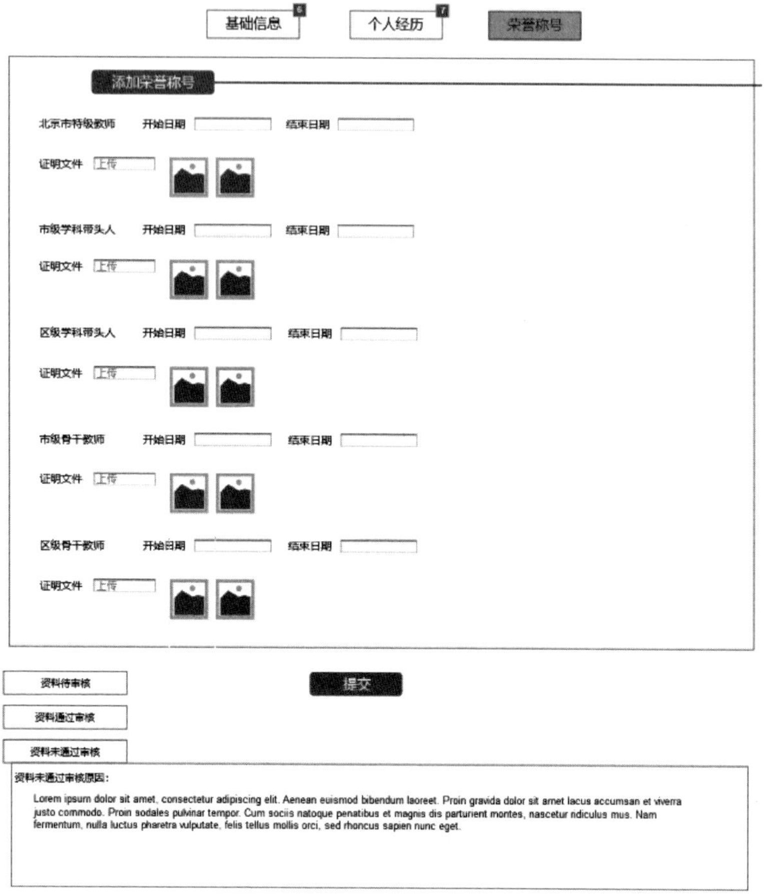

图3-73 荣誉称号

　　教师用户添加信息后点击"提交"按钮，当前资料提交给管理员进行审核，提交成功的资料显示"资料待审核"。管理员审核之后，审核结果为"资料审核通过"和"资料审核不通过"，当资料审核不通过时，同时显示资料未通过审核原因。

　　（2）草稿箱

　　草稿箱以列表形式展示教师保存的草稿记录，展示的内容包括记录保存时间、记录所属模块和维度、记录标题。可操作内容为编辑和删除。原型图如图 3-74 所示。

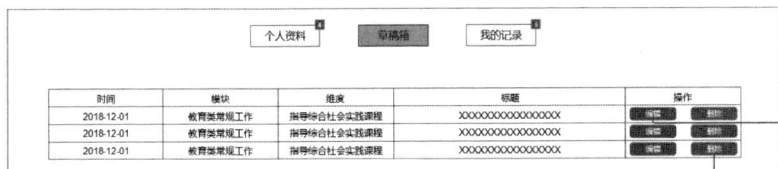

图3-74　草稿箱

（3）我的记录

我的记录展示教师用户已提交的记录,每条记录显示状态为"审核中"。点击记录,可以查看记录详细内容。记录按照时间倒叙排列,最上边显示最新的记录。原型图如图 3-75 所示。

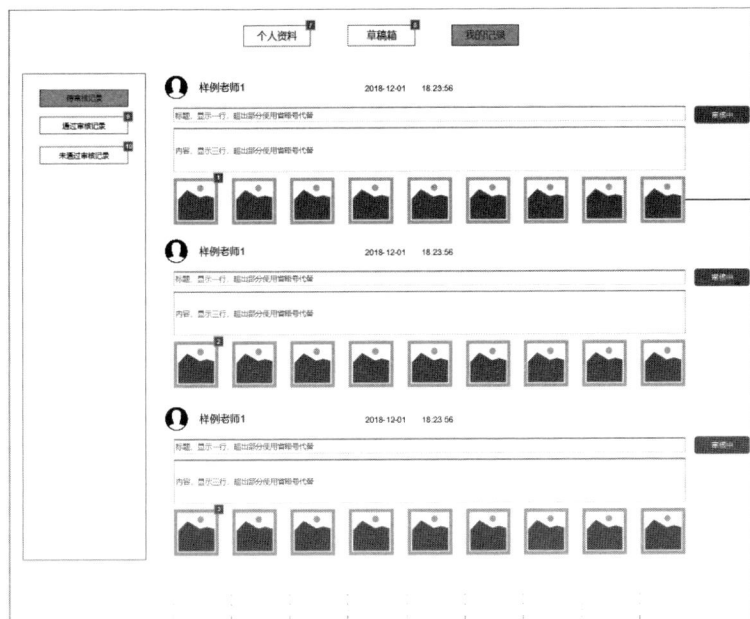

图3-75　我的记录

已通过审核的记录，每条记录显示状态为"审核通过"。

未通过审核的记录，可以查看本条记录未通过审核的原因。点击"编辑"按钮，可以继续对本条记录进行修改，修改后的记录可以重新提交或者存档。点击"删除"按钮后，本条记录将被删除。

（4）个人电子档案

教师可以创建电子档案文件，方便对个人资料进行保存与整理。"我的档案列表"展示已经添加成功的电子档案，每项电子档案内容展示档案标题和档案添加时间，如果档案被修改，时间更新为最后一次保存时间。原型图如图3-76所示。

图3-76　个人电子档案

点击"添加"按钮，可以创建一个新的档案，并添加档案内容；选中一条添加成功的档案，然后点击"编辑"按钮，可以继续对档案内容进行修改，修改后的档案可以保存；点击档案标题，可以查看档案内容，查看时不能对档案内容进行修改；可以使用搜索栏通过档案标题查询档案。

（二）部门管理员操作

各部门管理员可以采用批量导入数据的方式。添加模块一和模块二中的部分内容，各阶段的部门总结和计划可以在模块四中添加。

**1. 模块一"个人成长记录"**

模块一中的部分内容适合一次将很多教师的信息同时批量导入，由各部门管理员统一批量导入，具体项目的原型图如3-77至图3-91所示。

（1）教学类

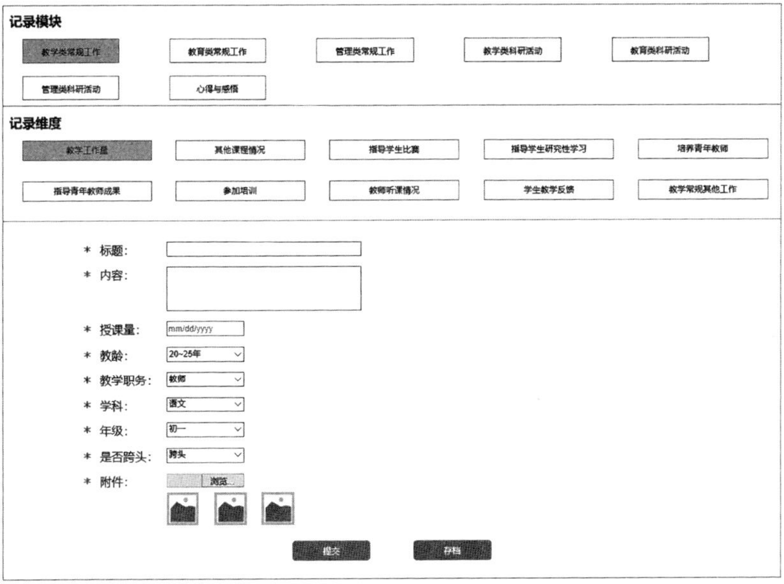

图3-77　教学类常规工作——教学工作量

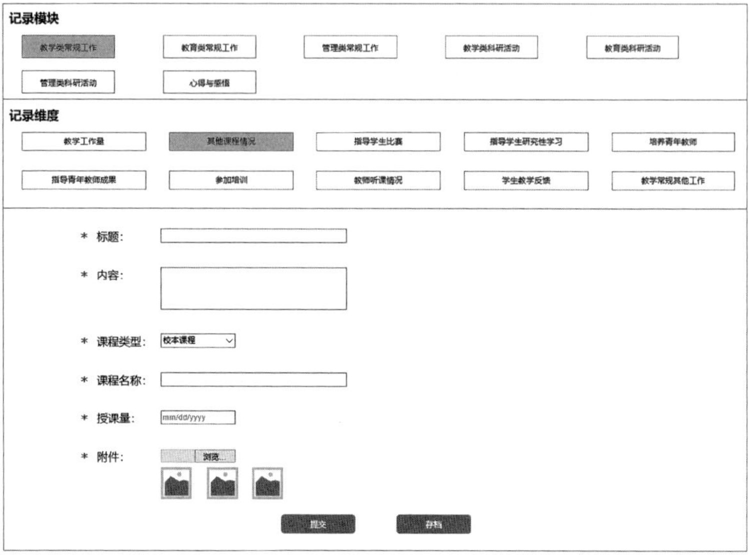


图3-78　教学类常规工作——其他课程情况

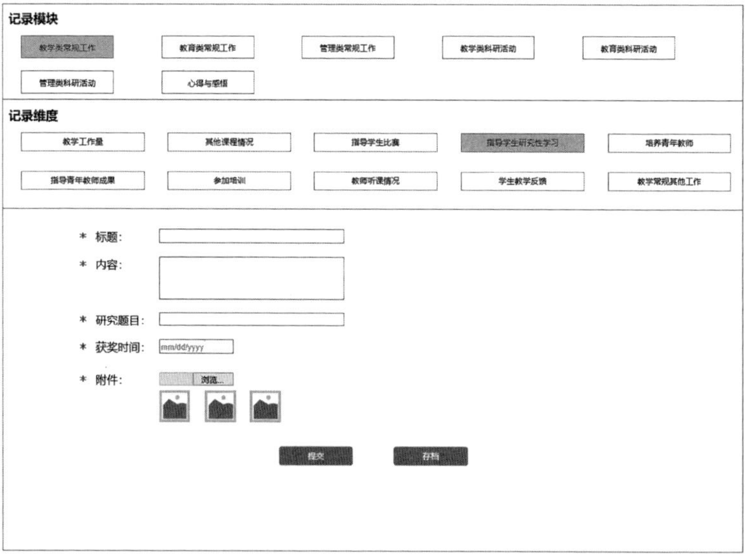


图3-79　教学类常规工作——指导学生研究性学习

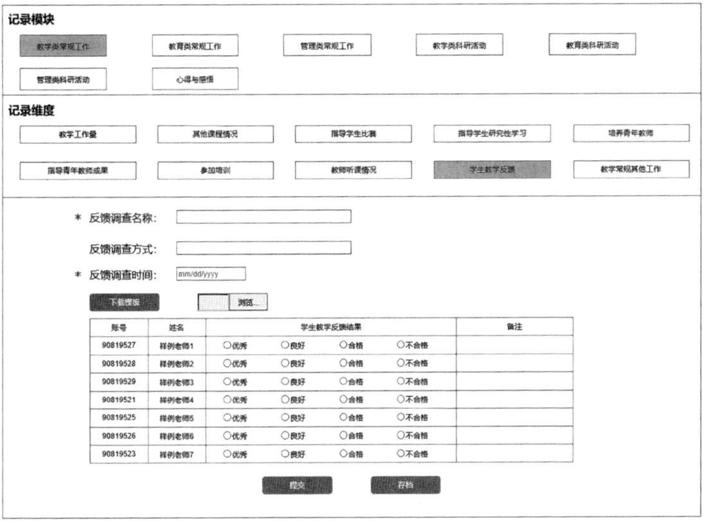


图3-80　教学类常规工作——学生教学反馈

## （2）教育类

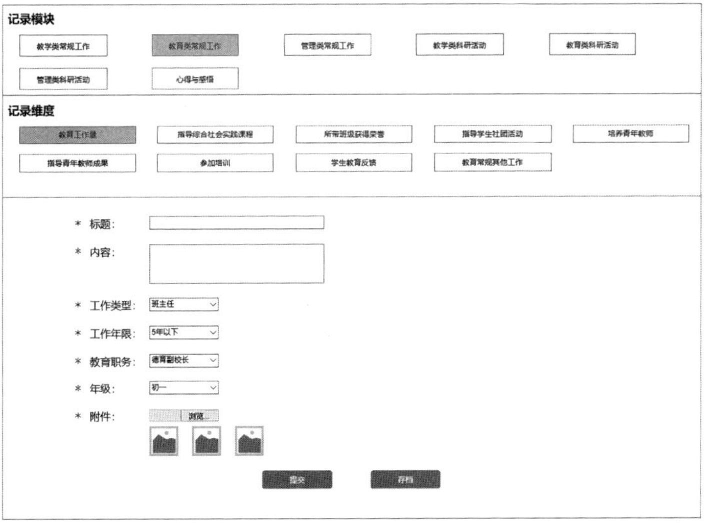


图3-81　教育类常规工作——教育工作量

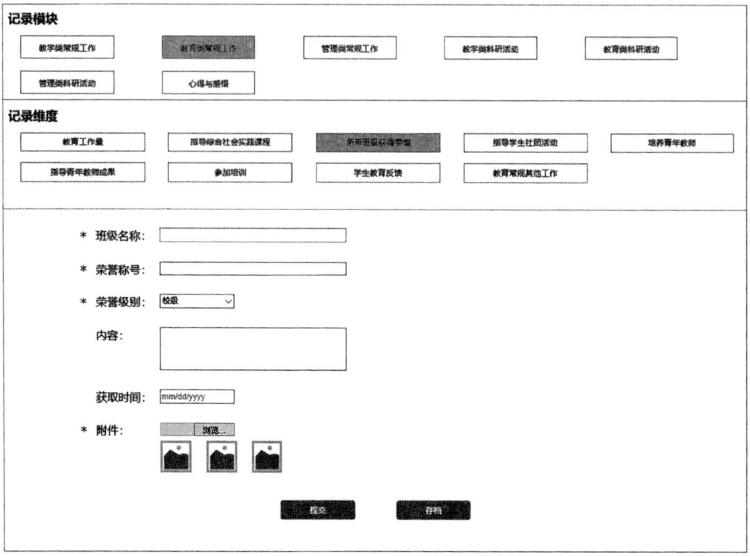

图3-82　教育类常规工作——所带班级获得荣誉

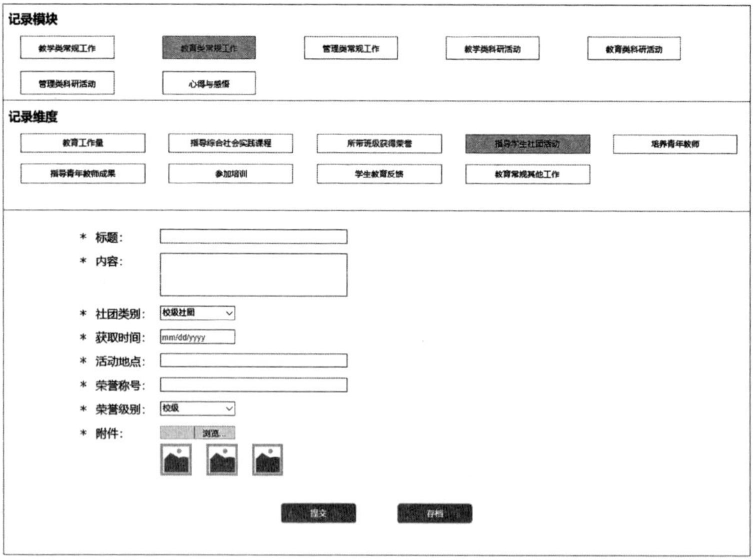

图3-83　教育类常规工作——指导学生社团活动

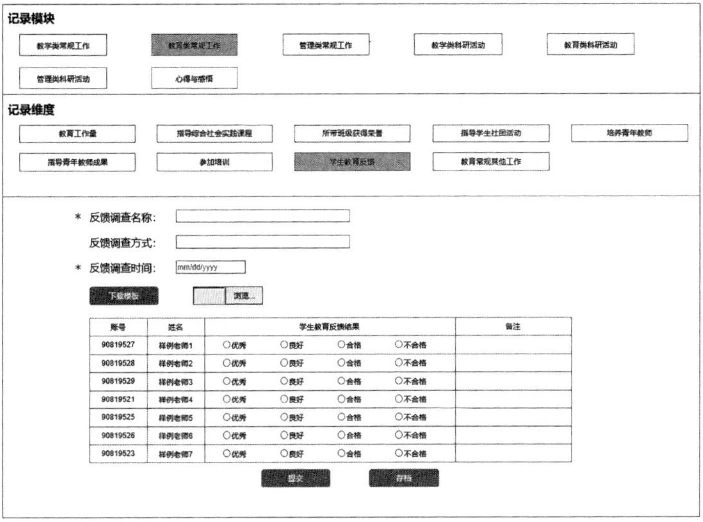

图3-84 教育类常规工作——学生教育反馈

## （3）管理类

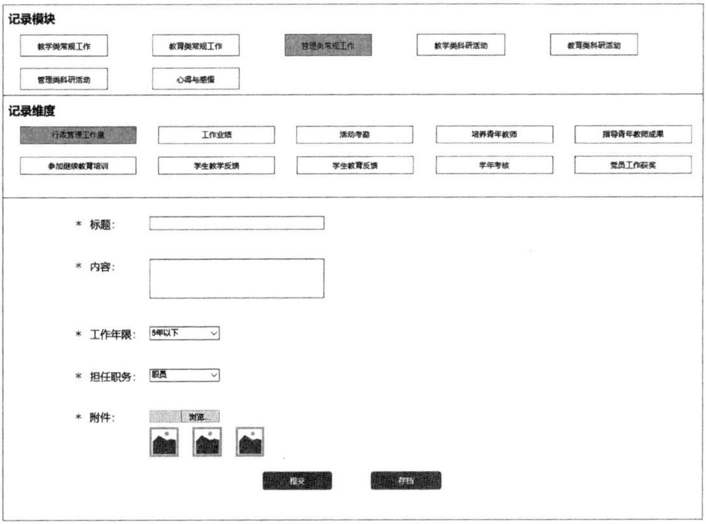

图3-85 管理类常规工作——行政管理工作量

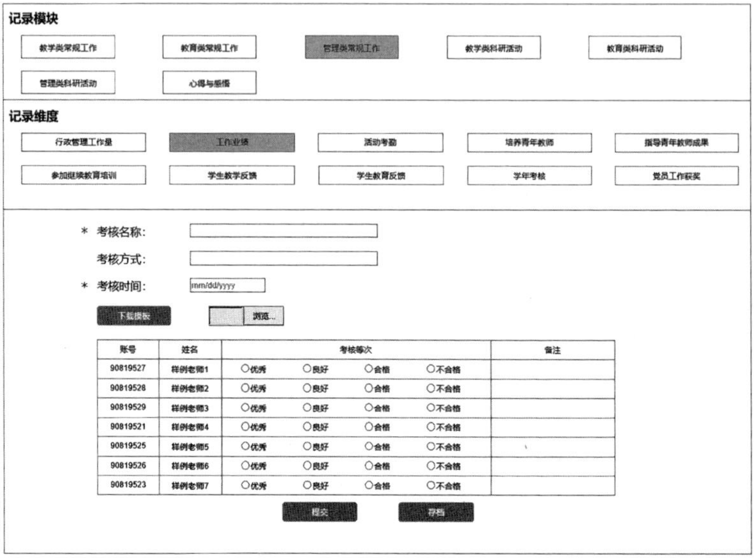


图3-86　管理类常规工作——工作业绩

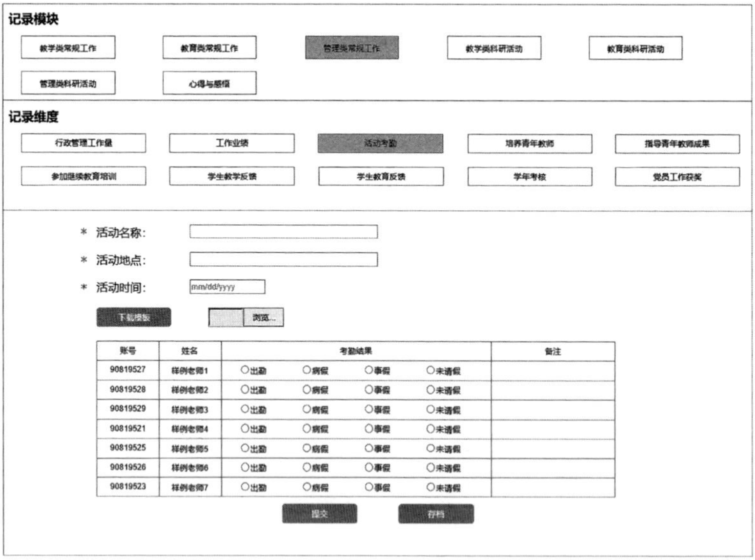


图3-87　管理类常规工作——活动考勤

**记录模块**

| 教学类常规工作 | 教育类常规工作 | 管理类常规工作 | 教学类科研活动 | 教育类科研活动 |

| 管理类科研活动 | 心得与感悟 |

**记录维度**

| 行政管理工作量 | 工作业绩 | 活动考勤 | 培养青年教师 | 指导青年教师成果 |

| 参加继续教育培训 | 学生教学反馈 | 学生教育反馈 | 学年考核 | 党员工作获奖 |

* 反馈调查名称：

反馈调查方式：

* 反馈调查时间：　mm/dd/yyyy

下载模板　　浏览...

| 账号 | 姓名 | 学生教学反馈结果 | | | | 备注 |
|------|------|------|------|------|------|------|
| 90819527 | 样例老师1 | ○优秀 | ○良好 | ○合格 | ○不合格 | |
| 90819528 | 样例老师2 | ○优秀 | ○良好 | ○合格 | ○不合格 | |
| 90819529 | 样例老师3 | ○优秀 | ○良好 | ○合格 | ○不合格 | |
| 90819521 | 样例老师4 | ○优秀 | ○良好 | ○合格 | ○不合格 | |
| 90819525 | 样例老师5 | ○优秀 | ○良好 | ○合格 | ○不合格 | |
| 90819526 | 样例老师6 | ○优秀 | ○良好 | ○合格 | ○不合格 | |
| 90819523 | 样例老师7 | ○优秀 | ○良好 | ○合格 | ○不合格 | |

提交　　存档

图3-88　管理类常规工作——学生教学反馈

**记录模块**

| 教学类常规工作 | 教育类常规工作 | 管理类常规工作 | 教学类科研活动 | 教育类科研活动 |

| 管理类科研活动 | 心得与感悟 |

**记录维度**

| 行政管理工作量 | 工作业绩 | 活动考勤 | 培养青年教师 | 指导青年教师成果 |

| 参加继续教育培训 | 学生教学反馈 | 学生教育反馈 | 学年考核 | 党员工作获奖 |

* 反馈调查名称：

反馈调查方式：

* 反馈调查时间：　mm/dd/yyyy

下载模板　　浏览...

| 账号 | 姓名 | 学生教育反馈结果 | | | | 备注 |
|------|------|------|------|------|------|------|
| 90819527 | 样例老师1 | ○优秀 | ○良好 | ○合格 | ○不合格 | |
| 90819528 | 样例老师2 | ○优秀 | ○良好 | ○合格 | ○不合格 | |
| 90819529 | 样例老师3 | ○优秀 | ○良好 | ○合格 | ○不合格 | |
| 90819521 | 样例老师4 | ○优秀 | ○良好 | ○合格 | ○不合格 | |
| 90819525 | 样例老师5 | ○优秀 | ○良好 | ○合格 | ○不合格 | |
| 90819526 | 样例老师6 | ○优秀 | ○良好 | ○合格 | ○不合格 | |
| 90819523 | 样例老师7 | ○优秀 | ○良好 | ○合格 | ○不合格 | |

提交　　存档

图3-89　管理类常规工作——学生教育反馈

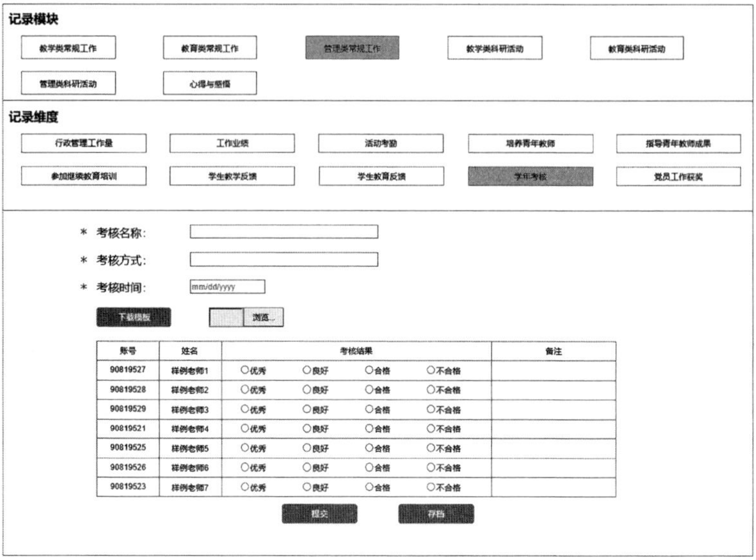

图3-90　管理类常规工作——学年考核

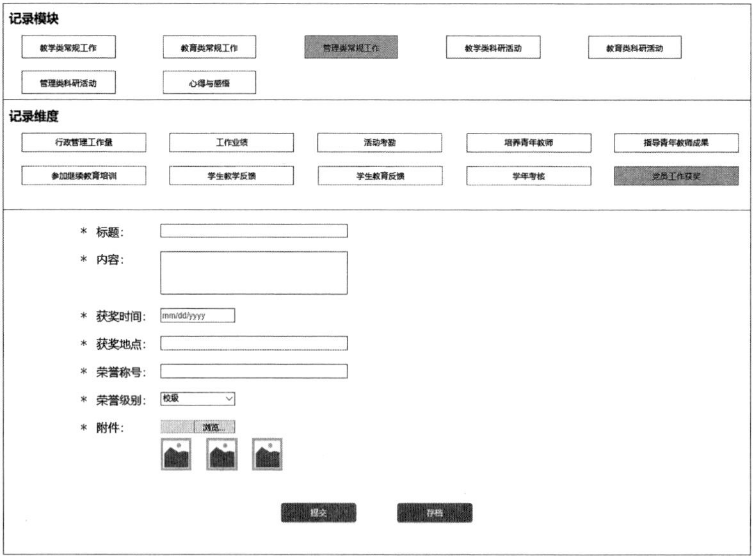

图3-91　管理类常规工作——党员工作获奖

## 2. 模块二"专业发展引领"

### （1）专业理念养成

活动可由学校 5 个管理中心发起，与学校的通识培训相结合，为教师提供前沿的资料和信息内容，包括教育教学理念、专家讲座、课题信息三个维度。各部门的管理员完成内容上传，其他教师可以进行查看。原型图如图 3-92 所示。

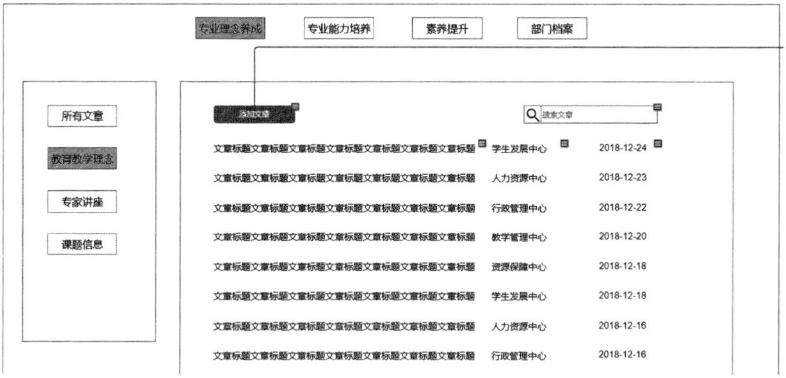

图3-92 专业理念养成

页面以列表的方式显示发布的文章，每篇文章显示一行标题；标题后显示上传者所在的权限小组，根据成员的权限小组信息自动获取；最后显示文章发布时间，时间具体到天，由发布时间自动获取。

用户可以使用搜索栏，通过文章标题里的字来搜索。选择"所有文章"，则按照时间顺序展示全部的文章内容，按照文章的添加时间排序，最新添加的文章展示在最上边。

校级管理员选中的学校各部门的管理员教师具备添加文章的权限，添加内容包括文章标题、文章内容和附件，原型图如图 3-93 所示。

图3-93 "专业理念养成"添加文章

所有教师用户都可以查看文章。

（2）教学和教育方面的专业能力培养

各部门的管理员可以发起活动，原型图如图3-94所示。

（3）素养提升

各部门的管理员可以发起活动，进行同专业能力培养中的发起活动操作。

（4）部门档案

显示本部门成员发布的所有活动，部门内成员能够查看本部门档案，非部门成员不能查看。以列表的方式显示发起的活动，每个活动显示一行活动名称；随后显示发起活动人姓名；最后显示文章发布时间，时间具体到天，由发布时间自动获取。原型图如图3-95所示。

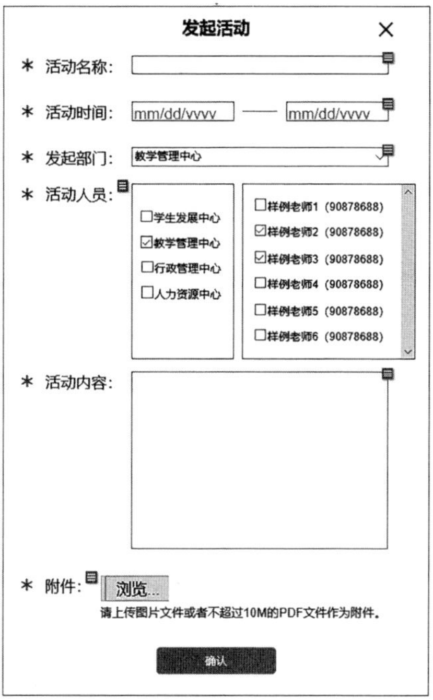


图3-94　专业能力培养发起活动

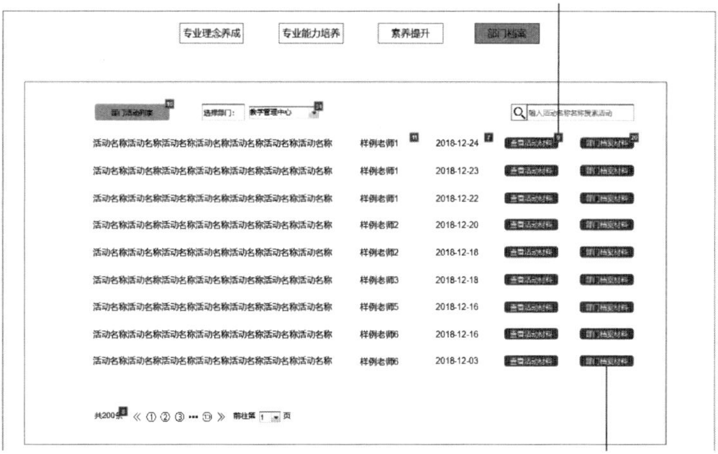


图3-95　部门档案

点击"查看活动材料"，能够看到活动详细内容，以及活动参与人员上传成功的所有材料内容，按照上传人上传的时间顺序进行排列。原型图如图 3-96 所示。

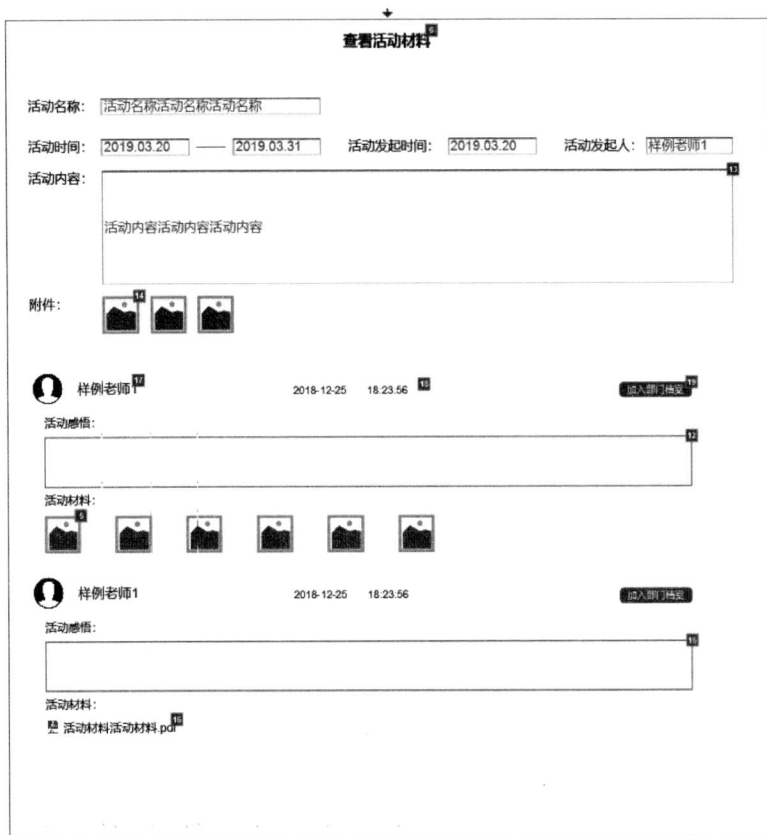

图3-96  查看活动材料

点击"加入部门档案"按钮，将选择的活动材料添加到部门档案材料内。点击"部门档案材料"，能够看到活动详细内容，以及活动发起人选中的所有材料内容，按照材料上传的时间顺序进行排列。原型图如图 3-97 所示。

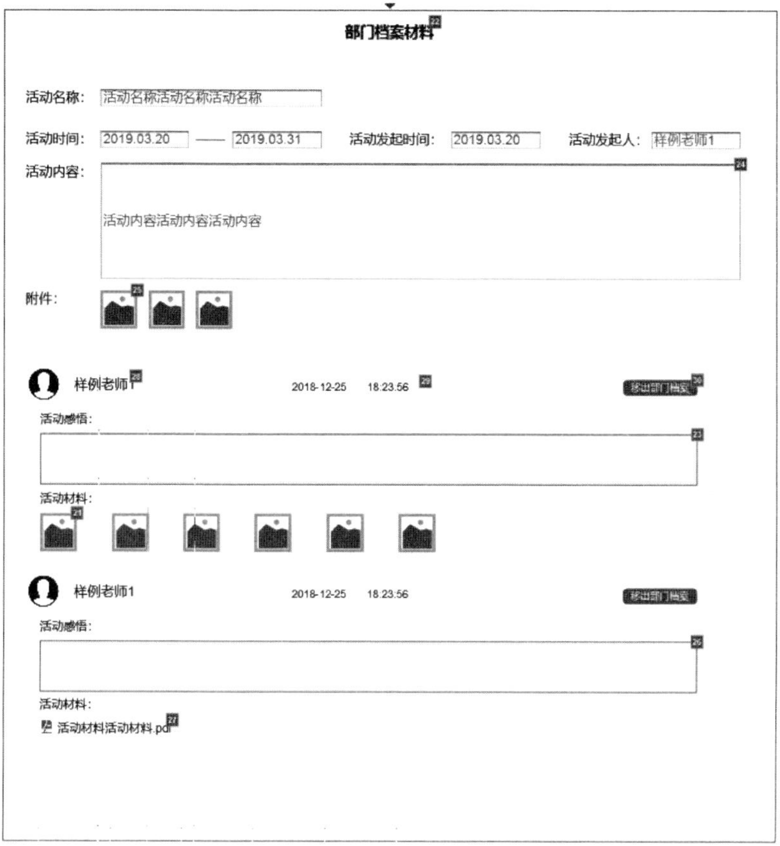

图3-97　部门档案材料

　　点击"移出部门档案"按钮，将选择的活动材料移出部门档案材料，回到活动材料内。

　　**3. 模块四"评价与规划"**

　　（1）部门评价与考核

　　各部门的管理员进入"评价与规划"界面，点击"部门评价与考核"，可以上传、修改、删除相应材料，部门内成员可以查看和下载所选相应材料。材料包括：上级部门督导考核标准，学校各行

政部门自主设置的评价标准，督导考核报告，各行政部门的自评报
告。原型图如图 3-98 和图 3-99 所示。

图3-98　部门自主考核和督导报告

图3-99　添加部门考核材料

（2）专业发展规划

各部门的管理员进入"评价与规划"界面，点击"专业发展规划"，
可以上传、修改、删除相应材料，部门内成员可以查看和下载所选
相应材料。材料包括：部门做出的长期、中期、短期的发展规划，如

五年规划、学年计划、学期计划等。操作同教师个人的相应操作。

## （三）校级管理员操作

### 1. 机构用户

机构用户页面显示本校的用户列表，不能查看上级或其他同级机构的用户信息。用户列表展示信息包括：账号、邮箱、姓名、用户角色和可操作选项。可操作选项为编辑、删除和重置密码。原型图如图 3-100 所示。

图3-100　机构用户

### 2. 教师管理

校级管理员打开"教师管理"页面，能够对本校的教师资料进行操作和查看。操作包括导入、添加、编辑、删除、重置密码、刷新。通过搜索栏可以使用账号、姓名进行查询。原型图如图 3-101 所示。

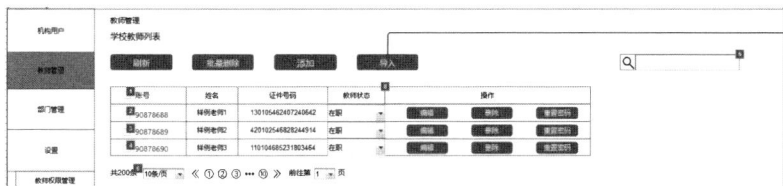

图3-101　教师管理

### 3. 部门管理

展示本校的部门设置情况，部门的设置由校级管理员进行操作。

展示的部门信息包括：部门名称、部门负责人、部门成员人数和操作选项。部门的可操作选项有：添加、编辑、删除、刷新。使用搜索栏可以通过部门名称和部门负责人信息来进行搜索。原型图如图 3-102 所示。

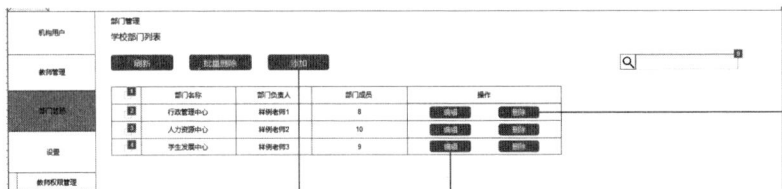

图3-102　部门管理

### 4. 设置

（1）教师权限管理设置

展示本校的权限小组设置情况，由校级管理员进行操作。展示的权限小组信息包括：权限组名称、权限组人数和操作选项。部门的可操作选项有：添加、编辑、删除、刷新。使用搜索栏可以通过权限组名称来进行搜索。原型图如图 3-103 所示。

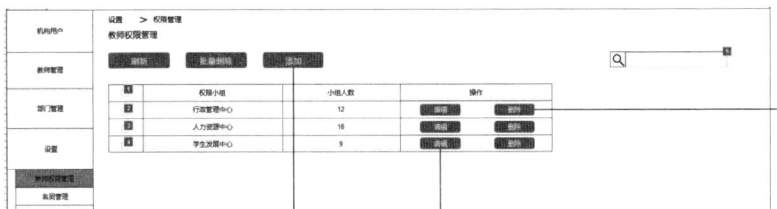

图3-103　教师权限管理

（2）学年与学期管理设置

校级管理员可以设置本校的学年和学期时间，一个学年包括上学期和下学期两个学期。其中，上学期时间为上学期教学时间和寒假时间；下学期时间为下学期教学时间和暑假时间。不同学期之间没有时间间隔。原型图如图 3-104 所示。

图3-104 学年与学期管理

学年和学期时间作为记录的筛选条件和记录添加的时间，教师用户添加记录数据时只能添加当前学期时间内的记录，已结束学期的记录数据不能被修改，只能查看。

（3）名词管理设置

区域管理员用户可以使用名词设置，查看已经添加的各项名词。区域管理员用户可以对本区域系统的名词管理进行设置，包括增加和删除名词。上一级管理员用户添加的名词，下一级用户可以使用，不能进行更改。校级管理员可以在预设名词的基础之上，根据本校的实际使用情况，添加需要的名词。原型图如图 3-105 所示。

图3-105 名词管理

（4）记录模板设置

展示教师记录模块和维度，上级机构添加的记录模板内容，下级机构可以使用，不能修改。下级机构可以添加本级机构的特色维度。本级机构添加的记录维度在没有添加记录的前提下，可以进行修改或删除。已经添加过记录数据的维度不能再进行修改或者删除。添加成功的记录维度可即时更新至教师添加记录页面，供教师使用。原型图如图 3-106 所示。

图3-106　记录模板

添加模块和添加维度的原型图如图 3-107 和图 3-108 所示。

图3-107　添加模块

图3-108 添加维度

（5）得分模板设置

管理员用户设置每个维度记录数据的得分情况，显示的内容有：模块名称、维度名称、基本分数、等级分数和操作。可执行的操作选项为"修改"得分的分值大小。点击每个维度的"修改"选项，出现该维度得分的修改对话框，用户可以对得分情况进行修改和保存。原型图如图 3-109 和图 3-110 所示。

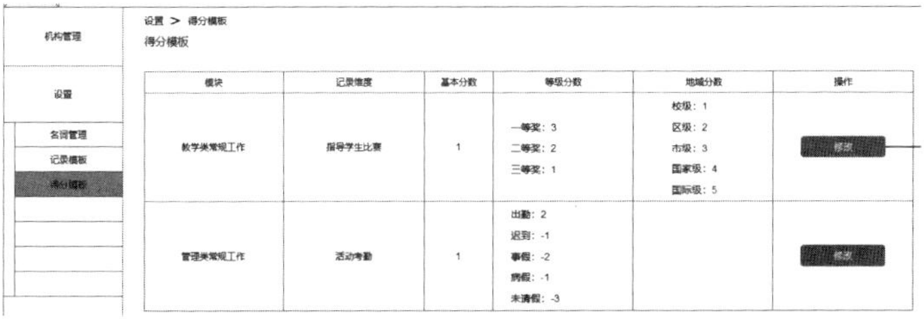

图3-109 得分模板

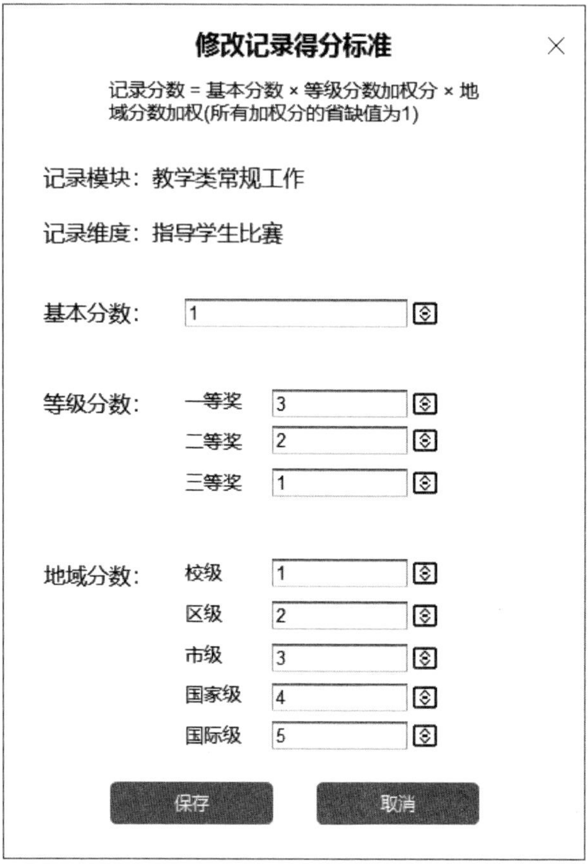

图3-110　修改分数

## 5. 教师资料审核

校级管理员可以审核本校教师提交的个人资料，资料待审核教师页面展示已经提交了个人资料的教师列表。原型图如图 3-111 所示。点击教师资料后的"审核"按钮，进入该教师的资料审核页面，原型图如图 3-112 所示。

校级管理员可以查看通过审核和未通过审核的教师资料。

图3-111 资料待审核教师列表

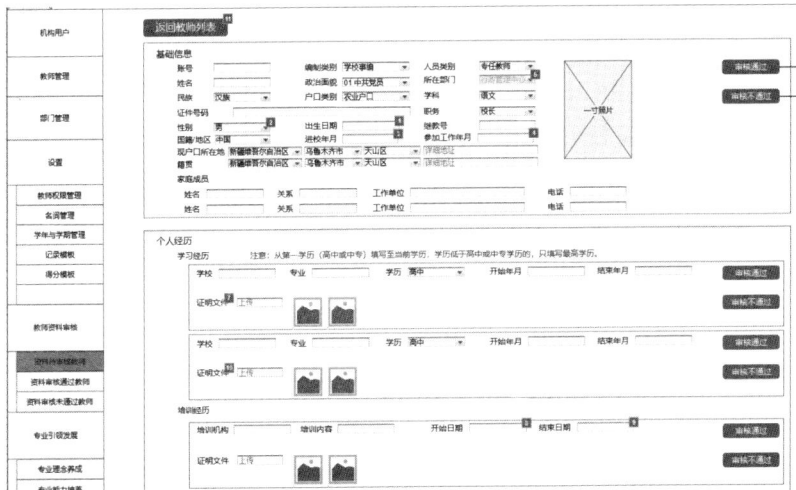

图3-112 教师资料审核

### 6. 专业引领发展

专业引领发展包括专业理念养成、专业能力培养和素养提升三部分内容，每项内容中包含的维度可以由校级管理员进行添加，原型图如图 3-113 所示。

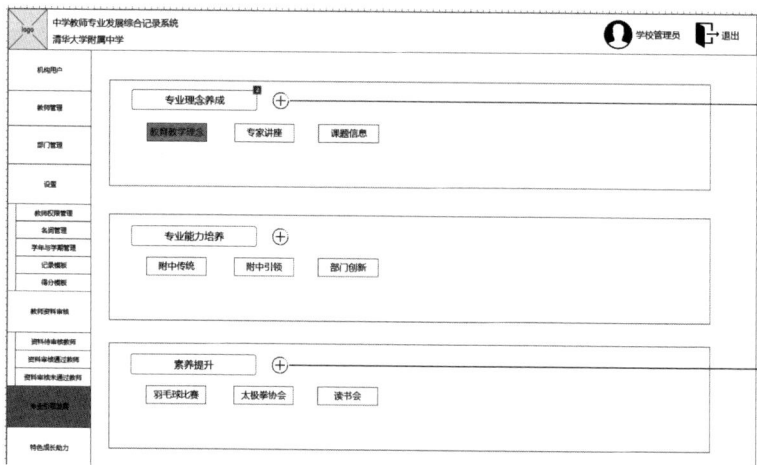

图3-113 专业引领发展

专业理念养成中的内容需要设置资料上传权限小组，其他两项内容不需要设置权限小组，原型图如图 3-114 所示。

### 7. 特色成长助力

特色成长助力包括新教师之家、骨干教师之路和专家教师之道三部分内容，每项内容中包含的维度可以由校级管理员进行添加。新教师之家可以设置新教师培训资料上传小组和《新教师》杂志上传小组，原型图如图 3-115 所示。骨干教师之路和专家教师之道可以设置相应教师群体的培训资料上传小组。

### 8. 评价与考核

本校创建的考核活动展示在列表中，对创建成功的考核活动可以进行"设置""开通"和"停止"操作。展示的内容包括考核名称、

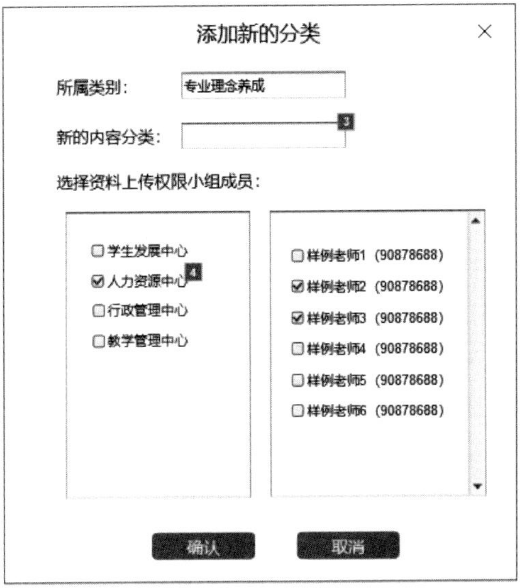


图3-114 专业理念养成上传权限小组

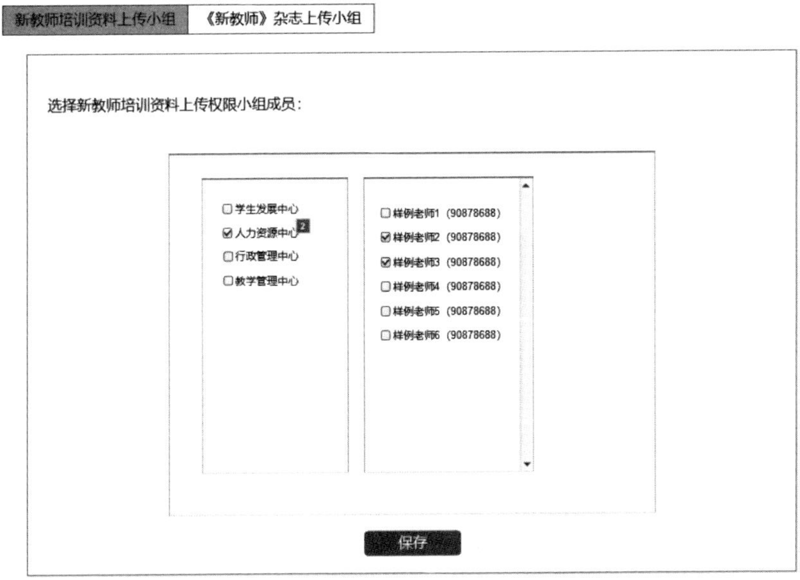


图3-115 新教师之家上传权限小组

创建时间和状态。可以使用搜索框通过考核名称对考核进行搜索。原型图如图 3-116 所示。

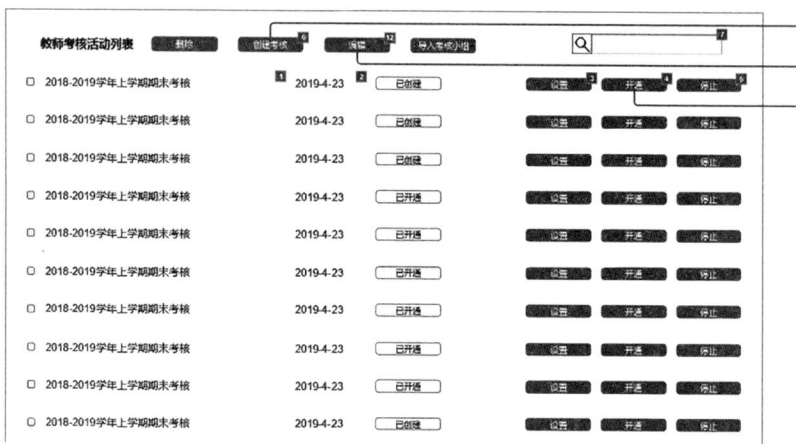

图3-116　考核活动列表

（1）考核小组

添加考核小组原型图如图 3-117 所示，添加成功的考核小组展示在列表中，选择一个考核小组，点击"编辑"按钮，可以修改考核小组已经设置好的信息。

（2）考核题库

"题库设置"页面展示添加成功的题库列表，在列表中可以使用关键字、题目创建时间和考核指标对题目进行搜索，可以对添加成功的题目进行编辑和删除。原型图如图 3-118 所示。

点击"新建题目"按钮，进入新建考核题目页面。新建题目的类型可选值为"选择题"和"评分题"；可以使用"添加考核指标"按钮，增加新的考核指标，考核标准中最多可以输入 100 字的题目内容；考核等次是指题目的考核结果，若题目类型为选择题，最多可以添加 A、B、C、D、E 五级等次；若题目类型为评分题，则可

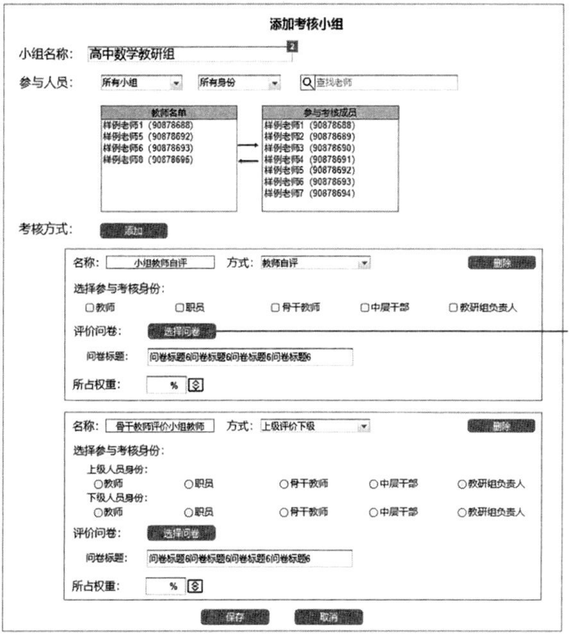


图3-117 添加考核小组

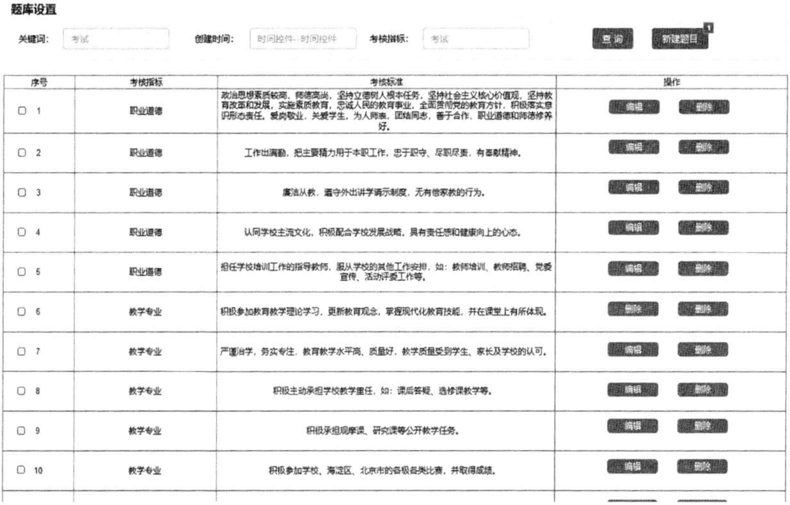


图3-118 题库设置

以设置题目的分值区间。原型图如图 3-119 所示。

图3-119　新建题目

"问卷管理"展示本校添加成功的问卷列表，内容包括序号、问卷标题、发布时间。管理员可以管理本校的考核问卷，包括新建、编辑和删除。可以使用关键字和发布时间对问卷进行搜索。原型图如图 3-120 所示。

图3-120　问卷管理

点击"新建问卷"按钮,进入新建问卷页面。输入标题和问卷说明,新建方式有批量添加和从题库中选择两种。原型图如图 3-121 和图 3-122 所示。

图3-121 新建问卷

(3)考核结果

进入考核活动,可以看到参与考核活动的教师列表,并查看教师的考核结果。可以使用关键字、考核身份和考核小组对教师进行搜索。原型图如图 3-123 所示。

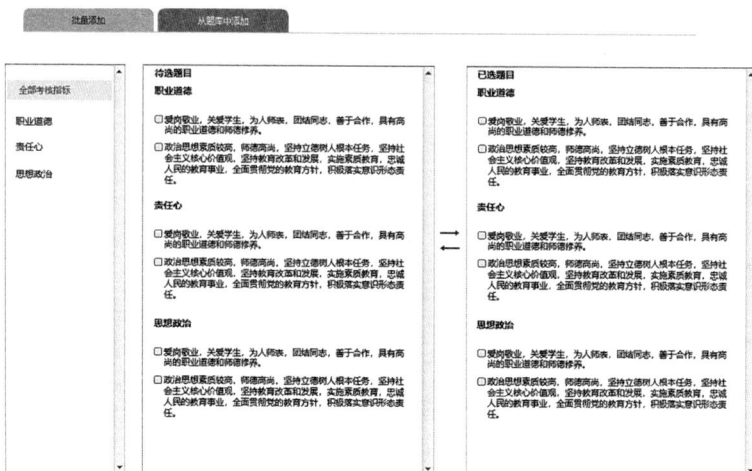

图3-122　问卷添加

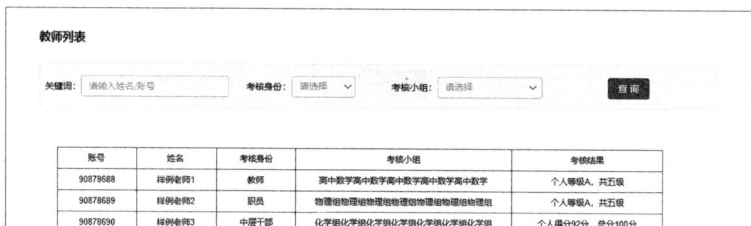

图3-123　考核结果

## 三、功能

通过我校的教师专业发展综合记录与评价系统，可以对教职工开展方法多样化的综合评价，除了可满足每学年一次的全校教职工考核评价的需要，还可以满足职称评定和荣誉称号评定的需要，以及满足一些随时出现的针对特定对象和特定主题的自定义考核评价的需要。

学校各部门的管理员以及教师个人共同完成每一位教师的人事、教育、教学、管理、研究等完全记录之后，根据具体考核评价的需要，选择关注的教师和考核评价标准，系统自动生成教师的考核评价报告单，包含分值明细和总分。

以一位担任班主任工作的数学学科教师为例，教师个人可通过系统生成包含其全部信息的"个人成长报告单"，详见表3-1。

表3-1　个人成长报告单

| 模块 | 维度 | 板块 | | 记录内容 | 条数 | 分值明细 | 维度总分 | 模块总分 |
|---|---|---|---|---|---|---|---|---|
| 个人成长记录 | 教学类常规工作 | 1 | 教学工作量 | 教龄：10年<br>授课量：10（周课时）<br>班级：数学c1801、c1809<br>教学职务：备课组长 | 2 | 20分<br>2分 | 68分 | 181分 |
| | | 2 | 其他课程情况 | 校本课程：形独（19上）<br>周课时：10 | 1 | 3分 | | |
| | | 3 | 指导学生比赛 | 学生姓名：××<br>学生奖励：××奖（市级三等） | 1 | 8分 | | |
| | | 4 | 指导学生研究性学习 | 学生姓名：××<br>研究题目：×× | 1 | 2分 | | |
| | | 5 | 培养青年教师 | 青年教师姓名：××<br>指导时间：长期（一学期） | 1 | 2分 | | |
| | | 6 | 指导青年教师成果 | 区级：××奖<br>市级：××奖 | 2 | 3分<br>4分 | | |
| | | 7 | 参加培训 | 市级：××培训，结业证书<br>区级：××培训中 | 2 | 9分<br>8分 | | |
| | | 8 | 教师听课情况 | 师傅听课：40节（一学期） | 1 | 5分 | | |
| | | 9 | 学生教学反馈 | 合格 | 1 | 2分 | | |

| 模块 | 维度 | 板块 | 记录内容 | 条数 | 分值明细 | 维度总分 | 模块总分 |
|---|---|---|---|---|---|---|---|
| 个人成长记录 | 教育类常规工作 | 1 教育工作量 | 班主任年限：8 年<br>担任班主任班级：c1801<br>教育职务：班主任 | 1 | 2分<br>4分 | 37分 | 181分 |
| | | 2 指导综合社会实践课程 | 市内：××课程<br>市外：××课程 | 2 | 1分<br>2分 | | |
| | | 3 所带班级获得荣誉 | 校级：××称号<br>区级：××称号 | 2 | 4分<br>8分 | | |
| | | 4 指导学生社团活动 | 校级社团：××社团<br>社团荣誉称号：校级××称号 | 1 | 3分 | | |
| | | 5 培养青年教师 | 青年教师姓名：××<br>指导时间：长期（一学期） | 1 | 2分 | | |
| | | 6 指导青年教师成果 | 校级：××奖<br>区级：××奖 | 2 | 2分<br>3分 | | |
| | | 7 参加培训 | 校级：××培训 | 1 | 4分 | | |
| | | 8 学生教育反馈 | 合格 | 1 | 2分 | | |
| | 管理类常规工作 | 1 活动考勤 | 全勤（共4次活动） | 4 | 4分 | 10分 | |
| | | 2 学年考核 | 合格 | 1 | 2分 | | |
| | | 3 党员工作获奖 | 校级：××优秀党员 | 1 | 4分 | | |
| | 教学类科研活动 | 1 汇报课及研究课 | 课程名称：××研究课<br>时间：××；班级：c1801<br>研究课级别：市级 | 1 | 9分 | 45分 | |
| | | 2 教学论文发表 | 论文名称：××<br>发表时间：××；唯一作者<br>发表刊物：××；出版社：××<br>奖励级别：区级 | 1 | 8分 | | |
| | | 3 教学著作发表 | | 0 | 0 | | |
| | | 4 教学科研课题 | 课题名称：××<br>参与情况：核心成员<br>课题级别：市级 | 1 | 7分 | | |
| | | 5 课程改革 | | 0 | 0 | | |

续表

| 模块 | 维度 | 板块 | | 记录内容 | 条数 | 分值明细 | 维度总分 | 模块总分 |
|---|---|---|---|---|---|---|---|---|
| 个人成长记录 | 教学类科研活动 | 6 | 教材研发 | 教材名称：××校本教材<br>作者情况：负责人<br>教材级别：校级 | 1 | 5分<br>4分 | 45分 | |
| | | 7 | 教学比赛获奖 | 校级：教学基本功大赛，一等奖<br>区级：××比赛，二等奖 | 2 | 4分<br>8分 | | |
| | | 8 | 社会责任 | | 0 | 0 | | 181分 |
| | 教育类科研活动 | 1 | 班会展示课 | 班会名称：××主题班会<br>时间：××；班级：c1801；级别：校级 | 1 | 5分 | 17分 | |
| | | 2 | 教育论文发表 | 论文名称：××<br>发表时间：××；唯一作者<br>发表刊物：××；出版社：××<br>奖励级别：区级 | 1 | 8分 | | |
| | | 3 | 教育著作发表 | | 0 | 0 | | |
| | | 4 | 教育科研课题 | | 0 | 0 | | |
| | | 5 | 教育比赛获奖 | | 0 | 0 | | |
| | | 6 | 先进个人称号 | 称号名称：××优秀班主任<br>级别：校级 | 1 | 4分 | | |
| | | 7 | 社会责任 | | 0 | 0 | | |
| | 心得感悟 | 1 | 心得感悟 | ××教学思考；××班主任工作有感 | 2 | 4分 | 4分 | |
| 专业发展引领 | 专业能力培养 | 1 | 学科教学成长：附中传统活动 | 参加教学基本功大赛，提交课件、PPT、总结 | 3 | 6分 | 42分 | 47分 |
| | | 2 | 学科教学成长：附中引领活动 | 参加"互联网+"下的课堂教学研究，提交课件、PPT、总结 | 3 | 6分 | | |

续表

| 模块 | 维度 | 板块 | 记录内容 | 条数 | 分值明细 | 维度总分 | 模块总分 |
|---|---|---|---|---|---|---|---|
| 专业发展引领 | 专业能力培养 | 3 学科教学成长：部门创新活动 | 参加数学舞台剧，提交课件、PPT、总结 | 3 | 6分 | 42分 | 47分 |
| | | 4 教育组织管理：附中传统活动 | 参加班主任基本功大赛，提交课件、PPT、总结 | 3 | 6分 | | |
| | | 5 教育组织管理：附中引领活动 | 参加学生综合实践考察课程，提交课件、PPT、总结 | 3 | 6分 | | |
| | | 6 教育组织管理：部门创新活动 | 参加特色主题班会；参加年级拔河比赛 均提交课件、PPT、总结 | 6 | 12分 | | |
| | 素养提升 | 1 课题 | 参加××技能培训 | 1 | 1分 | 5分 | |
| | | 2 项目 | 参加××自救培训 | 1 | 1分 | | |
| | | 3 工会活动 | 参加××协会；××协会；××协会 | 3 | 3分 | | |
| 特色成长助力 | 新教师之家 | 1 新教师培训 | 担任数学学科指导教师 | 1 | 5分 | 7分 | 41分 |
| | | 2 行动研究 | | 0 | 0 | | |
| | | 3 《新教师》杂志 | 刊发文章：×× | 1 | 2分 | | |
| | 骨干教师之路 | 1 骨干教师培训 | 教学类：参加××市级培训，参加××区级培训 教育类：参加××校级培训。均提交课件、PPT、总结 | 9 | 18分 | 34分 | |
| | | 2 展示与交流 | 参加市级××教学比赛，提交课件、PPT、总结。 | 3 | 6分 | | |
| | | 3 项目研究论文 | 发表区级××教学论文，区级××教育论文，提交论文PDF | 2 | 10分 | | |

| 模块 | 维度 | 板块 | 记录内容 | 条数 | 分值明细 | 维度总分 | 模块总分 |
|---|---|---|---|---|---|---|---|
| 评价与规划 | 个人评价与考核 1 | 全校教职工考核 | 提交考核述职报告、年度考核表 | 2 | 4分 | 6分 | 12分 |
| | 2 | 特级教师、市学科带头人、中层干部考核 | 提交市学科带头人考核述职报告 | 1 | 2分 | | |
| | 专业发展规划 1 | 个人发展规划 | 提交学期计划、学期总结、学年总结 | 3 | 6分 | 6分 | |

　　教师个人还可以通过系统提取职称评定和荣誉称号评定的相应信息,生成自己的"职称评定报告单"和"荣誉称号评定报告单"(以参评海淀区教学骨干教师为例),见表3-2和表3-3。

表3-2　职称评定报告单

| 项目 | 适用对象 | 类型 | 评价指标 | 分值 | 备注 |
|---|---|---|---|---|---|
| 一、基本条件 | 专任教师 | 学历 | 硕士 | 2 | 6分 |
| | | 教学班班主任年限 | 8年 | 2 | |
| | | 担任职务情况 | 现任备课组长 | 2 | |
| 二、育人荣誉 | 专任教师 | 曾获得先进个人 | 校级 | 4 | 10分 |
| | | 现任骨干、学带 | 区骨干(现任) | 6 | |
| 三、教育教学 | 专任教师 | 教案 | 近3年备课教案 | 5 | 30分 |
| | | 教学质量(学校教师或同行评价) | 良 | 6 | |
| | | 学生(家长)满意度 | 基本满意 | 2 | |
| | | 任现职期间,做研究课 | 市级 | 9 | |
| | | 任现职期间,课堂教学技能展示比赛获奖 | 校级 | 4 | |
| | | 任现职期间,指导学生或带团队竞赛获奖 | 市级 | 9 | |

续表

| 项目 | 适用对象 | 类型 | 评价指标 | 分值 | 备注 |
|---|---|---|---|---|---|
| 四、教育教学研究 | 专任教师 | 项目课题（含核心成员） | 市级（核心成员） | 7 | 18分 |
| | | 项目成果奖 | 区级 | 0 | |
| | | 教育教学论文（区级以上正式刊物） | 区级 | 7 | |
| | | 教材（含教参） | 校级 | 4 | |
| 五、影响力 | 专任教师 | 带二级、三级教师取得成果 | 市级奖项 | 4 | 4分 |
| | | 在上一级区域级活动中承担活动主讲或主持 | | 0 | |
| 六、加分项 | | 支援教育 | | 0 | 5分 |
| | | 教学班班主任年限 | 4年（含）~5年 | 3 | |
| | | 取得全国职称外语等级考试C级合格证书及以上 | | 1 | |
| | | 取得全国专业技术人员计算机应用能力考试证书 | | 1 | |

表3-3　荣誉称号评定报告单——海淀区教学骨干教师评选

| 评 选 条 件 | 符 合 项 目 |
|---|---|
| 1.本科以上学历，3年以上教龄 | 是 |
| 2.在编在岗的专任教师，或兼课每周不少于6学时的行政人员(附7个学期的课表) | 是 |
| 3.完成"十二五"时期规定的继续教育36学分 | 是 |
| 4.最高学历、学位证书、教师资格证书、职称证书、交流证书、计算机证书、支教证明、最高专业技术职务证书（2014—2015年度新评职称人员提供任职资格通知书） | 是 |

| 评 选 条 件 | 符 合 项 目 |
|---|---|
| 5. 上一届学带骨干继续申报的需提供学科带头人、区级骨干教师培训证书或证明 | 是 |
| 6. 校级及以上公开课、研究课并获奖；或区级及以上学科竞赛活动中获奖（附证书和教案） | 市级研究课：××× |
| 7. 教科研具备以下条件之一（3年内）：<br>（1）校级及以上课题，校级以上刊物上发表文章（附教科研部门证明）<br>（2）在区级及以上刊物发表论文或区级以上奖励（论文可附复印件，论著附原件，不超过5份）<br>（3）辅导学生在市级以上获一等奖及以上奖励（附学生和指导教师获奖证书） | 课题：×××（市级）<br>论文：×××（区级） |
| 8. 承担有学校或中心学区或区级及以上教学改革项目，带领学科群体或在指导青年教师开展教科研 | 无 |
| 9. 同等条件下达到区教委规定的外语口语等级标准者优先（附口语证书） | 是 |
| 10. 其他 | |

　　根据教师的考核评价报告分析教师的专业发展情况，可以进行教师自我分析、专家团队帮助教师分析、学校管理层帮助教师分析，分析后教师进行自我反思、总结、提升，专家团队和学校管理层给予教师意见、反馈、引领教师提升。定量和定性分析相结合，力求评价科学、全面、人性，以评促进，促进教师专业发展，提升教师的职业幸福感。

　　同时，各个部门可通过系统生成其"部门管理报告单"，以教学管理中心为例，见表2-25。

　　各个部门可以根据部门管理报告单分析本部门在引领教师专业发展方面的工作情况，分析后部门可进行自我反思、总结、提升，完成各阶段的部门工作总结和工作计划，有利于各部门更好地引领教师专业发展，实现教师、部门、学校共同发展。

表3-4　部门管理报告单——教学管理中心

| 模块 | 维度 | 板块 | | 提交资源附件 | 附件个数 | 分值明细 | 维度总分 | 模块总分 |
|---|---|---|---|---|---|---|---|---|
| 专业发展引领 | 专业理念养成 | 1 | 教育教学文章 | 提交教学类××文章、××文章…… | 6 | 12分 | 20分 | 74分 |
| | | 2 | 教育教学专家讲座 | 提交教学类××讲座介绍、××讲座介绍…… | 2 | 4分 | | |
| | | 3 | 教育教学课题信息 | 提交教学类××课题信息、××课题信息…… | 2 | 4分 | | |
| | 专业能力培养 | 1 | 学科教学成长：附中传统活动 | 发起教学基本功大赛，提交活动课件、PPT、总结 | 3 | 6分 | 54分 | |
| | | 2 | 学科教学成长：附中引领活动 | 发起"互联网+"下的课堂教学研究，提交活动课件、PPT、总结 | 3 | 6分 | | |
| | | 3 | 学科教学成长：部门创新活动 | 发起数学舞台剧、英语短剧等，提交活动课件、PPT、总结 | 21 | 42分 | | |

# 第四章
## 中学教师专业发展成果展示

## 第一节 学 校 成 果

清华附中的教师专业发展成果展示以"学校教师队伍建设"专项督导工作为例。

### 一、"学校教师队伍建设"专项督导工作的背景

在深入推进教育领域综合改革和持续推进教育督导改革的形势下，依据有关教育法规和《教育督导条例》的规定，为了贯彻国家督导办《中小学校责任督学挂牌督导办法》和北京市教委、市政府教育督导室有关中小学校综合督导和加强责任督学挂牌督导的部署，海淀区人民政府教育督导室于 2017 年 3 月 20 日至 5 月对海淀区公办中小学、职业学校开展了新一轮综合督导之"学校教师队伍

建设"督导工作。

本次新一轮学校教师队伍建设督导分为学校自评准备阶段、督导实施阶段、督导整改三个阶段。针对本次督导工作，海淀区督导室向海淀区中小学校、职业学校提出具体要求，请各校按照要求对照评价指标开展自评工作，撰写自评报告，填写自评赋分表。学校指导员要积极配合学校责任督学做好督导日的工作安排，保证督导工作顺利推进。

督导工作的程序包括以下三个阶段：

第一阶段：学校开展自评并落实各项准备工作。

（1）按照评价指标要求，学校对 2015 年以来教师队伍建设工作进行总结和自评，完成学校教师队伍建设工作自评报告，填写自评赋值表。

（2）学校参照评价指标要求准备相应资料，在督导前将本校已有的关于教师队伍建设的方案、计划、总结等档案资料准备好，督导当日备查。

（3）各工作部和督导一科对清华附中督导评估。

第二阶段：督学入校督导工作。

（1）督导小组按规定日期和时间，带齐相关资料和表格到学校开展督导工作。

（2）督导后，学校责任督学整理各种督导记录，经汇总、协商意见，起草并填写督导评估意见报告单，经督导小组研讨和修改完善，向学校回复。

第三阶段：学校整改工作。

学校按照督导回复意见对存在的问题进行整改。

# 二、清华附中教师队伍建设专项督导自评赋分

表4-1　海淀区新一轮综合督导之学校教师队伍建设专项督导
学校自评报表（试行）

| 评价指标 | 评价要素 | 分值 | 自评得分 | 扣分主要原因 |
|---|---|---|---|---|
| 1.学校把师德建设摆在教师队伍建设的重要位置，积极推进师德建设 | ① 将"加强师德建设"条款写入学校章程<br>②有专门的学校干部负责本校的师德教育<br>③学校有师德建设的管理制度<br>④学校发展规划和年度计划有师德建设的具体安排且能够落实到位 | 8 | 8 | |
| 2.学校加强师德建设，规范教师的教育教学行为，并取得实效 | ① 树立本校师德标兵，宣传本校师德先进事迹<br>② 学校教风良好，教师热爱学生，尊重学生人格，师生关系融洽<br>③ 学生家长和学生对本校教师的满意度达到90%以上<br>④ 学校杜绝体罚和变相体罚学生现象<br>⑤ 教师中无有偿补课现象。教职工无品行不良或违法违纪行为 | 15 | 15 | |
| 3.学校遵照教师成长规律，按照教师专业标准，有计划地组织教师参加校本研修、校本课程开发、教育科研等活动 | ① 学校制订教师校本研修计划和管理制度，并落实到位<br>② 学校组织教师参与校本课程开发建设，并取得一定效果<br>③ 学校结合本校教育教学改革实际，组织教师参与教育科研，并取得实际成果 | 15 | 15 | |
| 4.学校为教师参加继续教育、教师培训、教育教学展示交流等活动提供必要的保障 | ① 学校为教师参加教研、继教、培训等活动，提供时间和经费等保障<br>② 学校组织教师参加教研、观摩、研究、考察交流等活动，促进教师发展，得到教师的肯定 | 7 | 7 | |

续表

| 评价指标 | 评价要素 | 分值 | 自评得分 | 扣分主要原因 |
|---|---|---|---|---|
| 5.学校遵循课程标准要求，结合本校实际，研究和探索教师发展性评价工作，引领教师规划职业生涯，促进教师专业化发展 | ① 学校将教师评价纳入教师队伍建设工作<br>② 学校结合本校实际，确立教师发展性评价的目的、措施、方法和工具等，并形成本校的教师评价机制<br>③ 学校对教师的职业生涯规划提出指导性建议，支持和鼓励教师专业化发展 | 15 | 15 | |
| 6.学校有计划地加强青年教师和骨干教师的培养，目标明确，措施具体，工作落实，效果明显 | ① 学校将加强青年教师和骨干教师培养纳入教师队伍建设重点，制订年度工作计划并落实<br>② 学校围绕青年教师和骨干教师培养开展工作，目标明确、措施具体、效果明显，取得实效<br>③ 学校青年教师的教书育人能力得到普遍提高，得到多数教师的认可 | 10 | 10 | |
| 7.学校骨干教师团队在加强教师队伍建设进程中，引领示范作用突出，对本校教师提高施教能力和教育教学科研水平等方面起到促进作用，并得到教师的肯定 | ① 学校骨干教师梯队基本形成<br>② 学校在校本研修、观摩交流、培训青年教师等活动中，充分发挥骨干教师的示范引领作用，得到多数教师的认可<br>③ 学校组织骨干教师积极参与教师交流活动，加强与其他学校的协作，促进优秀师资交流共享 | 10 | 10 | |
| 8.学校在教师队伍建设方面有特色和典型经验，在全区、全市乃至全国有重要影响，并得到认可 | ① 在一定场合做过教师队伍建设典型经验介绍，受到好评<br>② 在本校举办教师队伍建设现场会、推进会等，受到好评<br>③ 在有影响的刊物发表本校教师队伍建设的经验、论文等 | 10<br>（加分） | 10 | |
| 汇总 | 基础指标（80）＋加分指标（10）＝总分（90） | | 学校领导<br>签字 | |

# 三、清华附中教师队伍建设专项督导自评报告

结合学校发展的实际，清华附中提出"为领袖人才奠基"的学校使命，把为领袖人才奠基、引领教育改革创新、努力承担社会责任作为学校发展的三大责任，并不断践行。在深入推进教育领域综合改革和持续推进教育督导改革的形势下，针对本次督导工作，清华附中严格按照要求对照评价指标开展自评工作。

## （一）清华附中教师队伍建设工作总体介绍

面对教育发展的趋势及课程改革的现实需要，不断提高教师的专业化水平成为迫切需要。清华附中的教师队伍建设工作正是基于发展的需要、资源的整合而展开，目标是培养教师人才，做到为领袖人才奠基，提升教师的各项能力，即研究问题的能力、引领创新的能力、合作交流共同成长的能力。所以，我们的核心理念是通过清华附中的教师队伍建设，使教师的价值观与教师精神有机地融合在一起，教师能力能够持续地发展与提高，教师的专业技能与技巧能得到相应的提升。因此，清华附中一贯重视教师队伍建设与教师专业发展，把培养教师的学科教学能力、德育管理能力、教育科研能力、加强各级、各类教师队伍建设作为教师培训的重要内容。

### 1. 注重师德建设，规范教师行为

教师是人类文明的传播者，身正才能为师。清华附中长期以来抓紧师德建设不放松，努力培养一支师德高尚、脚踏实地、求实创新的教师队伍。坚持教书和育人相统一、言传和身教相统一、潜心问道和关注社会相统一，引导广大教师以德立身、以德立学、以德施教。开展多种形式的师德教育，把教师职业理想、职业道德、法治、心理健康等教育融入培养、培训和管理的全过程。学校领导干部带头，全面加强教师队伍学风、教风、作风建设，努力建设一支

有理想信念、有道德情操、有扎实学识、有仁爱之心的教师队伍。

学校十分重视师德教育，并制订了具体的规范性要求，如《清华附中职工任职要求》《清华附中关于教职工在外兼职兼课规定》《清华附中教职工仪表规定》《清华附中关于教职工考核的意见》等。同时，学校积极响应上级对加强学校文化建设的指示精神，对《清华附中教职工考核标准》进行修改，新添加了如"认同学校主流文化""积极配合学校发展战略，具有责任感和健康向上的心态"等关注文化建设的内容，将师德素养作为年度教师考核的重要指标。

我校的群体师德良好，有师德先进典型。学校虽暂未设立专项"师德标兵"评选活动，但积极鼓励教师申报市区级相关奖项，并对获奖教师在校内进行大力宣传和表彰。2015—2016年，清华附中多位教师获评北京市"紫荆杯"优秀班主任、北京市中小学生"学生喜爱的班主任"等荣誉称号，这些优秀的教师代表成为引导清华附中教师群体的师德典型，尤其能够促进青年教师进一步爱岗敬业、不断更新观点和职业操守。同时，在评定校内重要奖项时，我校将师德素养列为首要指标，将师德师风建设作为教师考评的首要内容，作为学校工作考核和教育质量督导评估的重要内容，完善师德表彰奖励制度。对考核不合格的教师在职称评审、岗位聘用、评优奖励等环节实行一票否决制，将表现恶劣者清除出教师队伍。建立师德事件及舆情快速反应机制，及时掌握师德师风信息动态，及时纠正不良倾向和问题。

学校教师未出现体罚和变相体罚学生现象，无品行不端和违法违纪行为。

### 2. 关注教师成长，提升专业素养

教师的职责是教育人，因此教师必须具有扎实的教学功底，并且应紧跟改革需要，坚持不断发展和提高。学校非常重视教师专业发展，为此制订了《清华附中青年教师培养方案》《清华附中学科

带头人后备人才培养办法》《清华附中在职进修高一级学历规定》《关于教职工进修审批及管理流程》《清华附中在职进修协议书》《清华附中在职进修申请表》等一系列相关规定，有步骤地组织教职工参加继续教育，鼓励教职工积极参加各类学科带头人、特级教师的培训和评比以及教育部门组织的业务进修活动。近年来学校共组织百余名教职工参加学位进修、短期学习、培训活动、出国讲学等活动。

学校校本课程均由各学科教研组组织建设和开发，依据各年级学生发展需要，建设有特色的学科校本教研，每学期初高中各开设校本课程50余门。学校尤其重点加强校本课程研究、审查和监督考核，推进校本课程的规范化管理，针对不同年级，在原有校本课程开设的基础上，更注重校本课程的整体规划性和各类特色班级课程实施的灵活性、多样性，普遍受到学生好评。通过几年的酝酿，学校还鼓励学生开创自主课堂，开设了一门由学生在教师指导下承担教学任务的校本课程。同时，学校以多种形式积极组织教职工参与教育科研，取得了丰硕成果：在2015—2016年度北京市基础教育科学研究论文评选中，清华附中有11篇教师论文获奖，其中，5篇获一等奖，1篇获二等奖，5篇获三等奖，一等奖数量在海淀区同类学校中独占鳌头。在2016年北京市第五届"智慧教师"教育教学研究成果评比结果中，我校陈华等24名教师的25篇论文分别获一、二、三等奖。其中，6篇获一等奖，11篇获二等奖，8篇获三等奖。

学校对教师的发展性评价进行了全新探索，在全校范围内广泛开展调研工作，根据调研意见修改考核内容，使考核更加贴近实际，增加了"积极主动承担学校教学重任，如课后答疑、选修课教学""教育教学水平高、质量好，教学质量受到学生、家长及学校的认可"等更加容易量化且更具引导性的指标。学校每年均制订详细的教职工考核方案，并建立了独具学校特色的清华附中教师评分系统，考核结果作为学校各项评优评先的重要参考,使考核更有实质性意义。根据教师的考核结果,给予及时的反馈和建议,促进教师专业能力发展和提高。学校还通过设立校内科研课题研究、支持有能力的教师著书立说、推动学科教学项目研究机制等多种方式,关注教师的职业生涯规划,支持和鼓励教师的专业化发展。

### 3. 发展重点人才,凸显队伍建设特色

在全面提升教师素养的过程中,学校尤其重视青年教师和骨干教师队伍的建设,并制定了有针对性的培养方案。青年教师入职伊始就将接受形式多样且极具专业性的新教师培训,走上教师岗位后,通过一对一的师徒结对、青年教师汇报课、青年教师基本功大赛、青年班主任工作室等活动,在本校经验丰富教师的"传帮带"引领下,正逐步显现出"青出于蓝而胜于蓝"的态势。

为发挥高水平教师的引领示范作用,一直以来,学校都十分重视骨干教师和学科带头人的评选工作。学校每年都会根据我校具体情况,有计划地进行培养学科带头人和骨干教师的工作。现在,学校已形成了坚实的骨干教师群和骨干教师梯队,他们在北京市、海淀区以及清华附中各学科的教育教学中正在发挥着关键作用。学校还为骨干教师的自身发展搭建了良好的平台,使他们能在工作岗位上起到模范带头作用,这些教师中有多位担任教研组长、年级组长、教学组长、中心主任等职务。通过他们的辐射效应,对本校教师提高教学能力和教育教学科研水平产生积极的影响。

学校在教师队伍建设方面已经积累了丰富的经验,积极申报并完成了《以"问题"为中心的新教师专业发展综合系统设计》《中学新教师专业发展课程设计的研究》等国家级、市级课题。在教师队伍建设工作的推动下,学校教师的专业水平和综合素质得到显著提升,多位教师参与了中国大学先修课程(CAP)的开发,并自主研发了学生综合素质评价系统,在全国范围内广受好评,产生了重

大的影响。

（二）清华附中教师队伍建设的基本情况及效果

　　清华附中教师队伍建设工作已形成了完善的组织架构。学校成立以校长为组长的教师队伍建设工作领导小组，校长是校本研修的第一责任人。小组成员由分管教学、德育、人力资源、行政后勤的相关领导组成。教师的业务培训由教务处负责，班主任、思教人员的培训由德育处负责。行政后勤职工培训由办公室负责。新任教师培训、市区师训部门的继续教育培训以及教职工校本课程培训由人力资源处负责。领导小组定期研究教职工培训工作，统筹教职工培训工作发展，不断完善教职工培训的各项政策，保障教师培训经费的投入，牵头组织校本培训课程开发、教材编写和审定工作，大力发挥教育、教学、教研的支撑作用，形成"职责明确、相互配合、合作共享"的培训实施体系和管理体系。积极探索建立适合教师、干部和职工特点的培训流程、培训标准和培训制度，以更加科学的方式、专业的精神和创新的机制，推动我校培训工作的规范化和专业化。我校以领导小组为核心，制订了《清华附中青年教师培养方案》《清华附中学科带头人后备人才培养办法》《清华附中在职进修高一级学历规定》等多项规章制度，从而保障教师队伍建设工作顺利推进。学校教学、科研、德育、人力资源等相关部门通过组织灵活多样的培训活动，将教师队伍建设真正落到实处，建立起"分岗位、分学科、分层次"的教师终身学习和发展体系，构建校本培训目标和课程体系，为不同发展阶段的教师提供差异化培训内容。清华附中现有专任教师共计354人，教师队伍年龄构成合理，其中，55岁至60岁的教师共8人，45岁到54岁的教师49人，35岁到44岁的教师103人，35岁以下的教师194人，具有强大的青年人才储备和可持续发展能力。而且教师队伍整体素质高，共有正高级教师 3 人，高级教师 106 人，一级教师 81 人，其中，23 人获得"特级教师"荣誉称号，此外有市学科带头人及骨干教师 14 人，区学科带头人及骨干教师 85 人，区班主任带头人及德育带头人 3 人。教师队伍中 16 人具有博士研究生学历，137 人具有硕士研究生学历，高水平教师及高学历人才比例高，各学科在北京市、海淀区都起到了引领示范作用。

通过系统的建设工作，学校教师的责任心和担当意识大幅提升，每年暑期都会自发组团赴边远地区支教，充分展现附中教师良好的精神风貌与精湛的教学技巧，在更广泛的区域内提升了清华附中教师形象的影响力。这支出色的教师队伍也在国家、市区的各项评比中屡获表彰：2017 年 3 月，清华附中获"海淀区'十二五'时期中小幼教师校本培训示范学校"称号，清华附中高 12 级高三学部被评为 2015 年度清华大学先进集体，2015 年至 2016 年间，音乐教师胡军在第九届美国国际艺术节上获优秀指挥奖，寇晓东老师获北京市"紫禁杯"优秀班主任一等奖，并有多位老师在国家级、市级竞赛活动中被授予"优秀指导教师"称号。

清华附中的教师队伍建设正是在成熟完善的组织架构和制度保障之下，通过各部门的协同合作，建立起分类、分层的多元建设体系，最终形成了一支师德高尚、敢于担当、业务精湛、独具特色的教师队伍。

（三）清华附中教师队伍建设的特色亮点工作

清华附中为促进教师队伍建设与教师专业发展，构建多元化、阶梯式师资队伍，学校在教育、教学等方面采取多种措施，分层次、有针对性地开展了多样化的教师培养工作。

1. 提升教师的教育管理能力

清华附中践行"为领袖人才奠基"的教育理念，不断探索与创新教师教育管理能力的培训方式，引导教师队伍意识到班主任工作的重要性，为缔造学生的优秀品格、培养人才做出贡献。

（1）专业引领下的班主任研讨会

为建设一支出色的班主任团队，学校开展了丰富多样的学习和培训活动，班主任研讨会就是其中的重要组成部分。在班主任研讨会的引领下，各位班主任老师在日常的教育教学工作中逐渐养成了观察、思考和提炼问题的习惯，在研讨会提供的良好机会中通过交流讨论共同解决问题，相互学习，共同提升，更好地促进班级管理和年级建设。

（2）分享交流式的青年班主任工作室

"班主任工作室"是清华附中在青年教师教育管理能力培养工作上的又一项重要举措，在领导层的大力支持下，基于附中浓厚的"传、帮、带"的传统而创建，充分开发校内优秀班主任的资源平台，促进教师发展。班主任工作室创建的几年时间里，班主任工作室的学员们已经开始在校园里的各种舞台上初露锋芒。

**2. 发展教师的教学科研能力**

面对教育教学改革、学生需求多样化以及新课标要求，教师需要提高学科核心素养和教育科研能力。清华附中历来重视教师专业发展，围绕"科研兴校"的教科研工作核心，开展了丰富多样的教育科研活动。

（1）召开教科研论文年会，培养学者型教师

教育教学论文的征文与研讨活动在清华附中由来已久，是学校的一项工作传统，目的在于增强教职工的教科研意识，结合自己的工作和学习实际进行研究和总结，促进教育教学和管理水平的提高，培养和造就更多具有先进教育思想和高尚师德的学者型优秀教师。

（2）创办校刊，宣传推广教科研成果

《清华附中教育研究》是我校教科研传统刊物，其中登载的内

容大多以清华附中教师在论文年会上的获奖论文为主要内容,目标在于将这些教师的优秀论文及其教育教学思想与其他教师一起分享,同时提升这些教师在教育科研方面的示范引领作用。

（3）积极进行教学改革探索

清华附中关注教学改革的发展,关注互联网时代的社会变革。从2012年起,学校在全国率先开展"翻转课堂"的实践研究。清华附中与教育部装备与研究中心联合开展"互联网＋教育"的教学交流展示研讨活动。首届活动以关注课堂教学方式改革为主题,第二届活动以课堂教学关注学科核心素养为主题,邀请全国知名兄弟学校的学科教师,以同课异构的方式进行交流研讨,分享教育思考和实践结果。学校各学科以此活动为契机,开展专项学习研究,集中团队进行研讨,发挥骨干教师的示范引领作用,受到了老师们的认可。

**3. 搭建教师的阶梯式成长平台**

作为一所具有悠久历史的百年名校,清华附中拥有雄厚的师资力量,学校只有认真分析教师队伍结构,充分利用校内外资源,有针对性地为不同层次的教师提供相应的学习培训机会,才能推动教师个人及学校整体教师队伍的发展。

（1）关注青年教师发展,保证专业水平

学校每学年都会组织青年教师的拜师活动,以师徒结对的方式传承附中文化,促进青年教师和骨干教师的迅速成长。学校为35岁以下的青年教师特别是新入职教师提供了全面而多样化的培训活动。除了为青年教师设计开展的青年教师基本功大赛、青年教师汇报课、师徒结对等活动之外,专为新教师量身打造的新教师培训已成为帮助新教师尽快完成角色转换、提升自身素养的必经环节。学校本着共同发展、研究性学习和"以校为本""以师为本"的设计理念,从新入职教师的实际需要出发,设计制定了新教师培训方案的内容,包括通识培训、科研能力培训、专业技能培训以及团队精神培训等专题。一方面，学校认真了解新教师的需求，方案制订的过程有新教师全程参与，使新教师充分感受到学校的关怀和重视，更增加了对学校的认同感；另一方面，学校邀请青年骨干教师、在职特级教师以及学科教研组长作为专家进行点评和指导，不仅帮助新教师尽快成长，也搭建起新老教师沟通合作的桥梁，增进新老教师的情感交流。

（2）发挥骨干教师作用，促进学科发展

高水平教师队伍是影响学校教育质量和教师教学水平的核心。清华附中始终将构建骨干教师梯队作为教师队伍建设的关键环节。学校积极鼓励并要求教师们参加各级各类的比赛，组织相关教师参加北京市举办的"名师工程"培训、区级骨干教师和学科带头人培训等。除积极向各级教育行政部门推荐骨干教师之外，学校也根据自身情况建立了具有我校特色的骨干教师培养制度，通过专业课题研究、优质教师展示等项目促使一批教师尽快脱颖而出，成为教育教学的中坚力量。清华附中承办了北京市优质教师成长与学校发展培训项目，由清华附中人力资源中心负责引进、协调和统筹，北京教育学院提供支持，具体由教学管理与研究中心、年级组和人力资源中心统一组织实施，这是清华附中各部门协同合作的一次创新，旨在促进数学骨干教师成长，使教师发展工作上升一个新的台阶。该项目已取得显著效果：清华附中初15级年级组与数学组联合策划筹备了大型舞台剧《数学之王》，该剧是在北京数学会副理事长、北京市教育学院数学系主任王建明教授的"基于UMC理论的数学发展历史与数学教育整合"的理论指导下，以数学家故事为背景，渗透多学科知识，开展学科大综合实践课程的一次尝试。《数学之王》的成功上演，正是学校教师队伍建设成果的最好体现，清华附中希望通过提升教师的素质水平，最终满足学生的需求，使学生从中得益。

### 4. 拓展教师国际视野，提高综合素质

清华附中的教师队伍建设将培养视野开阔、勇于探索的创新型人才作为重中之重。为紧跟改革趋势、更新教育理念，清华附中每年均会邀请相关专家来校举办讲座，介绍最新的教育观念和教育手段；同时充分利用清华大学丰富的科技人才资源，并与美国名校托马斯·杰斐逊科技高中进行合作，通过和这些外请专家教师的沟通协作，促使本校教师迅速打开国际视野，提升综合素质。

在积极的交流影响下，学校教师团队已成功创立了具有清华附中特色的STEAM教育平台，并自主开发了中国大学先修课程（CAP）及学生综合素质评价系统，旨在培养高素质的创新型人才。清华附中的STEAM平台主要包括综合选修课、创客空间、高研实验室三部分。创客空间的学生以可视化教学游戏软件为选题，独立完成了"形独"教育软件的设计开发。2015年，清华附中在托马斯·杰斐逊科技高中的帮助下建立了自动化和机器人、能源系统、计算机科学和地理信息4个高研实验室，生命科学和化学分析实验室也在建设之中，学校的实验室规模还在继续扩大和发展。根据清华附中教育开展要求建立的学生综合素质评价系统，包含9个模块46个维度的评价指标体系，全面涵盖学生校内外全过程的发展轨迹，所有记录均要求具有写实性、客观性、过程性。2015—2016学年，清华附中及部分一体化学校起始年级全部试用。截至目前，清华附中本部收集学生记录8万余条，为初一、初二、高一、高二近2000名学生生成了综评发展报告单，在近两年的使用中，综评系统在课堂教学、引导示范、激励促进、学校管理评价、家校实时全方位沟通等方面发挥了突出作用。清华附中还是中国大学先修课程的发源地，已成功举办了三次全国大学先修教师培训会，促进了我校乃至全国教师自身专业化发展，突破教师职业发展的瓶颈，发挥了我校

作为全国基础教育示范单位的引领和辐射作用。

（四）学校教师建设存在的问题、原因及改进措施

当前我校的教师队伍建设也存在一些问题和困难。首先，教师队伍流动性较大。由于编制名额等限制，合同制教师比例较高，造成教师队伍不稳定性增加，新任教师比例增高。其次，部分教师的教育理念及教学手段有待更新。现代社会信息技术手段日新月异，使传统教学方式发生了重大变革，并且不断高速更新和发展，如果不及时适应信息社会的要求，则有可能与现代教学方法产生脱节。最后，我校支持并鼓励教师参加市区级的进修和继续教育活动，然而活动时间往往与实际教学工作产生冲突，出现学习与工作之间的"工学矛盾"。

针对这些问题，我校正在筹建教师专业发展综合记录与评价系统，通过该系统的运行，使教师能够通过在线自我诊断和评估明确专业发展中的优势和存在的问题；全面动态地记录教师成长过程，为教师提供交流分享互助的精神家园；线上资源与线下培训紧密结合，为教师提供有针对性的在线学习资源和服务；通过建立量化评估系统，切实保障教师培训和学校管理工作的科学性、规范性、准确性。该系统能够全方位地关注教师个人成长轨迹，对于可能出现的问题做出及时的评价和反馈，为每一位教师提供专业的帮助和建议，进一步完善清华附中的教师队伍建设。

## 四、督导现场报道及反馈

2017年4月11日，北京市海淀区督学工作组组长毛海燕、清华附中主督学纪世铭、副督学马志清一行8人莅临清华附中进行专项督导。清华附中校长王殿军、副校长赵鸿雁、徐文兵、白雪峰、党委副书记张洁等接待了督学组。在深入推进教育领域综合改革和

持续推进教育督导改革的形势下，本次工作是针对学校教师队伍建设开展的新一轮综合督导。

首先，副校长赵鸿雁汇报了学校教师队伍建设的总体情况。她提到，清华附中一贯重视教师队伍建设与教师专业发展，把培养教师的学科教学能力、德育管理能力、教育科研能力，以及加强各级、各类教师队伍建设作为教师队伍建设的工作重点，目标是培养教师人才，为领袖人才奠基。

随后，督导工作小组分成三组，分别查验档案材料、与教师学生座谈、与教师学生访谈。

最后，督导工作小组集体讨论并给出口头反馈意见。所有督学一致肯定了学校对教师队伍建设的重视，并按照督导学校自评报表的 8 项指标，认真准备了档案材料。对于清华附中教师队伍建设的特色亮点工作，督学们给予了最高的评价。

此次督导活动，对于进一步提高清华附中教师队伍建设具有很大的促进作用。

# 第二节　团队成果

## 一、荣誉称号类获奖（2016—2017学年度）

（一）国际性奖励

（1）2015 年 7 月,清华附中选送的《楚门的世界》在 2015 年度"希望中国"校园英文短剧全国总决赛中荣获特等奖、最佳原创奖。

（2）2017 年 1 月，清华附中民乐团作品《父辈的旗帜在南海永远飘扬》参加"第五届美国林肯国际校园艺术节暨第五届百花迎春·美国林肯中心星光盛典"演出以及"第八届星光校园 文化中国·中国非物质文化遗产美国行暨第六届星光校园文化中国·中国非物质文化遗产联合国总部展演"中，分别荣获金奖。

（二）全国性奖励

（1）2016 年 7 月，清华附中夺得全国中学生田径锦标赛五连冠。

（2）2016 年 7 月，清华附中荣获 2016 第十三届"外研社杯"全国中小学生英语大赛（团体挑战赛）优秀组织奖。

（3）2016 年 7 月，在 2016 年度第七届"希望中国"青少年英语教育戏剧大赛全国总决赛中，清华附中高 1413 班同学上演的《歌剧魅影》（The Phantom of the Opera）荣获特等奖、最佳表演奖、最佳语言质量奖和最佳女主角奖；高 1404 班同学自编、自导、自演的《破茧》（Liberation）荣获一等奖、最佳语言质量奖（奖牌）。

（4）2016 年 12 月，清华附中荣获"全国校园安全教育工作先进单位"称号。

（5）2017 年 1 月，清华附中中华英才培养专项基金荣获 2016 年度中国下一代教育公益奖——持续发展奖、公益传播奖。

（6）2017 年 4 月，清华附中女篮夺得 2016—2017 中国高中女子篮球联赛全国总冠军。

（三）北京市奖励

（1）2016 年 7 月，在 2016 年度第七届"希望中国"青少年英语教育戏剧大赛北京赛区选拔赛中，高 1413 班同学上演的《歌剧魅影》剧组荣获特等奖、最佳表演奖、最佳女主角奖；高 1404 班同学自编、自导、自演的《破茧》剧组荣获特等奖、最佳原创奖（奖牌）。

（2）2016年10月，清华附中荣获"北京市基础教育科研先进学校"称号。

（3）2016年11月，清华附中入选《北京教育》杂志战略合作单位（证书、铜牌）。

（4）2016年12月，清华附中初高中女篮双双夺得2016—2017北京市中小学篮球冠军赛冠军。

（5）2017年3月，清华附中初1413班获得2016—2017学年度"北京市先进班集体"荣誉称号。清华附中初1414班、高1410班、高1411班获得"海淀区先进班集体"荣誉称号。

（6）2017年3月，清华附中在2017东城区GreenpowerChina赛车邀请赛暨英国国际赛资格选拔赛F24组赛车的比赛中分别获得中学组演讲比赛第一名、F24环形团队赛第一名、F24环形赛第二名。

（7）2017年4月，清华附中高中男篮获北京市中小学篮球冠军赛高中组亚军。

（8）2017年5月，清华附中啦啦操队获北京市中小学阳光体育展示活动2017操舞系列赛——啦啦操比赛（花球）初中组第三名、高中组第四名。

（9）2017年5月，清华附中的民乐节目《天下黄河》《丰年祭》荣获北京市第二十届中小学生艺术节金奖。

（四）海淀区奖励

（1）2016年5月，清华附中在北京市第九届学生艺术节暨2015—2016年海淀区学生艺术节合唱展演中荣获高中组(Y组)一等奖。

（2）2016年6月，清华附中荣获海淀区中小学生"爱眼日活动"大赛优秀组织奖。

（3）2016年9月，清华附中荣获2016年海淀区学校卫生视导工作优秀组织奖。

（4）2016 年 12 月，清华附中被授予"2016 年度海淀区交通安全先进单位"称号。

（5）2017 年 3 月，清华附中获得"2014—2015 年海淀区教育科研先进学校"称号。

（6）2017 年 3 月，清华附中初 1414 班、高 1410 班、高 1411 班获得"海淀区先进班集体"荣誉称号。

（7）2017 年 4 月，清华附中冰球队获第二届海淀区中小学生冰球联赛冠军。

（8）2017 年 5 月，清华附中啦啦操队获海淀区中小学健美操啦啦操比赛高中组第一名和团体第三名。

（9）2017 年 6 月，清华附中被授予"海淀区少年科学院清华附中分院创客、DI、航模研究所"称号（铜牌）。

（10）2017 年 6 月，清华附中在北京市第二十届学生艺术节暨 2017 年海淀区中小学生艺术节器乐合奏展演中获得中学组一等奖。

（五）清华大学奖励

（1）2016 年 6 月，清华附中荣获 2016 年清华大学离退处教职工乒乓球团体比赛第二名。

（2）2016 年 10 月，清华附中荣获 2016 年清华大学教职工文艺汇演一等奖。

（3）2016 年 10 月，清华附中获清华大学离退休教职工 2016 年（第十一届）趣味运动会最佳组织奖。

（4）2016 年 10 月，清华附中获清华大学离退休教职工 2016 年（第十一届）趣味运动会团体总分第五名。

（5）2016 年 11 月，清华附中离退休工作领导小组获 2016 年清华大学离退休工作先进集体。

（6）2016 年 12 月，清华附中教职工联合党支部完成的特色活动（延安支教）被评为 2016 年清华大学党支部特色活动优秀成果。

（7）2016 年 12 月，清华附中外语教研组与国际部党支部的《传承附中育人理念，提高党员党性修养》荣获清华大学调研课题优秀成果奖；教育职员党支部的《深入开展两学一做，发挥骨干作用，争作时代先锋》荣获清华大学特色活动优秀成果奖。

（8）2017 年 1 月，清华附中荣获 2016 年度清华大学信息工作先进集体一等奖。

（9）2017 年 3 月，清华附中获得 2016 年清华大学教职工党支部调研课题、特色活动优秀组织奖。

（10）2017 年 4 月，清华附中分工会获得"2016 年度清华大学优秀分工会"称号。

（11）2017 年 4 月，清华附中分工会获得"2016 年度清华大学分工会特色工作成果奖一等奖"。

（12）2017 年 4 月，清华附中分工会体育工会小组、数学工会小组、语文工会小组、学生发展中心工会小组获得"2016 年度清华大学先进工会小组"称号。

（13）2017 年 4 月，清华附中离退休教职工调研课题《新形势下离退休教职工争做合格党员的标准和要求，党员服务群众的新途径探索》顺利结题。

（14）2017 年 4 月，清华附中获得 2017 年清华大学教职工羽毛球团体比赛亚军。

（15）2017 年 5 月，在清华大学 2017 年第四十四届教职工运动会上，清华附中获得团体总分第二名。4×100 米接力：男甲、男乙均第二名，男丙第一名；女甲、女乙均第一名。穿梭接力第一名。

（16）2017 年 6 月，清华附中荣获 2016 年度清华大学"文书档案工作先进单位"称号。

（17）2017年6月，清华附中理化生教研组联合党支部荣获"清华大学先进党支部"称号。

（六）清华附中奖励

2017年4月，资源保障中心工会小组、物理技术工会小组被授予"2016年度清华附中优秀工会小组"称号。

## 二、荣誉称号类获奖（2017—2018学年度）

（一）国际性奖励

2018年2月，清华附中金帆民乐团获得"2018年好莱坞天使杯国际艺术节"演奏金奖。

（二）全国性奖励

（1）2017年7月，清华附中田径队获得2017全国中学生田径锦标赛学校团体冠军（奖杯）。

（2）2017年7月，清华附中被授予"希望中国"青少年英语教育戏剧研究院示范基地称号（奖牌）。

（3）2017年8月，清华附中在2017全国中学生桥牌锦标赛荣获优秀奖。

（4）2017年9月，清华附中女篮代表北京队参加第十三届全国学生运动会获得中学组女篮冠军（奖杯）。

（5）2017年10月，清华大学附属中学（化学组）在第31届中国化学奥林匹克（初赛）组织工作中，做出突出贡献，特此表彰。

（6）2017年11月，清华附中荣获全国中小学（幼）先进后勤学校荣誉称号。

（7）2018年1月，清华附中在语文教学改革方面成绩突出，特授予首批"中国校园文学重点基地学校"。

（8）2018 年 2 月，清华附中承办的"中华英才培养基金"荣获中国下一代教育持续发展奖。

（9）2018 年 2 月，在 USAP CHINA 2018（第二届美国学术五项全能比赛中国赛）中，清华附中获最佳组织奖、八年级组团体总分第四名、七年级组团体总分第五名和第七名（奖杯）（证书）。

（三）北京市奖励

（1）2016 年 10 月，清华附中被授予"北京市中小学知识产权教育示范学校"称号（奖牌）。

（2）2017 年 12 月，清华附中桥牌队获得"奥城杯"2017 年北京市中小学生智力运动会桥牌团体赛初中组冠军。

（3）2018 年 1 月，清华附中荣获北京市交通安全先进单位称号（奖牌）。

（四）海淀区奖励

（1）2017 年 4 月，清华附中获第一届"京教杯"青年教师基本功展示活动优秀组织奖。

（2）2017 年 6 月，在北京市第二十届学生艺术节暨 2017 年海淀区中小学生艺术节舞蹈展演中，清华附中男子群舞《鸿雁》获得中学组一等奖；清华附中女子群舞《朋友》获得中学组二等奖。

（3）2017 年 12 月，清华附中获 2017—2018 学年初海淀区教育事业统计工作先进集体。

（4）2017 年 12 月，清华附中童声合唱团在 2017 年海淀区中小学生艺术节合唱展演中荣获 G 组二等奖。

（5）2017 年 12 月，在海淀区第一届校园足球学区联赛中，丁磊老师指导的清华附中高中男子足球队荣获亚军、荆传涛老师指导的清华附中初中男子足球队荣获亚军；刘志杰老师指导的清华附中女子足球队荣获季军。

（6）2018年2月，清华附中高中混声合唱团荣获海淀区第二十一届学生艺术节合唱展演一等奖。

（7）2018年4月，清华大学附属中学网络办公室被评为2017年度海淀区教育系统青年文明号。

（8）2018年4月，在海淀区第二届校园足球学区联赛中，丁磊老师指导的清华附中高中男子足球队荣获冠军；荆传涛老师指导的清华附中初中男子足球队荣获季军；刘志杰老师指导的清华附中女子足球队荣获季军。

（9）2018年6月，在2018年海淀区三大球（足球）超级联赛中，丁磊老师指导的清华附中高中男子足球队荣获冠军；荆传涛老师指导的清华附中初中男子足球队荣获亚军；刘志杰老师指导的清华附中女子足球队荣获季军。

（五）清华大学奖励

（1）2017年7月，清华附中队荣获2017年清华大学离退休教职工"紫荆杯"门球比赛第二名。

（2）2017年10月，清华附中荣获2017年清华大学教职工文艺汇演一等奖。

（3）2018年3月，清华附中荣获2017年度清华大学信息工作先进集体二等奖。

（4）2018年3月，清华附中党办兼行政管理中心被评为2017年清华大学宣传工作先进集体。

（5）2018年5月，附中分工会在2017年工会工作中成绩显著，授予"优秀分工会"称号。

（6）2018年5月，附中分工会在2017年度分工会特色工作中，获得特色工作成果二等奖。

（7）2018 年 5 月，附中工会的体育工会小组、语文工会小组、数学工会小组、外语工会小组获得"2017 年度清华大学先进工会小组"称号。

（8）2018 年 6 月，附中在清华大学学习贯彻党的十九大精神主题征文活动中，获得优秀组织奖。

（六）清华附中奖励

2017 年 9 月，在清华附中 2016—2017 学年教职工启迪奖评选中，英语教研组、化学教研组被评为优秀教研组；初 14 级年级组、高 14 级年级组被评为优秀年级组。

# 第三节　教师个人成果

## 一、著作和论文获奖

（一）清华附中教师论文在2014—2015学年度北京市基础教育科学研究论文评选活动中获奖

2014 年，北京市基础教育课程教材改革实验第十三届论文评选结果揭晓，清华附中有 7 篇参评论文获一等奖；9 篇获二等奖；15 篇获三等奖。

此次评选由北京市基础教育课程教材改革实验工作领导小组组织，主题为"北京市基础教育课程教材改革实验的实践探索与理性思考"，面向参加北京市基础教育课程教材改革实验的全体学校领导、教师及区县教委领导、教研人员、科研人员。其旨在促进对基础教育课程教材改革的理性思考，总结课改实验的成功经验；促进校长、教师的专业发展；实现优质教育资源共享。

具体获奖目录如下：

高中组一等奖：《搭建多元的教育平台——论清华附中校外考察课程体系的构建》《高中语文文言知识框架式教学的探索与实践》《把课堂交给学生》《如何搭建健康、诚信、有效的留学之路——清华附中国际部升学指导工作的实践与反思》；初中组：《重复写作提高学生词汇运用能力的实证研究》《例谈"木筏"理论在中学历史课堂教学中的思考和实践》《巧开节日专题课，弘扬民族文化情》。

高中组二等奖：《改变焦距看风景》《注重与现实生活的联系，落实生物学概念教学》《利用教材图片、提高复习效果》《以好题目为载体，培养学生数学创新思维》《更美的风景——对一名学生人际关系、情绪管理、挫折应对问题的个案研究》《中美课堂教学及文化价值观的再比较》；初中组：《浅析体育游戏在体育教学中的运用》《看我千变万化，炼你火眼金睛》《基于翻转课堂教学模式下的初中数学教学实践与思考》。

高中组三等奖：《"科学节"——一次创造力培养的尝试》《高中英语诗歌教学设计与实践》《浅谈高中校本课程开发》《和学生一起成长》《选修教材"中国古代诗歌欣赏"教学设计与实践浅探》；初中组：《为孩子肩住闸门》《一到阅读题引发的追问——关于课堂高效阅读教学的思考》《一节课，中学生也能开发手机应用》《中学地理教学中史地融合形式的案例探究》《写作教学中学生情感资源的运用研究》《课内渗透　课外延伸——对初中生进行国际理解教育途径至探索》《源客、原客、创客》《创活动式德育，做活力型教师》《关于课堂提问设计的几点思考——以教材前三单元为例》《基于科学研究方法背景下的微课实践》。

（二）清华附中教师论文在2015—2016年度北京市基础教育科学
　　　研究论文评选活动中获奖

2016 年 7 月 11 日，2015—2016 年度北京市基础教育科学研究论文评选结果揭晓，清华附中共有 11 篇教师论文获奖，其中，5 篇获一等奖，1 篇获二等奖，5 篇获三等奖。海淀区共计有 219 篇论文获得一等奖，清华附中教师论文一等奖获得者数量在海淀区同类学校中独占鳌头。

此次评选由北京市教育学会中青年教育理论工作者研究会联合北京教科院基础教育科学研究所共同举办，旨在进一步推动基础教育科学研究的深入发展，加速中小学教师的专业化成长，加快青年教师向科研型教师转化的进程，面向北京市幼儿园、小学、中学、校外教育的所有教师。

具体获奖目录如下：

一等奖:《高中语言文化类校本课程资源的开发与建设初探——以"汉语文化专题"校本课程为例》《巧设画面生情境　妙用微课引佳篇》《例谈高中英语应用文写作的体裁规范与交际得体》《中学历史教师"整合校外教育资源开展教学实践"的现状及对策研究——以海淀区中学为例》《提升高中英语听说课课堂实效性课例研究》。

二等奖:《在生态学习环境中开展英语文学阅读工程——促学生自主持续发展》。

三等奖:《以三次诺贝尔奖为主线的"工业合成氨"教学》《DIS 实验在探究电流的热效应实验中的应用》《生物教学中学生形成科学概念的方法举例》《英语课堂中的思辨能力培养》《高中视觉文化研究课题翻转课堂实践》。

（三）清华附中教师论文在2016—2017学年度北京市基础教育科
　　　学研究论文评选活动中获奖

　　2017 年 6 月 12 日，2016—2017 学年度北京市基础教育科学研究论文评选结果揭晓，清华附中共有 17 篇教师论文获奖，其中，6篇获一等奖，6 篇获二等奖，5 篇获三等奖。海淀区共计有 315 篇论文获得一等奖，清华附中教师论文一、二、三等奖获得比例均在海淀区同类学校中独占鳌头。

　　此次评选由北京市教育学会中青年教育理论工作者研究会联合北京教科院基础教育科学研究所共同举办。旨在进一步推动基础教育科学研究的深入发展，加速中小学教师的专业化成长，加快青年教师向科研型教师转化的进程，面向北京市幼儿园、小学、中学、校外教育的所有教师。

　　具体获奖目录如下：

　　一等奖：《大学先修英语课程的探索与思考——来自清华附中的教学实践报告》《通过戏剧教学融入英文经典小说阅读课程以培养学生批判性思维之初探》《从核心素养看自主提问在高中英语小说泛读的运用》《中学新教师校本培训的研究与实践——以清华附中新教师校本培训课程设计为例》《用基本技能考察自然　用地理眼光欣赏环境——从一次野外考察看对学生地理实践力的培养》《深入挖掘文本，培养文化品格——以一节高中英语阅读课为例》。

　　二等奖：《在线教育促进中国教育改革实践——中国慕课大学先修课（MOOCAP）的发展实践》《依托模拟实验发展学生思维的教学实践研究》《浅谈小组管理考核模式在建设学生自主管理型班级中的作用》《浅谈应用 3D 打印技术于中小学创新教育》《高考记叙文提升策略指要》《通过读活英语原版小说培养学生高阶思维能力》。

三等奖:《对"CAP 物理〈力学〉"课程特点的思考及一些教学建议》《"模拟国际贸易"游戏在政治课教学中的应用——以〈对外开放的基本国策〉为例》《以班级活动助班级文化建设》《"互联网 + 地理课堂教学"的尝试与思考》《应用互联网英语学习平台提高学生元认知水平》。

(四)清华附中教师在北京市第七届学习科学研究优秀成果评比中获奖

2017 年 6 月 20 日,北京市第七届学习科学研究优秀成果评比结果揭晓,清华附中共有 22 位老师获奖,其中,著作类有 1 人获奖,课例类有 9 人次获奖,论文类有 12 人次获奖。北京市共计有 649 人次获奖,清华附中教师奖获得比例在北京市同类学校中独占鳌头。

此次评选由北京市教育学会举办,旨在为了促进广大教师掌握学习规律,培养学生学会学习,总结在学习科学领域取得的研究成果。

具体获奖目录如下:

1. 著作类获奖

一等奖:《中学化学生活实践类课程的开发与实施》。

2. 课例类获奖

一等奖:《深度阅读,把握作者两种情感》《咏物抒怀类作文讲评》《Reading Club》《旅夜书怀》。

二等奖:《质量守恒定律》《皇家园林的修建与自然环境的关系》《二元一次方程组与实际问题》《深度阅读,把握作者两种情感》。

三等奖:《记叙文阅读指导——概括能力训练》。

3. 论文类获奖

一等奖:《通过读活英语原版小说培养学生高阶思维能力》。

二等奖:《在"手心手背"游戏中培养孩子的合作精神》《流行

音乐进课堂问题初探》《高中英语文学作品课外阅读教学指导模式探究》《在高中阶段开设"中国大学先修课程"之"通用学术英语"的意义和教学探索》。

三等奖：《应用互联网英语学习平台提高学生元认知水平——网络英语学习平台的适当应用对中考备考的积极作用》《书香课堂——阅读教学在思想政治课中的实践与运用》《模型建构在中学生物学中的教学实践研究与反思》《中学生逻辑思维能力在写作中的有效训练》《CAP 之 EGAP 实施意义和教学探索》《在生态学习环境中开展英语文学阅读工程——促学生自主持续发展》《青少年 -中长跑对中学生心理品质的影响》。

（五）清华附中教师在海淀区第十四届教育科研优秀论文评选中获奖

2017 年 11 月 22 日，海淀区第十四届教育科研优秀论文评选结果揭晓，清华附中共有 12 篇教师论文获奖，其中，4 篇获一等奖，4 篇获二等奖，4 篇获三等奖。

海淀区第十四届教育科研优秀论文评审活动由海淀区教科院主办，旨在进一步推动海淀区基础教育科学研究的深入发展，加速中小学教师的专业化成长，加快教师向科研型教师转化的进程。

具体获奖目录如下：

一等奖：《价值澄清，知行合一 ——诚信价值观引领的教育初探》《知周中外，道济天下——〈课标〉和试题的文化导向下的高中英语》《苏东坡"做客"班级微信群》《提高初中生英语听力水平的行动研究》。

二等奖：《关注个性，因材施教——来自"马约翰体育特长班"的高三语文教学实践报告》《高中生英语应用文写作中的文化干扰及教学对策》《"诗化江南，文脉千年"的地理教育价值挖掘——基于清华大学附属中学浙江线路综合实践文化考察课程的思考》《小学五年级学生价值取向特点初探》。

三等奖：《基于地理信息技术的学生创新能力培养》《健美操教学中乐感的培养》《"鲁迅的救世方法"专题设计实施与思考》《开设〈史记〉选修课，进行生命教育的尝试》。

## 二、荣誉称号类获奖（2016—2017学年度）

### （一）国际性奖励

2017年1月，胡军老师指导的作品《父辈的旗帜在南海永远飘扬》参加"第五届美国林肯国际校园艺术节暨第五届百花迎春·美国林肯中心星光盛典"活动和"第八届星光校园 文化中国·中国非物质文化遗产美国行暨第六届星光校园 文化中国·中国非物质文化遗产联合国总部展演"活动，分别被授予"优秀指导教师"荣誉称号。

### （二）全国性奖励

（1）2015年12月，王君老师荣获第四届全国教育改革创新先锋教师奖。

（2）2016年1月，在第八届全国中学生数理化学科能力·解题技能展示活动中，祁丽萍老师被授予"优秀指导教师"称号。

（3）2016年5月，在第五届全国语言学奥林匹克竞赛中，鲁碧珍老师荣获"最佳指导教师"奖。

（4）2016年7月，王光林、曹振水、马汝平、王法祥、李金平、李光明6位老师获得全国中学生田径锦标赛"优秀教练员"称号。

（5）2016年7月，在2016年度第七届"希望中国"青少年英语教育戏剧大赛全国总决赛中，鲁碧珍、易春丽两位老师分别获得

"最佳指导教师"奖。

（6）2016 年 10 月，解巨钊同志被聘为中国教育后勤协会中小学后勤分会中学工作部主任（任期 2016 年 10 月 16 日—2019 年 5 月 17 日）。

（7）2017 年 1 月，吴新胜同志荣获 2016 年度中国下一代教育公益奖——优秀管理奖。

（8）2017 年 1 月，在第九届全国中学生数理化学科能力·解题技能展示活动中，胡芳瑜、陈建托、白传江、郑紫烟、张敏老师分别被授予"优秀指导教师"称号。

（三）北京市奖励

（1）2016 年 3 月，孙振杰老师被评为 2016 FIRST 科技挑战赛北京选拔赛优秀教练员。

（2）2016 年 4 月，祁丽萍老师在第 26 届全国初中应用物理竞赛北京赛区决赛中，荣获"优秀指导教师"奖。

（3）2016 年 6 月，在 2016 年度"希望中国"校园英文短剧北京选拔赛中，鲁碧珍老师被授予"最佳指导教师"荣誉称号，周喆老师被授予"优秀指导教师"荣誉称号。

（4）2016 年 9 月，黄丽梅老师被授予"2016 年北京市师德先锋"荣誉称号。

（5）2017 年 5 月，胡军指导的民乐节目《天下黄河》《丰年祭》荣获北京市第二十届中小学生艺术节金奖。

（四）海淀区奖励

（1）2015 年 9 月，祁丽萍老师被评为 2015 年度海淀区优秀"四有教师"。

（2）2015 年 12 月，胡军老师被评为 2015 年海淀区中小学优秀艺术辅导教师。

（3）2015 年 12 月，鞠红老师被评为 2014—2015 年海淀区中小学艺术教育之星。

（4）2016 年 5 月，岑逸飞老师荣获海淀区中学生主题辩论赛优秀指导教师。

（5）2016 年 5 月，鞠红、贺晓宇老师在北京市第九届学生艺术节暨 2015—2016 年海淀区学生艺术节合唱展演中获得辅导教师奖。

（6）2016 年 12 月，高岷同志被授予 2016 年度海淀区教育史志、年鉴"优秀工作者"称号。

（7）2016 年 12 月，解巨钊同志被评为 2016 年度海淀区交通安全优秀管理干部。

（8）2016 年 12 月，胡军同志在 2015—2016 年海淀区中小学艺术教育工作中成绩突出，被评为"艺术教育之星"。

（9）2016 年 12 月，在海淀区义务教育区级学科带头人、骨干教师培训展示活动中，武晓青、张苏、陈雄伟、熊学勤、胡军、朱莹分别获得一等奖，张晓琼、王田分别获得二等奖。

（10）2017 年 1 月，在 2016—2017 学年度海淀区上地学区级学科、骨干教师风采展示活动中，胡军、王田、陈雄伟、熊学勤、张晓琼、武晓青、朱莹、张苏分别获得一等奖；王静、王琨瑶、李娜分别获得二等奖；邱晓云、张彪、赵岩、赵洪英、杨桦、唐秀梅、王歆、刘辉、吕娜、刘向军、张钦、张晓明、陈建荣分别获得三等奖。

（11）2017 年 6 月，胡军同志在北京市第二十届学生艺术节暨 2017 年海淀区中小学生艺术节器乐合奏展演中获得优秀指挥奖、优秀辅导教师奖。

（五）清华大学奖励

（1）2017 年 1 月，高岷同志被评为 2016 年度清华大学信息工作先进个人。

（2）2017 年 3 月，杨瑞同志被评为 2016 年清华大学宣传工作先进个人。

（3）2017 年 3 月，姚文同志被评为 2016 年度清华大学离退休工作先进个人。

（4）2017 年 4 月，王田、吴久儒、孙玉华、杨国兴、刘慧霞、张春旺、蒋东海、向东佳、李光明 9 人获得"2016 年度清华大学优秀工会积极分子"称号。

（5）2017 年 4 月，周建国、朱莹 2 人获得"2016 年度清华大学先进工作者"称号。

（6）2017 年 6 月，黄丽梅同志荣获"清华大学优秀党支部书记"称号，刘文斌同志荣获"清华大学优秀共产党员"称号。

（六）清华附中奖励

（1）2016 年 10 月，施平、张河桥、张敏、邱磊、谢慧艳、张伟（男）、王田、王丽、邹明、赵岩 10 人荣获 2015 学年度清华附中瑞穗奖励金。

（2）2017 年 4 月，刘文斌、徐利、杨俊、随玲玲、房鹏、黎颖、张日月、张介玉、邓翀、刘志杰、潘娜、魏兵、曹月珍、户莎莎、安忠鑫、张彪、刘向军 17 人被授予"2016 年度清华附中优秀工会积极分子"称号。

# 三、荣誉称号类获奖（2017—2018 学年度）

（一）国际性奖励

（1）2018 年 2 月，王殿军、白雪峰分别获得第十四届美国华人春晚特别贡献奖。

（2）2018 年 2 月，赵鸿雁、胡军、赵茜分别获得 2018 年好莱坞

"天使杯"国际艺术节辅导教师奖。

（二）全国性奖励

（1）2017年8月，周喆被授予第十五届全国创新英语大赛"特级辅导老师"称号。

（2）2017年10月，谷丰老师在第十四届"中图杯"中国青少年环境地图竞赛中，荣获优秀指导奖。

（3）2017年11月，解巨钊荣获"全国中小学后勤工作优秀校长"荣誉称号；张文龙荣获"全国中小学后勤先进工作者"荣誉称号。

（4）2017年12月，李佳亮老师在2017年全国中学生英语能力竞赛（NEPCS）中，被评为"全国优秀指导教师"。

（5）2018年1月，在第十届全国中学生数理化学科能力·解题技能展示活动中，董多老师获"优秀指导教师"荣誉称号；肖野老师获"优秀指导教师"荣誉称号。

（6）2018年2月，吴新胜荣获中国下一代教育管理奉献奖；计濲荣获中国下一代教育志愿奉献奖。

（7）2018年5月，傅舒舒老师在首届京津冀青少年未来工程师博览与竞赛展示交流活动中，荣获"优秀指导教师"。

（8）2018年6月，在"智汇杯-CNKI大成编客·第二届全国电子书编创大赛"中，万军民老师作品《解析中学"走班制"》荣获三等奖；吴柳老师作品《高中"走班制"下的学生管理探究》荣获优秀奖。

（9）2018年6月，肖野老师荣获2018年度全国初中应用物理竞赛优秀指导教师奖。

（10）2018年7月，李光明、冉文洋老师在2018年全国中学生田径锦标赛中，获"优秀教练员"荣誉称号。

（三）北京市奖励

（1）2017 年 3 月，房鹏老师荣获第三十四届北京学生科技节北京市中小学生天文观测竞赛优秀辅导员。

（2）2017 年 3 月，向东佳老师在北京市中小学第一届"京教杯"青年教师教学基本功展示活动中荣获三等奖。

（3）2017 年 6 月，陈雄伟老师在 2017 年北京市中小学生校际冰球联赛中获"优秀领队"奖。

（4）2017 年 6 月，赵茜在北京市第十二届民族健身操舞大赛中，荣获"优秀教练员"称号。

（5）2017 年 6 月，在北京市首届科研课题研究录像课（教学基本功）评比中，向东佳老师主讲的《论语为政之孝》获一等奖；李冰老师主讲的《从课堂学习到登台表演》获二等奖。

（6）2017 年 9 月，高山老师在北京市中小学新任教师第一届"启航杯"教学风采展示活动中获得一等奖。

（7）2017 年 11 月，姜頔老师获得 2017—2018 年度全国实用英语超级联赛"北京赛区最佳组织奖"。

（8）2017 年 11 月，在 2017 北京市中小学生植物栽培大赛中，傅舒舒老师荣获辅导教师一等奖和突出贡献奖。

（9）2018 年 3 月，房鹏老师荣获第三十五届北京学生科技节北京市中小学生天文知识竞赛优秀辅导员。

（10）2018 年 3 月，向东佳老师在第五届"东方少年中国梦"新创意中小学生作文大赛中，被评为优秀指导教师。

（11）2018 年 5 月，黎颖老师荣获第二届北京市中小学教师法治教育基本能力展示活动初中组一等奖。

（12）2018 年 5 月，刘威老师在北京数字学校"2017 微课征集与评选"活动中，参评微课"A Letter of Complaint"获得一等奖。

（13）2018 年 6 月，姜顗老师在 2018 年度第十九届"希望之星"英语风采盛典北京地选拔活动中获得指导教师奖。

（14）2018 年 6 月，那妮、李书霞老师在 2018 年北京市普通高等学校招生统一考试评卷工作中被评为"优秀评卷员"。

（四）海淀区奖励

（1）2017 年 4 月，鞠红在首届海淀"教育科研种子教师"研修项目（2014—2017 年）活动中成绩优异，被评为优秀教育科研种子教师。

（2）2017 年 6 月，鞠红、赵茜在北京市第二十届学生艺术节暨 2017 年海淀区中小学生艺术节舞蹈展演中获得优秀辅导教师奖。

（3）2017 年 9 月，鞠红、周喆、李书霞被评为 2017 年海淀区优秀"四有"教师。

（4）2017 年 9 月，刘文斌、邱磊、王昕、武晓青、张河桥、尹丽娜、张娜 7 名老师荣获 2016—2017 学年度海淀区"优秀班主任"荣誉称号。

（5）2017 年 9 月，鞠红指导高山参加北京市中小学新任教师第一届"启航杯"教学风采展示活动荣获一等奖。

（6）2017 年 9 月，在 2016—2017 学年海淀区"风采杯"高中教师教学成果区级展示活动中，陈彦竹荣获英语学科综合成绩一等奖、教学设计一等奖、教学实录一等奖、说课答辩一等奖；鲁碧珍荣获英语学科综合成绩一等奖、教学设计一等奖、教学实录一等奖、说课答辩一等奖；汤莉荣获语文学科综合成绩一等奖、教学设计一等奖、教学实录一等奖、说课答辩一等奖；王金峰荣获音乐学科综合成绩二等奖、教学设计二等奖、教学实录二等奖、说课答辩二等奖。

（7）2017 年 9 月，向东佳老师荣获"中华优秀传统文化传播奖"。

（8）2017 年 10 月，荆传涛老师在 2017 年海淀区中小学生学区足球联赛中被评为"优秀教练员"。

（9）2017 年 11 月，在海淀区中小学生天文比赛中，房鹏老师被评为优秀辅导教师。

（10）2017 年 12 月，张霞获得 2017—2018 学年初海淀区教育事业统计工作先进个人。

（11）2017 年 12 月，鞠红、赵茜分别被评为 2017 年海淀区中小学优秀艺术辅导教师。

（12）2017 年 12 月，鞠红、李冰、王金峰、高山、贺晓宇老师在 2017 年海淀区中小学生艺术节合唱展演中获得优秀辅导教师奖。

（13）2017 年 12 月，杨国兴老师在 2017 年度校园安全工作中，被评为"安全工作先进个人"。

（14）2018 年 2 月，魏丽娜、张介玉、尹粉玉、梁佳玉、王宇、高鸿娟 5 位老师获得"海淀区招生考试考务工作先进个人"荣誉称号。

（15）2018 年 6 月，陈彦竹老师参加海淀区级骨干教师研修，被评为"优秀学员"。

（16）2018 年 6 月，荆传涛老师在 2018 年海淀区中小学生三大球（足球）超级联赛中被评为"优秀教练员"。

（五）清华大学奖励

（1）2018 年 3 月，高岷同志被评为"2017 年度清华大学信息工作先进个人"。

（2）2018 年 3 月，张洁同志被评为"2017 年清华大学宣传工作先进个人"。

（3）2018 年 4 月，陈新福、周俊被评为"2017 年度清华大学先进工作者"。

（4）2018 年 4 月，张洁、邱磊、邓翀、高山、张介玉、谷丰、李泽亚、潘娜、鞠红、徐利、张国梅 11 人获得"2017 年度清华大学优秀工会积极分子"称号。

（5）2018 年 5 月，杨国兴荣获 2016—2017 年度校园综合治理"先进个人"称号。

（六）清华附中奖励

2017 年 9 月，在清华附中 2016—2017 学年教职工启迪奖评选中，武晓青、周俊、周喆、张彪 4 位老师获卓越成就奖；刘文斌、解礁 2 位老师获教师敬业奉献奖；甄月琴、张霞 2 位老师获职员爱岗敬业奖；尹粉玉老师获干部卓越成效奖。

# 参 考 文 献

[1]   Jones A W.*The Inspector and the Professional Development of Teachers* [J]. Journal of Educational Administration, 1968, 6(1)：33-40.

[2]   Columbro M N. *Supervision and Action Research* [J]. Educational Leadership. 1964，21 (5)：298.

[3]   刘学惠 . 教学自我评价与教师专业发展 [J]. 江苏教育学院学报（社会科学版 ), 1999 (2)：36-39.

[4]   唐松林 , 徐厚道 . 教师素质的实然分析与应然探讨 [J]. 高等师范教育研究 ,2000(6):34-39.

[5]   Flanders N A. *Intent，Action and Feedback: A Preparation for Teaching* [J]. Journal of Teacher Education，1963, 14 (3)：251-260.

[6]   Clandinin D J & Connelly F M. *The Reflective Practitioner and Practitioners' Narrative Unities Review of The Reflective Practitioner: How Professionals Think in Action* [J]. Canadian Journal of Education，1986, 11 (2)：184–198.

[7]   唐玉光 . 教师专业发展的研究 [J]. 外国教育资料 , 1999 (6)：39-43.

[8]   薛志华 . 教师专业发展：理念与策略 [D]. 兰州：兰州大学 , 2006.

[9]   Dall' Alba G，Barnacle R. *Embodied knowing in online environments* [J]. Educational Philosophy and Theory，2005，37 (5): 719-744.

[10]    Avalos B. *Teacher Professional Development in Teaching and Teacher Education over Ten years*[J]. Teaching and Teacher Education, 2011, 27 (1): 10-20.

[11]    朱旭东 . 论教师专业发展的理论模型建构 [J]. 教育研究 , 2014 (6): 81-90.

[12]    宋广文 , 魏淑华 . 论教师专业发展 [J]. 教育研究 , 2005 (7): 71-74.

[13]    Pain K. *The Effect of Key Features of High Quality Professional Development on Student Achievement in Readingand Mathematics*[D]. UNIVERSITYOF ST. FRANCIS，2015.

[14]    Ambler T B. *The day-to-day work of primary school teachers: a source of professional learning* [J]. ProfessionalDevelopment in Education, 2016, 42 (2): 276-289.

[15]    陈向明 . 从教师 "专业发展" 到教师 "专业学习" [J]. 教育发展研究 , 2013 (8): 1-7.

[16]    朱旭东 . 论教师专业内涵的理论建构 [J]. 教育科学研究 , 2014 (6): 32-38.

[17]    Yoon K. S, Duncan T Lee, S W Y Scarloss, B & Shapley, K. *Reviewing the evidence on how teacher professional development affects student achievement (Issues & Answers Report，REL 2007–No. 033)[J/OL]*. Regional Educational Laboratory Southwest(NJ1). Retrieved from http://files.eric. ed. gov/fulltext/ ED498548.pdf.

[18]    Desimone L M.*Improving Impact Studies of Teachers'Professional Development: Toward Better Conceptualizations and Measures*[J]. Educational Researcher, 2009, 38 (3): 181-199.

[19]    Polly D，McGee J，Wang C，et al. *Linking Professional*

Development，Teacher Outcomes，and Student Achievement:
The Case of a Learner-centered Mathematics Program for
Elementary School Teachers[J]. International Journal of
Educational Research, 2015 (72): 26-37.

[20] Donna Gee，Jerita Whaley. Learning Together: Practice-Centred
Professional Development to Enhance Mathematics Instruction[J].
Mathematics Teacher Education and Development, 2016, 18 (1):
87-99.

[21] 赵健, 裴新宁, 冯锐, 等. 我国教师的专业发展实践及其对学
生成绩的影响 : 基于五城市调研的分析 [J]. 全球教育展望,
2013 (2): 22-33.

[22] 《中华人民共和国教师法》, 1993 年 10 月 31 日第八届全国人
民代表大会常务委员会第四次会议通过, 1993 年 10 月 31 日
中华人民共和国主席令第 15 号公布, 自 1994 年 1 月 1 日起
施行。

[23] 联合国教科文组织国际教育发展委员会学会学习 [M]. 北京教
育科学出版社, 1996 : 36.

[24] 《全面深化新时代教师队伍建设改革的意见》, 2018 年 1 月
20 日, 第十九届中央全面深化改革领导小组第一次会议审议
通过。

[25] 《中学教师专业标准（试行）》, "关于印发《幼儿园教师专业
标准（试行）》《小学教师专业标准（试行）》和《中学教师专
业标准（试行）》的通知"（教育部文件教师〔2012〕1 号）。

[26] 王建明 . 中学教师现代数学观念的建立和继续教育的思考 [J].
武汉教育学院学报 ,1996(06):75.

[27] 国务院关于印发国家教育事业发展"十三五"规划的通知,
国发〔2017〕4 号。

[28] 《国家中长期教育改革和发展规划纲要 (2010—2020 年 )》，2010 年 5 月 5 日，国务院常务会议审议并通过。

[29] 吴筱萌，温岩，汪琼 . 北京市中小学学科教师信息素养调查研究 [J]. 中国电化教育，2007(12).

[30] 孙名符，李保臻 . 信息技术支持下的数学教师专业发展策略探讨 [J]. 电化教育研究，2009(11).

[31] 马兰，唐玉霞 .《信息与传播技术教师能力标准》概览——政策框架、能力标准模块和执行指南 [J]. 远程教育杂志，2009(02).

[32] 谢忠新 . 信息技术支持下教师校本研修的研究 [J]. 中国教育信息化，2009(07).

[33] 杨满福 . 基于信息技术培训的教师专业发展 [J]. 软件导刊 ( 教育技术 )，2009(09).

[34] 焦建利，汪晓东，秦丹 . 技术支持的教师专业发展：中国文献综述 [J]. 远程教育杂志，2009(01).

[35] 教育部关于全面推进教师管理信息化的意见，教师〔2017〕2 号。

[36] 教育部关于开展《国家教育事业发展"十三五"规划》2017 年度监测评估的通知，教发厅函〔2017〕124 号。

[37] J 巴顿，A 柯林斯 . 成长记录袋评价 [M]. 北京：中国轻工业出版社，2005：1.

[38][41] [ 美 ]G 马丁 - 克里普 . 捕捉实践的智慧——教师专业档案袋 [M]. 北京：中国轻工业出版社，2005：7,115.

[39] 资料来源于全国校本教研项目在上海的 8 个基地区提交的调研报告。

[40] 胡庆芳 . 教师成长档案袋发展的国际背景与实践操作 [J]. 上海市教育科学研究院教师发展研究中心，2005（11）.

[42]  Edgerton, R.The Teaching Portfolio：Capturing the Schorarship in Teaching.（Washington, DC: American Association for Higher Education, 2002）

[43]  教育部关于印发《中小学德育工作指南》的通知，教基〔2017〕8号。

[44]  Stonge J H, Tucker, P D. *Handbook on Teacher evaluation：Assessing and improving performance*[M]. Larchmont，NY：Eye on Education，2003:13.

[45]  芦咏莉，申继亮．教师评价 [M]. 北京 : 北京师范大学出版社，2012：35-36.

# 后　记

从关注"职业"到深研"专业"，从关注"职业"和"专业"的差异，到开展关于"教师专业"和"教师专业发展策略"的研究，在追求自我理想道路上，作为一名教育工作者，我的价值感得到了充分的体现，感受到了极大的快乐和幸福！

结合自己的工作，我不断围绕中学教师专业发展进行思考和研究，伴随着我的身份由一名一线教师变成一名主管学校人事的干部，我的研究重心也从自我专业发展、注重自我成长的内驱力向学校全体教师的专业发展迁移。"独乐乐不如众乐乐"，我希望每一位教师都能在自己的职业生涯成长中得到圆满，感受到那份纯粹的快乐和幸福，我相信很多老师都是这样的心情。所以，我长期投入到促进中学教师专业发展的思考、实践、再思考、再实践的研究中去。紧跟国家政策和学校教师队伍建设的发展脚步，我的研究工作积累了一些经验，也取得了一点成果。我渴望有机会让更多人看到自己和学校的智慧结晶，渴望发出微弱的声音让更多人听到，渴望知道大家的反应，如果大家觉得有收获，那将是我最大的荣幸。

总结多年的研究工作，清华附中在教师培养工作中首先深入学习教师专业及发展的相关理论，构建了学校促进教师专业发展的理论模型，形成了学校教师培训的设计方案，在具体的培训实践基础上形成了新教师的培训课程设计和骨干教师的培训项目设计，积累了丰富的案例。教育改革的深化不断带来新的挑战，当前最突出的挑战要数走班制分层教学和跨学科综合素质培养，对教师管理和培训提出的新要求已达到前所未有的高度。对此，我们要积极应对，拿出有效的方法和手段，去应对新的要求。

随着信息化时代的快速到来，信息技术的应用给人类工作和生活的方方面面都带来了极大的便捷，可以说是带来了翻天覆地的改变，各行各业都在创新人员管理的方式方法，积极整合利用信息技术手段，全面推进人员管理的信息化。教师行业也不例外，我校紧跟 2017 年《教育部关于全面推进教师管理信息化的意见》，做出了研发并搭建教师系统的决定，以提升教师管理的效率与水平。教师的管理是为了促进其专业发展做准备，学校培养教师的最终目的还是促进其发展，所以我们的教师系统首先要做到囊括教师教育教学研究及个性化素养提升等方面的全信息记录，为每位教师建立电子档案，高效采集、有效整合教师信息，形成教师队伍大数据，作为教师工作决策的基础支撑和重要依据，提升教师工作决策的科学性、针对性和有效性，为制定培训规划、督促培训工作提供依据，同时也为改进教师考核评价制度提供了方法和保障。

我校一直在思考并期待着能够有符合中学教师岗位特点的评价机制，能够更加完善地、全面地、科学地评价教师，也能够针对特定时期的特定需求动态调节地、多元化地评价教师。《国家教育事业发展"十三五"规划》2017 年度监测评估的通知也提出，要完善评估工作体系，需要充分利用互联网、大数据、地理信息系统等手段，综合运用统计数据和非统计数据资源，提高评估工作的科学性。结合我校现状，我们认为我校已具备了一定的基础，学生综评系统的研发、搭建、使用和推广，已经在全国范围内得到了其他学校和上级的肯定与好评，教师系统更是众望所归，我们相信我校有能力接受这一任务，也期盼做出一些成绩。决定要做，必不辱使命，我们带着这样的敬意，满怀着激情组建了我校教师系统的研发团队，研究逐步推进，系统思考和整体设计层层深入、不断完善，经过五年的努力，教师系统的设计已相对成熟，力求在教师管理、培训线上线下结合、教师综合评价等方面提供科学、高效的服务，实现有效促进教师专业发展的目的。

　　研究工作尊重教师专业发展的规律，注重教师发展的全面性和可持续性，体现我校注重教师自身成长的内驱力，符合教师学习共同体的建设和成长、"人境互动"的生态性特点等教师专业发展的核心理念。本书将我校多年的智慧结晶汇编成册，相信您细细品读之后，一定能从中看到我们的努力，了解我校的教师、了解我校的管理，增进我们之间的距离。如果本书能够给您带来收获和启发，我们将荣幸之至！

　　感谢清华附中王殿军校长在教育评价方面的前沿智慧和方向引领，感谢清华附中方妍书记对教师队伍建设的帮助和支持，感谢清华附中的教育环境为我们提供的丰富研究背景和素材，感谢人力资源中心老师们的辛勤奉献！

赵鸿雁<br>2019 年 5 月